Die Münchener Phänomenologie

PHAENOMENOLOGICA

COLLECTION FONDÉE PAR H.L. VAN BREDA ET PUBLIÉE
SOUS LE PATRONAGE DES CENTRES D'ARCHIVES-HUSSERL

65

Die Münchener Phänomenologie

Die Münchener Phänomenologie

VORTRÄGE DES INTERNATIONALEN KONGRESSES
IN MÜNCHEN 13.–18. APRIL 1971

HERAUSGEGEBEN VON

HELMUT KUHN, EBERHARD AVÉ-LALLEMANT
UND
REINHOLD GLADIATOR

MARTINUS NIJHOFF / DEN HAAG / 1975

ISBN 90 247 1740 X

PRINTED IN THE NETHERLANDS

INHALTSVERZEICHNIS

Helmut Kuhn

PHÄNOMENOLOGIE UND „WIRKLCHE WIRKLICHKEIT"

Freunde und Schüler von Alexander Pfänder erinnerten sich seines 100. Geburtstages, der in das Jahr 1970 fiel. Dank der Initiative Herbert Spiegelbergs wurde diese Erinnerung zum Anlaß unseres Kongresses. Galt doch Pfänder zu seinen Lebzeiten als der ruhende Pol des recht beweglichen Münchener Phänomenologenkreises. So lag es nahe, die Erinnerung an ihn mit der Erinnerung an den ganzen vielgestaltigen Kreis zu verbinden. Doch der ehrenwerte Anlaß wäre verpufft, hätte sich nicht ein aus der Sache selbst, will sagen der Phänomenologie gewonnener Grund für die Veranstaltung gefunden – ein Grund, der die Veranstalter nicht nur als vernünftig überzeugte, sondern der für sie zur Quelle der Inspiration wurde.

Nichts gegen pietätvolle Erinnerung; aber als die Mutter von Kongressen pflegt sie blutarme Kinder zu gebären. Unsere Absicht ist es nicht, heute, in den siebziger Jahren des Jahrhunderts, die Münchener Phänomenologie der zwanziger Jahre zu feiern. Die Beziehungen, die uns mit den Mitgliedern des Kreises von einst verbinden, sind reich und fruchtbar, und es bereitet uns eine Genugtuung, ihrer in Dankbarkeit zu gedenken. Wir erinnern uns an Hedwig Conrad-Martius, deren kraftvolle Persönlichkeit der Münchener Phänomenologie ihren besonderen Stempel aufdrückte. Das uns hier beschäftigende Problem war in besonderem Maß ihr Problem. Aber wir gedenken auch Dietrich von Hildebrands, des Seniors der deutschen Phänomenologie, der seine Arbeit in Amerika rüstigen Geistes fortsetzt und, der Entfernung wegen, nur im Geist unter uns sein kann. Man mag mit Bedauern feststellen, daß ein so bedeutender Phänomenologe wie Adolf Reinach bei unseren Erörterungen nur spärlich berücksichtigt wird und daß selbst eine überragende Figur wie Max Scheler an keiner Stelle unseres Programms namentlich hervortritt. Der

Grund hierfür liegt nicht in mangelnder Schätzung, sondern in der Idee des Kongresses. Nicht Traditionspflege ist unseres Amtes. Auch denken wir nicht daran, über ein halbes Jahrhundert hinweg unseren Anspruch auf das geistige Erbe der Münchener Schule anzumelden. Vielmehr planen wir einen philosophischen Kongreß, und wir sind von einem philosophischen Motiv bewegt. Eine philosophische Verlegenheit beunruhigt uns – ein Problem, wenn Sie so wollen; und es scheint uns, daß diese Verlegenheit in dem Münchener Kreis tiefer empfunden und deutlicher ausgesprochen worden ist als andernorts. Das ist also das Erbstück, in dem, so glauben wir, die Münchener Phänomenologie fortlebt trotz der Unvollkommenheit der Antworten auf ihre Frage, die sie selbst damals vorschlug. Ihre Frage aber, die nun unsere Frage werden soll, lautet: was fängt die Phänomenologie – oder: was fängt die Philosophie – mit der ,,wirklichen Wirklichkeit" an?

Die tautologische Formel von der ,,wirklichen Wirklichkeit" stammt von Hedwig Conrad-Martius[1] und ist dann auch von anderen Autoren aufgegriffen worden. Obwohl sie zunächst spielerisch klingt, ist sie besonders geeignet, das in Frage stehende Problem zu bezeichnen. ,,Wirkliche Wirklichkeit" – das soll besagen: das Wirkliche, nicht reduziert zum Phänomen, d.h. zum sich uns, dem repräsentativen Ich, Zeigenden, sondern Wirkliches als in sich stehend, in der ihm eigenen Wirklichkeit. Ist es sinnvoll, nach dieser ,,wirklichen Wirklichkeit" zu fragen, nach einem Sein also, das grundsätzlich nicht hineingenommen werden kann in den Versuch, den Aufbau des Wirklichen aus konstituierenden Akten der Subjektivität als seinem Ursprung herzuleiten?

Ich möchte zu zeigen versuchen, inwiefern diese Frage nicht bloß in der Tat sinnvoll, sondern darüberhinaus unvermeidlich ist. Mein Bedenken gegen die Phänomenologie, wie sie sich in ihren großen Urkunden aus den vier ersten Jahrzehnten unseres Jahrhunderts darstellt, besteht darin: daß in ihr das eben genannte Problem zwar brennend wird, zugleich aber einer wirksamen Inangriffnahme entrückt bleibt.

In der phänomenologischen Bewegung unterscheiden wir zwei vorherrschende Denkweisen, die eine bestimmt durch Husserl, der, beginnend mit den ,,*Ideen*..." von 1913, eine transzendentale Phänomenologie entwickelte, die ihren schärfsten Ausdruck

---

[1] *Schriften zur Philosophie*, Bd. III, München 1965, S. 397.

in den *Cartesianischen Meditationen* von 1931 fand. Die zweite ist bestimmt durch Heidegger, den Verfasser von *Sein und Zeit* (1. H. 1927) und des Festschriftbeitrags *Vom Wesen des Grundes* von 1929. Seine späteren Schriften, schon durch ihre Sprache der Phänomenologie entfremdet, dürfen hier außer Betracht bleiben. Nun ist, bei all ihrer fundamentalen Verschiedenheit, den zwei Denkweisen *ein* Grundzug gemeinsam: beide entspringen einer transzendental-idealistischen Inspiration. Beide finden den Ursprung der Genesis der Welt in der menschlichen Subjektivität. Beide analysieren die konstitutiven oder produktiven Akte, kraft deren sich das Ich seine Welt aufbaut. Daß dieser subjektive Grund jeweils ganz verschieden gesehen wird, bei Husserl als ein von aller menschlichen Personhaftigkeit gereinigtes transzendentales Leben, bei Heidegger als ein geschichtliches, um die Eigentlichkeit seiner Existenz bemühtes Wesen, das ist zwar für die Durchführung des philosophischen Unternehmens bedeutsam genug, hebt aber die fundamentale Gemeinsamkeit nicht auf. Beide Denkweisen lassen die Frage entstehen: ob es nicht einen Boden der Wirklichkeit jenseits der vom transzendentalen Ego konstituierten oder, heideggerisch gesprochen, jenseits der vom „Dasein" entworfenen Welt geben könne; und beide machen es sich durch ihren subjektiven Ansatz schwer, sich mit dieser Frage zu befreunden. Die Münchener Phänomenologen, wie groß oder wie bescheiden auch ihre Verdienste im übrigen sein mögen, haben jedenfalls nach diesem Boden Ausschau gehalten. Wieder und wieder haben sie die Frage nach der „wirklichen Wirklichkeit" gestellt.

Ich will mich, um der Einfachheit und Klarheit meines Arguments willen, von jetzt an nicht weiter auf Heidegger beziehen; schon deswegen nicht, weil er tatsächlich in *Sein und Zeit*, dem transzendentalen Ansatz seiner Fundamentalontologie zum Trotz, jenen erfragten trans-transzendentalen, nicht-subjektiven Boden in seine Analyse hineinnahm – eine Hineinnahme, die schließlich den Rahmen des Buches sprengte und zur Revision seines gesamten Begriffsbestandes, der sog. Kehre führte. Das die Welt entwerfende Dasein – also das Ich als Ursprungsboden transzendental-konstitutiver Akte –, so lautet die gewichtige Aussage, ist seinerseits zu verstehen als in die Welt geworfen. Und diese Geworfenheit soll „die Faktizität der Überantwortung andeu-

ten"[2]. Was besagt dieser dunkle Ausdruck? Man darf behaupten,
daß das Denken Heideggers nach der „Kehre" ein großer, selbst
freilich wieder dunkel geratener Versuch ist, diese Dunkelheit auf-
zuklären. Doch all dies nur nebenbei, um zu zeigen, daß die Auseinandersetzung mit Heideggers Existentialontologie auf einem
anderen Blatt steht als die Verteidigung der Wirklichkeitsthese
gegen ihre transzendentale Mediatisierung. Zwar spricht Heidegger ausdrücklich dem Idealismus den Vorrang zu gegenüber dem
Realismus mit der Begründung, daß „Realität nur im Seinsver-
ständnis möglich ist"[3]. Aber damit reiht er sich noch längst nicht
dem transzendentalen Idealismus im geläufigen Sinn dieses Titels
ein.

Die Folie, von der sich der Sinn der Frage nach der „wirklichen Wirklichkeit" abhebt, wird uns durch Husserls transzendentale Phänomenologie geliefert. Nun kann nicht die Rede davon
sein, daß Husserl die Realität der Welt in Frage zu stellen beab-
sichtigte. Daß die Dinge unabhängig von der Erkenntnis, die wir
von ihnen haben oder auch nicht haben, wirklich *sind*, daran zu
zweifeln lag ihm fern. Von einem Idealismus etwa im Stil Berke-
leys darf nicht gesprochen werden, wenn auch die Bedeutung, die
Husserl dem Solipsismusproblem zuschrieb, eine gewisse Nähe
zur idealistischen Problematik erkennen läßt. Dem Kern nach
konfrontiert uns Husserl nicht mit einer idealistischen Position,
sondern mit einer methodischen Forderung, welche die Eingangs-
pforte zur transzendentalen Phänomenologie öffnen soll. Die von
uns natürlicherweise schon immer vollzogene Wirklichkeitsthese
soll suspendiert oder eingeklammert werden, und erst durch diesen vorbereitenden Akt, so wird angenommen, treten uns die Phänomene als solche vor Augen und enthüllen die ihnen eigene
Struktur. Mit anderen Worten, alles in dem natürlichen Realitäts-
bewußtsein Gegebene verwandelt sich kraft der geforderten Urteilsenthaltung (epoché) in eine unabsehbare Vielheit von miteinander verknüpften Noëmata oder cogitata, will sagen von Mir-
Erscheinendem, von Gedachtem, Vorgestelltem, Erinnertem. Mit
dieser Verwandlung ist das, was wir Wirklichkeit oder Realität
nennen, nicht etwa ausgeschaltet, aber es unterliegt dem Gesetz
der Reduktion: Wirklichkeit wird zur Wirklichkeit-als-Phänomen,

---

[2] Ebd. S. 135.
[3] Ebd. S. 207.

zur Realität-als-cogitatum. Sie ist eingekapselt in dem geschlossenen Kreis transzendentaler Phänomenalität. Ist es sinnvoll, dieser reduzierten Wirklichkeit gegenüber das Recht der „wirklichen Wirklichkeit" geltend zu machen – einer Wirklichkeit, die sich nicht als Gemeintes unter anderem Gemeintem, als cogitatum unter anderen cogitata darstellt, sondern als universaler Index, der die unendliche Fülle des Wirklichen zu *einer* Wirklichkeit zusammenfaßt?

Wie schon gesagt möchte ich den Sinn dieser Frage nicht nur bejahen, sondern sie für unumgänglich erklären. Die transzendentale Nivellierung der Wirklichkeit zu einem Phänomen unter anderen Phänomenen wird ihr nicht gerecht. In ihrem Aufsatz über „Die transzendentale und die ontologische Phänomenologie" wirft Hedwig Conrad-Martius die Frage auf, „ob es eine auf sich selber stehende Realität, die als solche eine bewußtseinstranszendente Realität *ist*, wirklich gibt". Und sie fügt hinzu: „Diese erkenntnistheoretische Frage, ob dem noëmatischen Sein ein faktisches Sein entspricht, wurde von Husserl ganz auf die Seite geschoben"[4]. Nun versucht die Kritikerin ihres Lehrers den Mangel der transzendentalen Phänomenologie dadurch zu überwinden, daß sie zwar Husserls „Epoché" (nicht seine „Reduktion") beibehält. Aber den Rückstieg in die nicht untersteigbare egologische Subjektivität will sie, ermutigt hierzu von der nachklassischen Physik, ergänzen durch den Vorstieg zu einer nicht übersteigbaren ontologischen Objektivität. So gelangt sie zu einem Satz, der eher ein Postulat als eine ausgewiesene Erkenntnis zum Inhalt hat: „Der gleiche Logos, der, in denkbar universalistischem Sinn gedacht, nach Wesen und Sein die *Welt* durchwaltet, liegt mit gleicher Universalität auch in der menschlichen Vernunft verborgen"[5]. Wie aber die beiden Wege zum Ursprung, der transzendentale Weg nach innen, der realontologische Weg nach außen, wirklich in einem Punkt zusammenlaufen können, wie die Verdoppelung der Verlegenheit – die egologische Realitätsproblematik verschärft die mundane statt sie aufzulösen – zu ihrer Überwindung führen kann – das wird trotz großer Bemühung nicht deutlich gemacht.

Aus dem Scheitern einer so ernsten, mit so bedeutender denke-

---

[4] *Schriften zur Philosophie*, Bd. III, S. 398.
[5] Ebd. S. 400f.

rischer Kraft durchgeführten Bemühung ziehen wir eine, wie mir scheint, unausweichliche Folgerung. Sobald wir der Frage nach der „wirklichen Wirklichkeit" das ihr zukommende Gewicht geben, sehen wir uns zu einer radikaleren Revision des transzendentalen Vorgehens genötigt, als sie von den Münchener Phänomenologen ins Auge gefaßt wurde. Wir müssen den Gedanken der Epoché, will sagen der Suspendierung der Wirklichkeitsthese als Voraussetzung philosophisch-phänomenologischer Analyse preisgeben. Der Gedanke, durch einen methodischen Kunstgriff ließe sich der Zugang zu den Phänomenen und zu den durch sie zum Vorschein kommenden Wesensformen bahnen, scheint uns unhaltbar. Wir verneinen also das Selbstverständnis der Philosophie, das in Husserls transzendentaler Phänomenologie zum Ausdruck kommt. Aber mit dieser Verneinung glauben wir, der Forderung „Zurück zu den Sachen!", mit der Husserl der neukantischen Transzendentalphilosophie entgegentrat, besser gerecht zu werden als Husserl selbst mit seiner phänomenologischen Fassung der Transzendentalphilosophie.

Die Frage nach der „wirklichen Wirklichkeit" drängt sich unabweislich auf – aber nur dann, wenn wir mit Husserl die von ihm geforderte Einklammerung der Realitätsthese vollziehen. Sie wird unabweislich, sobald diese Voraussetzung gegeben ist, aber sie wird zugleich unbeantwortbar. Eine zunächst durch den methodischen Zweifel ausgeschaltete, aber nachträglich zu beweisende Wirklichkeit ist ein Unding. Erkenntnis ist ihrem Wesen nach wirklicher Vollzug durch einen wirklichen Erkennenden, gerichtet auf eine zu erkennende Wirklichkeit, und dieser „wirkliche Vollzug" setzt bereits eine kommunikative Gemeinschaft von Erkennenden voraus, ein *Zwischenreich des Dialogs*, wie es im Titel des Buches von Bernhard Waldenfels heißt[6]. Die Wirklichkeit, die als „wirkliche Wirklichkeit" noch eines besonderen Ausweises gegenüber transzendental-idealistischen Ansprüchen bedürfte oder die durch Verinnerlichung ihren Eigenstand verlieren könnte – das sind Fiktionen, die sich aus der Verstümmelung des Sachverhalts „Erkenntnis "ergeben. Dieser wesenhafte Sachverhalt aber, genau wie phänomenologische Sachverhalte überhaupt, zeigt sich seiner Wesensbeschaffenheit nach im Umgang mit der

---

[6] *Das Zwischenreich des Dialogs. Sozialphilosophische Untersuchungen im Anschluß an Edmund Husserl*, Den Haag 1971.

Wirklichkeit selbst – mit einer durch keine Reduktion geschmälerten Wirklichkeit. Zwischen Wesenserfassung und methodischer Entwirklichung besteht kein notwendiger Zusammenhang. Durch Eindringen in die Wirklichkeit, nicht durch ihre methodologisch gemeinte Außerkraftsetzung gelangen wir zur Erfassung von Wesensmöglichkeiten, die die vorgefundene Wirklichkeit begründen. Mit dieser Korrektur geben wir den Gedanken der Philosophie als einer sich selbst begründenden Wissenschaft preis zugunsten einer Philosophie, die in dem Grund der Wirklichkeit die Begründung ihrer selbst sucht.

Dieser ersten Korrektur des transzendentalen Ansatzes mag abschließend eine zweite folgen. Wir geben der Wirklichkeit die ihr durch die transzendentale Phänomenologie vorenthaltene praktische Bedeutung zurück. Erkennen, als Erkennen von Wirklichkeit, ist immer zugleich ein Sich-verhalten zur Wirklichkeit. So entschieden auch Theorie und Praxis auseinandertreten können – ihrem ursprünglichen Impuls nach sind sie untrennbar miteinander verflochten. Der Versuch, die Wahrheit über die Wirklichkeit zu erringen, ist zugleich ein Bemühen, aus dieser Wahrheit und in ihrem Licht zu leben. Dies Bemühen aber kann fruchtbar werden nur, wenn die Wirklichkeit als solche sinnvoll ist, d.h. wenn wir nicht, wie der gnostische Ausdruck lautet, in die Welt „geworfen", sondern in die Welt „geschickt" oder „gefügt" sind. Deswegen nährt sich das philosophische Fragen aus einer religiösen Überzeugung. Aber es ist keineswegs mit ihr identisch – im Gegenteil. Zur Frage wird das Eingefügtsein des Menschen in die Wirklichkeit erst, wenn die naiv-gläubige Haltung erschüttert ist – wenn, in der Erschütterung der persönlichen und politischen Existenz, das Gut-sein der Wirklichkeit zum Gegenstand kritischer Nachforschung wird. Mit einer kühn vereinfachten Formel könnte man sagen: in der Phänomenologie wurde die platonische Tradition unter Absehung von ihrem sokratischen Ursprung lebendig. Aber erst dadurch, daß sie sich der von Sokrates aufgeworfenen Frage erinnert, mündet sie als eine noch unerschöpfte Kraft in das philosophische Leben unserer Tage ein.

Wolfgang Trillhaas

„SELBST LEIBHAFTIG GEGEBEN"
REFLEXION EINER PHÄNOMENOLOGISCHEN FORMEL
NACH ALEXANDER PFÄNDER

Diese der Münchener Phänomenologie gewidmete Tagung verdankt sich der Erinnerung an Alexander Pfänder. An seinen 100. Geburtstag haben wir im Vorjahr gedacht (7.2.1870); vor 30 Jahren ist er (am 18.3.1941) gestorben. So verbindet sich mit der Ehre, das einleitende Referat zu halten, Recht und Pflicht, thematisch an eine Pfändersche Formel anzuknüpfen.

Diese Versammlung will gewiß keine Sammlungsbewegung einer Richtung einleiten – das käme auch reichlich spät –, sie will kein Festival der „Ehemaligen" sein; wir hoffen, daß sie uns nicht zum Requiem gerät. Es geht vielmehr um eine Bilanz. Wir wollen an geschichtlich Zurückliegendes erinnern, und es entspricht der Kompetenz der später Hinzugekommenen, die fortwirkende Fruchtbarkeit der Münchener Phänomenologie zu bestätigen. Kompetenz und Pflicht zur Kritik kommt auf die zu, welche an den Anfängen der Münchener Phänomenologie beteiligt waren, oder für welche die Münchener Phänomenologie die Anfänge des eigenen Denkens geprägt hat. In diesem subjektiven Sinne ein Wort der Erinnerung zunächst, dann zur Interpretation der im Thema genannten Formel, und schließlich daran anschließende kritische Überlegungen.

I

Im Vordergrund der Erinnerung steht für uns das Faszinierende an Pfänders Arbeit. Ich nenne dreierlei:

Erstens die Radikalität des Anfanges bei den Sachen. Die zur Kennzeichnung der Phänomenologie in unzähligen Referaten abgenutzte Formel „Zu den Sachen selbst" war in ihm repräsentiert. Es war die von allen akademischen Allüren freie, von professoralen Eitelkeiten unberührte Originalität, die Entschlossenheit, immer neu anzufangen, als sei es das allererste Mal, daß einer philosophiert. Bezeichnend die Äußerung, die sich im Zusammenhang einer unveröffentlichten Selbstanzeige seiner *Seele des Menschen* findet. Die Enttäuschung über die bisherige „sogenannte wissenschaftliche Psychologie" führte ihn dahin: „Allmählich wurde mir klar, daß ich sie mir selbst schaffen müßte, wenn ich nicht darauf verzichten sollte"[1].

Freilich hatte diese freie Originalität ihre Kehrseite. Pfänder hat immer, bis zuletzt, zur Literatur ein gebrochenes Verhältnis gehabt. Daß manche Anfänge eben schon gemacht worden sind, kam ihm nur gelegentlich in den Sinn. Seine Bezüge auf philosophiegeschichtliche Tatsachen überschreiten oft kaum das Maß lehrbuchhaften Wissens. In den Kollegnotizen zur Pädagogik ist zwar ein ausführliches Literaturverzeichnis zu finden, aber oft fallen einem in den nachgelassenen Aufzeichnungen auch beiläufige Zeitungsausschnitte in die Hand. Philosophiegeschichte war für Pfänder Kulturgeschichte und nicht selbst Philosophie.

Faszinierend war zweitens die Unbefangeheit und Unbestechlichkeit des Blickes. Der oftmals geradezu kalte, forschende Blick war dem aufgeschlossenen Buch der sichtbaren Welt zugewendet. Alle „Technik der phänomenologischen Analyse" (R. Ingarden) diente Pfänder dazu, diese Unbefangenheit zu sichern, seinen Hunger nach Realität zu stillen. Im Seminar über das Verhältnis von Leib und Seele (W.S. 1922/23) empfahl er seinen Hörern: „Gehen Sie in eine Badeanstalt und beobachten Sie, wie die Menschen zu ihrem Leib stehen ...". „Sehen Sie sich auf dem Holzkirchener Bahnhof die Leute an, die aus dem Gebirge zurückkommen: sie haben alle Rentierschädel". Descartes hat das sezierte Kalb im Nebenraum bekanntlich als seine Bibliothek bezeichnet.

Die Kehrseite dieser Zuversicht zum eigenen Sehen konnte freilich für Pfänder und mehr noch für seine Schüler oft für lange Zeit verhängnisvoll werden. Es war die Überschätzung der Kraft des eigenen Sehens. Vieles, was gerade auf den Feldern von Pfänders ureigener Forschung andere gesehen haben, kam gar nicht in seinen Blick. So kam es zu erstaunlichen Ausfällen: Soviel wir erkennen können, ist der Logiker Pfänder der Fregeschen Logik nie begegnet, und die Psychoanalyse S. Freuds hat – wiederum: soviel wir wahrnehmen können – den Verfasser der „*Seele des Menschen*" (1933) nie beschäftigt. Pfänders tiefe Besorgnis über den sich ausbreitenden Nihilismus, den seine nachgelassenen Papiere erkennen lassen,

---

[1] Bei H. Spiegelberg, *Alexander Pfänders Phänomenologie*, Den Haag 1963, S. 6.

verraten in nichts, daß er sich an die vieldimensionalen Prognosen der
Heraufkunft des Nihilismus und seiner Analyse durch Fr. Nietzsche selbst
erinnert hätte, so oft er sich auch auf Nietzsche sonst berufen hat.

Drittens rechne ich zu dem Faszinierenden an Pfänder seine
strahlende Überzeugung, daß die Wahrheit erscheinen wird. Im
Nachlaß zur *Einleitung*[2] lesen wir, bei der Beschreibung der
Epoché, des Dahingestelltseinlassens der Realität bzw. der Wahrheit der Einzelwahrnehmung: ,,nicht zweifeln, nicht leugnen".
Die Phänomenologie als Methode der sorgfältigen Sichtung der
Bewußtseinszustände muß uns zur ,,letztlich abschließenden Erkenntnis" führen, wie die in Kolleg und Nachlaß immer wiederholte Formel lautet. Man vergesse nicht: Pfänder war ursprünglich auf dem Wege zum Ingenieur, er studierte, vor seiner Münchener Zeit, an der Technischen Hochschule in Hannover.

Die Kehrseite dieser Zielgewißheit liegt auf der Hand. Von dem Beginn
bei den ,,selbst leibhaftig gegebenen" Gegenständen bis zur letztlich abschließenden Erkenntnis wölbt sich ein Bogen; schon in der vorbereitenden
Sichtung der ,,Totalität der Gegenstände" setzt sich ein Ordnungsbegriff
durch, der keinen Raum mehr läßt für die skeptische Frage, was man denn
eigentlich fragen könne und was nicht. Wenn Ontologie Ordnung des
Seins und der Seinsarten besagt, dann wüßte ich nicht, wie diese letzte
Absicht Pfänders anders denn als ontologisch gedeutet werden könnte.

II

Wir wollen uns nun in einem zweiten Gang der Formel ,,selbst
leibhaftig gegeben" zuwenden. Ich beziehe mich dabei auch auf
die kleine Studie ,,Alexander Pfänders methodische Stellung",
mit der Moritz Geiger die Pfänder zu seinem 60. Geburtstag gewidmeten *Neuen Münchener philosophischen Abhandlungen*[3] eröffnet hat. Sie bietet wichtige Bemerkungen zu dem Problem der
Selbstgegebenheit, wiewohl sie – Geiger war damals schon fast
ein Jahrzehnt von München fort – nicht alles mehr im Blick
haben konnte. Die Formel selbst, sicher erst aus Husserls *Ideen I*
(1913) übernommen, wo sie uns in mehrfacher Abwandlung begegnet, findet sich bei Pfänder dann im Zusammenhang der *Einleitung in die Philosophie*, sowohl im mündlichen Lehrvortrag wie

---

[2] A. Pfänder, *Philosophie auf phänomenologischer Grundlage*. Einleitung in die Philosophie und Phänomenologie, hrsg. von H. Spiegelberg, München 1973. Den Teil-
nehmern der Tagung lagen schon einige Teile daraus im Hektogramm vor.
[3] Hrsg. E. Heller und F. Löw, Leipzig 1933.

in den Aufzeichnungen des Nachlasses bis zuletzt. Sie ist mir in den anderen Schriften nicht begegnet. Sie hat aber in der *Einleitung* eine Schlüsselfunktion. Wie so oft bei vergleichbaren Formeln, ist die Funktion leichter zu beschreiben als die Formel selbst auf ihren wörtlichen Sinn zu befragen. Der Schlüssel bedarf selbst der Erschließung; und vielleicht geht der an die Formel sich anschließende Problemgehalt noch über die wörtliche Bedeutung und die Funktion der Formel hinaus.

Nur ein paar Bemerkungen zur Funktion der Formel: an ihr entscheidet es sich, ob die Wahrnehmung zu ihrem Ziel, zum höchsten Grad an reiner und voraussetzungsloser Gegebenheit ihres Gegenstandes gelangt ist. Gegenüber dem, was wir ursprünglich gemeint haben, vollzieht sich an dem, was dann in den Bewußtseinserlebnissen „wirklich selbst leibhaftig gegeben" ist, so etwas wie eine Bestätigung oder auch eine Berichtigung. Das „Vermeintliche" wird am Tatsächlichen bzw. am „tatsächlich selbst leibhaftig Gegebenen" gemessen, erprobt und bestätigt. Beides, die Meinung wie die Gegebenheit, die Intention wie ihre Erfüllung vollziehen sich in Bewußtseinserlebnissen, aber doch so, daß das Leibhafte in der Gegebenheit gegenüber dem Intendierten die Bewußtseinstranszendenz für sich hat. Ich will mich hier nicht bei der Wiederholung bekannter Dinge aufhalten und die „Technik", wenn man so will, also die Sichtung der Wahrnehmung und die Ausschaltung perspektivischer Täuschungen, pathologischer Veränderungen usw. ausbreiten. Ich möchte vielmehr von zwei Seiten her die Implikationen der Formel sichtbar machen; und dabei können wir das Technische, die Funktion der Formel hinter uns lassen.

Da ist einmal dies: In der Formel „selbst leibhaftig gegeben" spricht sich eine Vorgabe von Vertrauen zur Wirklichkeit, zur Gegebenheitsweise der Gegenstände aus. Moritz Geiger sagt von dieser Interessenrichtung der phänomenologischen Methode: „So weit sie nun den intentionalen Gegenstand selbst ins Auge faßt, hält sie sich prinzipiell in der ‚naiven Einstellung' des gelebten Lebens"[4]. Die Formel ist, schlicht gesagt, von der Überzeugung getragen, daß so etwas wie diese leibhafte Gegebenheit in der Erfahrung unseres Bewußtseins möglich ist. Es ist die aller Art von Skepsis und kritischem Verdacht entgegengesetzte Überzeu-

[4] a.a.O. S. 14.

gung. Der kritische Verdacht beginnt mit einem grundsätzlichen
Mißtrauen gegen das, was sich uns als Wirklichkeit darbietet,
und ist nicht willens, in ihr die Sache selbst in vorläufiger Deutlichkeit anzuerkennen. Hier aber hört die von uns befragte Formel
auf, ein Problem der bloßen Methode zu sein; sie wird zum Ausdruck einer philosophischen Grundüberzeugung, zum Ausdruck
der „Sache" der Phänomenologie, jedenfalls im Sinne Pfänders.
Aber diese Sache ist für die ganze Phänomenologie „die Wiedergewinnung des natürlichen Weltbegriffes der Ursprünglichkeit"
(H. Plessner) gewesen. Die Wiedergewinnung des natürlichen
Weltvertrauens, ja die Rehabilitierung der „naiven" vorwissenschaftlichen Weltansicht ist durch alle wissenschaftliche Klärung,
Emendierung, Verdeutlichung und Begründung hindurch die Absicht. Eben dieses methodische Bewußtsein sollte es verhindern,
die hier gebrauchte Wendung von der „Naivität" selbst „naiv"
zu verstehen, als handele es sich um die erste, ungeprüfte Naivität
einer vorwissenschaftlichen Welterfahrung. Vielmehr ist die
zweite Naivität gemeint, d.h. eine im Vollmaß des wachen Bewußtseins kritische Rechtfertigung der natürlichen Welterfahrung. Das von Pfänder in unzähligen Zusammenhängen verwen-
dete Wort „vermeintlich" besagt zwar immer eine vorläufige,
noch ungeprüfte Meinung, aber keineswegs eine grundsätzliche
Abwertung einer ersten, noch nicht bis zum Ende durchgeklärten
Meinung, wie es sonst umgangssprachlich der Fall ist.

An dieses Vertrauen zur Gegebenheit des sich im Bewußtsein zur Erfahrung bringenden Wirklichen schlossen sich damals ermüdende Ausein-
andersetzungen an. Sie liegen uns heute sehr fern und sind kaum mehr
nachvollziehbar. Auf der einen Seite der Vorwurf des naiven Realismus
oder die Zurückführung auf den kritischen Realismus oder der Verdacht,
daß es sich um so etwas wie Intuitionismus handele – das ruft uns zu
keiner Apologetik mehr auf. Freilich ist auch die Abneigung gegen Kant
und den Idealismus bei den damaligen Münchenern ein belastendes Kapitel. Pfänders Erwähnungen Kants gerieten mitunter bis an den Rand
der Karikatur, und die Fixierung Husserls auf den „Idealismus" konnte
in München stimmungsmäßig wie ein phänomenologischer Häresiever-
dacht wirken. Aus der damaligen Diskussionslage lassen sich schwerlich
heute noch einleuchtende Sachprobleme ableiten.

Noch nach einer anderen Seite möchte ich die Implikationen
der Formel „selbst leibhaftig gegeben" sichtbar machen. Sie sind
wohl zunächst nur auf die phänomenologische Methode bezogen,
die ja eingeübt werden muß und geistige Kultur voraussetzt; die

Beobachtungen gehen dann aber doch weit über das nur Methodische hinaus.

(a) „Selbst" ist als particula exclusiva zu verstehen. Es bedarf keiner vorgängigen Theorie, keiner vermittelnden Voraussetzungen, um das Gegebene als das wahrzunehmen, was es ist. Das „leibhaft Gegebene" ist jeweils ganz allein kompetent dafür, als was es wahrgenommen und begriffen werden will. In Pfänders akademischem Unterricht verwandelte sich das dann etwa in eine Warnung vor allem, „was man gelesen hat". „Vergessen Sie alles, was Sie gelesen haben", oder: „ach, da haben Sie wieder etwas gelesen". Und zugleich bedeutete es die Warnung vor allen vereinfachenden Gleichsetzungen und alterierenden Umdeutungen, vor dem verfälschenden Prinzip des „Nichts-anderes als"[5]. Weit über das nur Methodisch-Technische hinaus spricht sich hier die Überzeugung aus, daß man das ursprünglich Gemeinte durchhalten müsse, um in der „leibhaften" Gegebenheit zur Bestätigung des Gemeinten, zum Grund der Erkenntnis zu gelangen. In der Einstellung des ursprünglichen, natürlichen Weltbegriffes muß sich zuletzt die Sache selbst in dem, was sie eigentlich ist, zur Evidenz bringen lassen. Eine eigentümliche Verbindung der Philosophie der ordinary language mit einem unterschwelligen Platonismus – so könnte man etwas reichlich abgekürzt formulieren.

Hier sind nun natürlich viele Fragen offen. Ich beschränke mich in diesem Zusammenhang auf folgende: Wie verhält es sich, wenn wir angesichts eines vermeinten Gegenstandes eine mit seiner Gegebenheit mitgesetzte Bedeutung „mitmeinen"? Das gelebte Leben ist voll von Beispielen dafür. Eine Ehe kann für den einen tiefe Erfüllung eines Liebeswunsches, für den anderen „nichts anderes als" eine Altersversorgung darstellen. Kann es dem Kenner Nietzsches entgangen sein, welchen Raum in dessen Philosophie eben diese Umkehrungen und Umdeutungen eingenommen haben? Ich denke an die Umwertung aller Werte, die Entlarvung vermeintlicher Wahrheiten als Trug, des Vitalinteresses an bestimmten Tugendbegriffen, das Spiel der Umkehrungen zwischen Optimismus und Pessimismus. Immerzu wird hier mindestens „auf Probe gedacht", dies oder jenes könne im Grunde „nichts anderes sein als ...". Pfänder ist der Verdacht immer

[5] Hierüber auch M. Geiger a.a.O. S. 5 ff.

ferngelegen, das Gemeinte – und dann in der Folge das selbst
leibhaftig Gegebene – könne auch noch etwas anderes ,,sein`` als
das, wofür wir es halten.

(b) Zu den Implikationen unserer Formel gehört dann, daß die
Wahrnehmung allein gilt und keiner Zuhilfenahme durch ein ergänzendes ,,Denken`` bedarf. Offenbar galt diese Wendung der
Ablehnung des sog. kritischen Realismus. Mit O. Külpes *Realisierung*[6] hat sich Pfänder expressis verbis auseinandergesetzt. Die
Wahrnehmung allein genügt nach jener Theorie nicht, sondern
sie muß durch die ergänzende Zuhilfenahme des ,,Denkens`` zur
Erkenntnis erhoben werden. Demgegenüber meint unsere Formel
die reine und unbeeinflußte Wahrnehmung, die keiner Beihilfe
bedarf.

Ich halte es nicht für ausgeschlossen, daß Pfänders Zurückhaltung gegen
Husserls Lehre von den konstituierenden Akten des Bewußtseins damit
zusammenhängt. Husserls Bedauern, daß Pfänder ,,die const(itutiven)
Probleme nie voll aufgegangen sind``[7], könnte in diese Richtung weisen.
Natürlich sind die konstitutiven Akte bei Husserl etwas völlig anderes, als
was Külpes Erkenntnislehre meint.

(c) Heute müßte vielleicht noch etwas anderes als Problem
hinzugefügt werden. Die Formel meint doch offenbar, daß der
Begriff die Fülle seines Inhaltes aus der reinen und unverfälschten
Wahrnehmung empfängt. Der Gegenstand ist reicher als der Begriff. Er hat gegenüber dem Begreifen durch den Begriff wie dem
Wort gegenüber, in dem der Begriff zum Ausdruck kommt, die
Priorität. Das berührt die sich heute hier anschließende Problematik des Ersatzes der Begriffe durch das Symbol und der Priorität des Symbols vor dem ,,selbst leibhaftig gegebenen`` Gegenstand. Aber das muß hier auf sich beruhen bleiben.

III

Zuletzt möchte ich drei Fragen zur Sprache bringen, die – keineswegs erschöpfend – doch in etwa die Querbalken darstellen,
die sich mir beim Umgang mit der Philosophie, die die Anfänge
meines eigenen Denkens geprägt hat, in den Weg gelegt haben.

[6] Bd. I, Leipzig 1912; Bd. II und Bd. III aus dem Nachlaß herausgegeben von
A. Messer, Leipzig 1920 und 1923.
[7] E. Husserl, *Briefe an Roman Ingarden*, hrsg. v. R. Ingarden, Den Haag 1968,
S. 23.

Ein schwer zu formulierendes Rätsel liegt, wenn ich recht sehe, in dem Allereinfachsten und Selbstverständlichen, in dem alles durchwaltenden cognitiven Element: Alles steht auf „Wahrnehmung". Welche Probleme hier entstehen, können die jetzt von H. Spiegelberg veröffentlichten Texte der *Einleitung in die Philosophie und Phänomenologie* zeigen. Es sind drei Regionen der „Totalität der Gegenstände": die Wirklichkeit (das Seiende), die Werte und die Forderungen. Überall erwachsen hier die Probleme der Erkenntnis als die Probleme der Wahrnehmung: Erkenntnis der gebenden Akte und der Urgegebenheiten. Ich bin mir dessen durchaus bewußt, daß die Eigentümlichkeit der gebenden Akte je nach der Eigentümlichkeit des Gegenstandes auch einen eigenen Erfahrungsmodus bezeichnet. Etwas unkonventionell ausgedrückt: Die Gegenstände werden in spezifischer Weise „erlebt". Aber das führt doch zuletzt in der Pfänderschen *Einleitung* darauf zurück, daß das Ziel die Schau eines sich letztlich als eindeutig der Wahrnehmung darbietenden Gegenstandes ist. Alles, was es gibt und was man nur immer meinen kann, liegt gleichsam in einem, oder deutlicher, in drei „Schau"-Fenstern ausgebreitet. Um dort eingesehen werden zu können, müssen die Gegenstände geordnet sein. In diesem Vorwegordnen der gesamten Wirklichkeit wird in der Tat ein Kosmos sichtbar. Es ist nicht völlig ohne Grund, wenn Husserl in dem zitierten Brief an R. Ingarden schreibt, daß Pfänder „in eine dogmatische Metaphysik gerät"[8].

Aber nun zu den drei Fragen.

(a) „Selbst leibhaftig gegeben" – das impliziert doch offenbar, daß die Gegenstände so etwas wie einen Leib haben. Man kann das natürlich unschwer als Metapher erklären und entschuldigen, wenn es dessen bedürfte; überdies ist es schon bei Husserl in den *Ideen* ein Wechselbegriff zur „originären Gegebenheit". Dennoch kann nicht wohl übersehen werden, daß die Körperwelt für Pfänder (und übrigens auch für Husserl) bei der Beschreibung der Urgegebenheiten schlechterdings das Modell liefert. In dem Entwurf der *Einleitung* sind die Themen der Erkenntnis der Wirklichkeit allesamt an die Erkenntnis der Körperwelt angeschlossen. Sie hat den ersten Platz, und die weiteren Themen folgen nach Analogie der Erkenntnis der Körperwelt. Da der Leibbegriff Le-

---

[8] a.a.O. S. 23.

ben einschließt, fügt sich die „Welt der Lebewesen" gut in dieses Schema ein, und das gilt auch für die „seelische Welt". Von da an erscheinen die weiteren möglichen Themen eigentlich nur noch als Themen, als Programme – übrigens bei Husserl nicht anders – sie sind nicht mehr ausgeführt. Was heißt da dann „leibhaft"? Gewiß, wir haben nicht vergessen, „daß nicht alle Gegenstände der Erkenntnis nur durch eine und dieselbe Bewußtseinsart selbstgegeben sein können", wie es in der *Einleitung* heißt. Aber jeder Art von Wirklichkeit gegenüber gilt unverändert das phänomenologische Programm: „Sie (die Phänomenologie) fragt nur, ob die Wirklichkeit selbst leibhaftig gegeben ist"[9]. Ich würde nicht so hartnäckig insistieren, wenn nicht diese leibhafte (!) Gegebenheit auch für die „Forderungen und Verbindlichkeiten für die eigene Person", ja sogar für die „vermeintlich ideellen Gegenstände" postuliert wäre[10].

Problematisiert wurde diese Modellhaftigkeit der Körperwelt und vor allem der körperlichen Eigenschaften angesichts der räumlichen und stofflichen Analogien, mit denen Pfänder Tatsachen und Sachverhalte des seelischen Lebens beschrieben hat. In der „Psychologie der Gesinnungen"[11] beschreibt er diese als nach oben oder nach unten oder gleichgerichtet, wie im Raume „schwebend", vor allem aber hat er in seiner Studie über „Grundprobleme der Charakterologie"[12] die menschlichen Charaktere durch gleichsam „stoffliche" Eigenschaften beschrieben („ledern", „durchsichtig", „farbig" u. dgl.). Hierbei scheint mir nicht so sehr das Problem darin zu liegen, ob eine solche analogische Deskription überhaupt berechtigt sei. Alle Beschreibung ist ja in irgendeiner Weise auf Anschaulichkeit angewiesen. Vielmehr scheint mir die Frage von Interesse zu sein, daß hier grundsätzlich die Körperwelt die Begriffe, das Vorstellungsmaterial liefert, auch für „Gegenstände", die keinesfalls mehr körperlich gedacht werden können. Hier wird dann ein eigenartiger Vorrang der Körperwelt sichtbar, wenn die – meinetwegen – „höheren" Seinsregionen nur durch eine vorstellungsmäßige Rückführung auf Körperbegriffe und körperliche Eigenschaften beschrieben werden können. Es ist fast wie eine geheime Rangordnung der Wirklichkeit.

(b) Ich glaube übrigens, daß Pfänder, bei aller am Tage liegenden charakterlichen und methodischen Verschiedenheit von Husserl, doch in größerer Nähe zu ihm war, als es dem einen wie

---

[9] a.a.O.

[10] bei H. Spiegelberg a.a.O. S. 29 u. 45.

[11] „Zur Psychologie der Gesinnungen", I. Teil, in: *Jahrbuch für Philosophie und phänomenologische Forschung*, Halle 1913, S. 325 – 404. Dasselbe ,II. Teil, *Jahrb. f. Phil. u. phän. Forschung III*, 1916, S. 1 – 125.

[12] In: *Jahrbuch der Charakterologie I*, Berlin 1924, S. 289 – 355.

dem anderen als Eingeständnis abverlangt werden konnte. Aber zu den Differenzen gehörte für beide, daß Husserl, wenn ich recht sehe, von dem Problem der Intersubjektivität der Erkenntnis umgetrieben wurde und Pfänder nicht. Er ging von der Voraussetzung aus, daß „ich" erkenne, und daß, wenn ich richtig erkenne, „mir" die Wahrheit erscheint. Die so oft im Programm apostrophierte „einzig richtige Lösung" kann immer nur die meine, die eigene sein. Aber welche Kompetenz hat die Erkenntnis des anderen, gleichviel, ob diese gleich der meinen ist oder von ihr abweicht? Die ganze geschichtliche Welt bis hinein in jede Universität, in jede denkbare Diskussion ist voll von abweichenden Meinungen; wir werden gezwungen, uns mit dem Wahrheitsanspruch fremder Erkenntnisse auseinanderzusetzen. Pfänder hat, angesichts der Philosophiegeschichte, sich immer darauf zurückgezogen, daß Philosophiegeschichte keine Philosophie sei, sondern Kulturgeschichte. Ich verkenne nicht, daß diese These zeitgeschichtlich zu würdigen ist. In aller Regel hat man damals eben die Historie der Philosophie nicht anders betrieben. Immerhin war Dilthey schon da. Wie steht es mit der Wahrheitskompetenz der „anderen"? Wie steht es mit der Kompetenz der perspektivischen Verschiebung aller Gegenständlichkeit, die uns eben darauf aufmerksam machen muß, daß auch unser eigenes Verhältnis zu dem vermeintlich „selbst leibhaftig Gegebenen" immer schon eine Perspektive in sich schließt, also eine Relativität und – horribile dictu – eine Subjektivität impliziert, die nicht hoffen darf, mit der Subjektivität der anderen zur schlechthinnigen Deckung gebracht werden zu können. Gibt es ein Erkennen, das alle derartigen Perspektiven letztgültig überspringen kann?

(c) Was mich neuerdings immer stärker interessiert, ist eine an der Sprachanalyse erwachsene Beobachtung. Ich wende sie sofort auf die „Aufsuchung des Bewußtseins, in dem das Gemeinte selbst leibhaftig gegeben ist"[13], an. Es muß auffallen, daß das eigentlich nur im Präsens gilt. Die auch bei Husserl immer wieder zugunsten der intendierten Objektivität geltend gemachte Beobachtung, daß der „gestern" wahrgenommene Gegenstand auch „heute" noch derselbe sei, hebt diese eigentümliche Tatsache nicht auf. Auch das Problem der „Retention" (das wie bei Husserl in der Phän. des Zeitgefühls, so auch bei Pfänder Beachtung findet)

13 Bei H. Spiegelberg, a.a.O. S. 18.

Eberhard Avé-Lallemant

DIE ANTITHESE FREIBURG-MÜNCHEN
IN DER GESCHICHTE DER PHÄNOMENOLOGIE

Die Phänomenologie, welche um die Jahrhundertwende mit dem Anspruch ins Leben trat, die vorher als Erkenntnistheorie und Psychologie am falschen Ort gesuchte Grundwissenschaft der Philosophie zu bilden, hat in ihrer bisherigen Geschichte sehr rasch, ja eigentlich von Anfang an das alte Schicksal der Philosophie erlitten, in verschiedene, teilweise antithetische Richtungen auseinander zu treten. Das geschah aber im ausdrücklichen Widerspruch zum eigentlichen Sinn und Zweck der Phänomenologie, wie ihn Husserl in seinem „Logos"-Artikel von 1911 *Philosophie als strenge Wissenschaft*[1] ausgesprochen hat, wie er aber auch der Überzeugung der jüngeren Phänomenologen entsprach. So sagt etwa Adolf Reinach in seinem Marburger Vortrag „Über Phänomenologie" von 1914: „Spätere Geschlechter werden es nicht verstehen, daß ein einzelner Philosophien entwerfen konnte, so wenig, wie ein einzelner heute die Naturwissenschaft entwirft. Kommt es zu einer Kontinuität innerhalb der philosophischen Arbeit, so wird sich der welthistorische Entwicklungsprozeß, in dem sich eine Wissenschaft nach der anderen von der Philosophie ablöste, nun auch an der Philosophie selbst vollziehen. Sie wird zur strengen Wissenschaft werden..., indem sie sich darauf besinnt, daß ihre Probleme ein eigenes Vorgehen verlangen, das zu seiner Durchführung der Arbeit der Jahrhunderte bedarf"[2]. Ein eigenes Vorgehen – das zielte auf die „phänomenologische Methode", von der Reinach am Anfang seines Vortrags spricht, den „phänomenologischen Blick und die phänomenologische Einstellung", die den Weg „zu den Sachen selber" eröffnen und damit eine

---

[1] Neuausgabe von W. Szilasi, Frankfurt a.M. 1965.
[2] *Was ist Phänomenologie?* München 1951, S. 72.

,,handanlegende Arbeit'' ermöglichen sollten, wie Husserl gerne zu sagen pflegte, die Ausführung phänomenologischer Analysen.

Diese Überzeugung, die ebenso in dem gemeinsamen Vorwort Husserls, Geigers, Pfänders, Reinachs und Schelers zum *Jahrbuch für Philosophie und phänomenologische Forschung* zum Ausdruck kam, prägte die ganze erste Phase der Phänomenologie. Was die Herausgeber vereint, so heißt es dort, ,,ist die gemeinsame Überzeugung, daß nur durch Rückgang auf die originären Quellen der Anschauung und auf die aus ihr zu schöpfenden Wesenseinsichten die großen Traditionen der Philosophie nach Begriffen und Problemen auszuwerten sind, daß nur auf diesem Wege die Begriffe intuitiv geklärt, die Probleme auf intuitivem Grunde neu gestellt und dann auch prinzipiell gelöst werden können. Sie sind der gemeinsamen Überzeugung, daß der Phänomenologie ein unbegrenztes Feld streng wissenschaftlicher und höchst folgenreicher Forschung eigentümlich ist, das, wie für die Philosophie selbst, so für die anderen Wissenschaften, fruchtbar gemacht werden muß – wo immer Prinzipielles in ihnen in Frage steht''. Erinnern wir uns an diese Worte, so werden wir uns kaum damit abfinden können, daß faktisch – wie Herbert Spiegelberg es in seinen Ausführungen zu unserer Tagung, freilich sehr pointiert, ausdrückt – ,,auf den ersten Blick die Geschichte der deutschen Phänomenologie das Bild hoffnungsloser Schismen bietet''[3]. Es ist deshalb wohl Zeit für eine kritische Besinnung auf den bisherigen Weg der Phänomenologie. An einer solchen Besinnung fehlt es heute im vollen Umfang noch durchaus. Zu ihren Voraussetzungen gehört eine kritische Einbeziehung der ,,Münchener Phänomenologie'', die als solche seit den dreißiger Jahren trotz Bekanntheit einzelner ihrer Vertreter immer mehr in Vergessenheit geriet und eigentlich erst durch Herbert Spiegelbergs Buch[4] wieder ins Bewußtsein der weiteren philosophischen Öffentlichkeit getreten ist.

Wir müssen heute konstatieren, daß eine ,,Münchener Phänomenologie'', wie sie etwa auf diesem Kongreß vertreten ist, aus einem gemeinsamen Boden in verschiedenen, seit den dreißiger Jahren nur in sehr loser Wechselwirkung zueinander stehenden Zweigen gewachsen und weiterentwickelt worden ist; etwa in den

---

[3] ,,Epoché und Reduktion bei Pfänder und Husserl'', erscheint in: *Pfänder-Studien*, hrsg. v. H. Spiegelberg und E. Avé-Lallemant.
[4] *The Phenomenological Movement*, The Hague 1960 u.ö.

„Schulen" Pfänders, von Hildebrands, Hedwig Conrad-Martius',
des sehr eigenwilligen Scheler, und des der Münchener Phänomenologie nahestehenden Ingarden. In dieser Situation ist es, meine
ich, eine gute Sache, zusammenzukommen, „to compare the notes"
(wie man im Englischen sagt) und das Gespräch miteinander im
größeren Kreis aufzunehmen oder wieder aufzunehmen, was in
der Vergangenheit wohl zu wenig geschehen ist.

Die Absicht meines Beitrags ist es, hier eine zweifache Skizze
zu entwerfen: 1. einen differenzierenden Rückblick auf die bisherige, besonders die frühere Geschichte der „phänomenologischen
Bewegung", in der etwas näher bestimmt werden soll, was mit den
Schlagworten „München" und „Freiburg" gemeint ist; 2. eine
Skizze der diese Frühgeschichte der Phänomenologie, besonders
in den zwanziger Jahren, überschattenden „Antithese", in der die
beiderseitigen Perspektiven angedeutet werden sollen. In beiden
Fällen, scheint mir, bedarf es heute zunächst einer Wendung „zu
den Tatsachen selber", um die phänomenologische Devise hier
in abgewandelter Form zu verwenden, bedarf es einer voraufge-
henden Bestandsaufnahme dessen, was bisher geschehen ist.

I

Dazu möchte ich nun einige Differenzierungen einführen, die
ich vorerst mit weiter zu diskutierenden Schlagworten bezeichnen
werde. Hedwig Conrad-Martius hat in den fünfziger Jahren zwischen der transzendentalen bzw. transzendental-idealistischen
Phänomenologie Husserls, der existenzialistischen Heideggers
und der ontologischen oder realistischen der Münchener und Göttinger Phänomenologen unterschieden[5]. Sie fügte hinzu: „Sofern
sie je zu Metaphysiken ausgebaut sind, verstehen sie einander
nicht. Sie sprechen verschiedene Sprachen. Es brauchte nicht so
zu sein. Soweit es hier und dort um echte Phänomene geht, die
in ihrem Eidos ergriffen sind, könnten sie von jedem, der überhaupt einen Wesensblick besitzt, verstanden werden. ... (Die)
Bereiche mit ihren Beständen widersprechen einander nicht.
Wenn sie es tun, sind sie falsch gefaßt oder wesensmäßig über-

---

[5] „Phänomenologie und Spekulation" (1957) und „Die transzenentale und die ontologische Phänomenologie" (1959); jetzt in: *Schriften zur Philosophie*, Bd. III, München
1965, S. 370ff. und 393ff.

interpretiert"[6]. Folgt man dieser Unterscheidung, so bezieht sich die Antithese Freiburg-München, wie ich sie hier ins Auge fassen will, auf die Differenz der ersten und der letzten der genannten Positionen zueinander. Eine Auseinandersetzung zwischen beiden hatte sich nach einer längeren Latenzzeit Mitte der zwanziger Jahre angebahnt und wurde dann bald durch andere Ereignisse überschattet.

Diesem Versuch einer systematischen Unterscheidung muß nun aber noch eine sozusagen historische an die Seite gestellt werden, wenn wir der Gefahr entgehen wollen, bestimmte Positionen zu verallgemeinern. Herbert Spiegelberg hat mit seinem Buch *The Phenomenological Movement* die erste Grundlage für ein solches Unternehmen geschaffen. Wie er selbst im Vorwort sagt, müssen seine Ausführungen aber überall noch weiter fortgeführt werden. Eine solche Weiterführung habe ich für die Zeit vor dem ersten Weltkrieg in einer noch unveröffentlichten Studie versucht[7]. Eine entsprechende Arbeit für die nachfolgende Zeit besonders zunächst der zwanziger Jahre mit den vier Schwerpunkten Freiburg, München, Köln und Göttingen wäre nicht zuletzt für unsere Antithese sehr aufschlußreich und daher wünschenwert. Man kann diese beiden Zeitabschnitte, die sich vom Verlauf der „phänomenologischen Bewegung" her nahelegen, ihre ersten beiden Phasen nennen. Die erste Phase fällt zusammen mit Husserls Göttinger Tätigkeit und seiner engen Verbindung zu den Münchener Phänomenologen; sie endet etwa mit dem Erscheinen der *Ideen I*, dem Ausbruch des Ersten Weltkrieges und der Berufung Husserls nach Freiburg. Der Zeitraum der zweiten Phase fällt ungefähr mit Husserls Freiburger Lehrtätigkeit zusammen; ihr Ende wird markiert durch das Hervortreten Heideggers, den Tod Max Schelers, das Ende des *Jahrbuchs* und die Auflösung der bisherigen Gemeinsamkeit zwischen dessen Herausgebern. Damit bahnt sich schon vor der äußeren Katastrophe von 1933 als dritte Phase eine Zeit der isolierten Entwicklungen an. Ich möchte und kann mich in meinem Zusammenhang auf die ersten der beiden genannten Perioden konzentrieren.

---

[6] A.a.O. S. 374. (Die hier hinsichtlich der ersten beiden Positionen geäußerten Worte gelten im Sinne von Conrad-Martius auch mit für die dritte, wie ihre weiteren Ausführungen zeigen.)

[7] *Phänomenologie und Realität*, Erster Teil, II. Abschnitt (im Erscheinen begriffen).

Als „Münchener Phänomenologie" möchte ich nun im folgen-
den die seinsphilosophisch orientierte, in ihrer Entstehung mit
der Universität München verbundene Richtung innerhalb der
phänomenologischen Bewegung verstehen, die sich während der
ersten Phase in eine eigentliche Münchener Gruppe um Pfänder,
Daubert und Geiger, eine München-Göttinger um Reinach und
Conrad und eine mit beiden in Wechselwirkung stehende um
Max Scheler differenzierte. Diese drei Gruppen standen vor dem
Ersten Weltkrieg in lebhaftem Gespräch miteinander und mit
Husserl. Ich nenne hier aus dem München-Göttinger Kreis nur
die Namen Wilhelm Schapp und Jean Héring, Alexander Koyré und
Hans Lipps, Hedwig Martius, Dietrich von Hildebrand, Edith Stein
und Fritz Kaufmann, Roman Ingarden und Adolf Grimme. Nach
dem ersten Weltkrieg finden wir in München neben Pfänder und
Geiger (der 1923 nach Göttingen ging) August Gallinger und Dietrich von Hildebrand, deren Schüler ebenfalls im Kontakt miteinander standen. Auch die München-Göttinger Gruppe hielt un-
tereinander die Verbindung aufrecht. Die Hitlerzeit bedeutet zunächst das Ende der Phänomenologie an der Münchener Universität. Seit Ausgang des Zweiten Weltkrieges war und ist die Phänomenologie in München durch eine Reihe von der Phänomenologie herkommender oder ihr nahestehender Philosophen vertreten, darunter aus der alten Münchener Tradition August Gallinger und Josef Stürmann, aus der München-Göttinger Hedwig
Conrad-Martius. Ich möchte aber, wie schon gesagt, mich in meinem Bericht auf die Münchener Phänomenologie der ersten beiden
Phasen und die von ihrer Tradition geprägten Philosophen beschränken.

Auch bezüglich der Freiburger Phänomenologie gehe ich nur
auf die Zeit bis gegen Ende der zwanziger Jahre ein, jene Zeit,
in der die Auseinandersetzung um die „Antithese" ihren Anfang
nahm, bei der ich wieder anknüpfen möchte. Auch hinsichtlich
Freiburgs ist m. E. als eine erste sehr grobe Unterscheidung
die Arbeit Husserls, die er mehr und mehr im Alleingang unter-
nahm, abzuheben von denen der ab 1919 in größerer Zahl sich
einfindenden jüngeren Philosophen und Studenten, deren Freiburger Kreis aber durch die herausragende Persönlichkeit Heideggers
sehr bald zu gleichsam einer Ellipse wurde, wie es etwa auch der
Göttinger Kreis um Husserl und Reinach gewesen war. Aus

dem Freiburg dieser Zeit, d.h. bis zur Rückkehr Heideggers, sind
Namen wie Ludwig Ferdinand Clauss, Karl Löwith, Oskar Becker,
Arnold Metzger, Fritz Kaufmann, Wilhelm Szilasi, Theodor Celms,
Günther Stern, Hans Reiner, Franz Josef Brecht, Ludwig Land-
grebe, Eugen Fink und andere zu nennen.

II

Man kann die beiden innerphänomenologischen Schwerpunkte,
wie sie von Anfang an in der Entwicklung Husserls einerseits, in
der der „Münchener" anderseits vorhanden waren, vielleicht im
vorhinein wie folgt kennzeichnen: für Husserl war die Methode
der Phänomenologie im wesentlichen „Intentionalanalyse", für die
Münchener „Wesensanalyse", wobei ich gleich bemerken möchte,
daß mir das keine Alternative zu sein scheint. Husserl hatte von
Brentano das Leitziel einer Philosophie als strenger Wissenschaft
übernommen und zugleich den Ansatz bei Analysen des Bewußtseins, das Brentano noch als psychisches faßte und das Husserl
während seiner Göttinger Zeit allmählich als transzendentales
zu erkennen lernte. Die Münchener dagegen strebten zu einem
den empiristischen Psychologismus überwindenden methodischen
Zugang zu den „Sachen selbst", der mit einer gewissen Direktheit,
aber doch auch beim „Bewußtsein von..." ansetzend gesucht und
gegangen wurde, wie noch zu zeigen sein wird.

Es scheint mir, daß die sich daraus allmählich ergebende Antithese mehr aus den gegenseitigen Interpretationen als aus der
Sache selbst entstanden ist. Ich habe oben eine Stellungnahme
von Hedwig Conrad-Martius in diesem Sinne schon angeführt.
Zunächst jedoch ist zu konstatieren, daß sich von Anfang an eine
Differenz zwischen Husserl und den Münchenern bemerkbar
machte, deren Wurzeln und Hintergründe wir heute erst allmählich kennenlernen.

Die „phänomenologische Bewegung" nahm bekanntlich ihren
Ausgang von der großen Wirkung, die die *Logischen Untersuchun-*
gen auf zwei junge Philosophen ausübten: den Privatdozenten
Max Scheler in Jena und den cand. phil. Johannes Daubert, der
damals in München bei Theodor Lipps studierte. Scheler traf Husserl noch während dessen Hallenser Zeit und trat dann 1907 in
nähere Beziehungen zur Münchener Phänomenologie. Daubert

suchte zwei Jahre lang vergeblich, dann aber mit umso größerer Wirkung die *Logischen Untersuchungen* in München bekannt zu machen. Das Jahr 1904 bedeutet den Anfang des gemeinsamen Weges von Husserl und den Münchenern. Im gleichen Jahr, ja fast gleichzeitig, beginnt aber auch die zweilinige Entwicklung, die zur Antithese führte. Zwei Wochen nach seinem ersten Besuch in München, der u.a. den Kontakt zu Pfänder herstellte, tat Husserl – wie Iso Kern berichtet – in einem Arbeitsmanuskript „den entscheidenen Schritt über die *Logischen Untersuchungen* hinaus", indem er unter Berufung auf die Cartesianische Zweifelsbetrachtung nicht nur wie in den *Logischen Untersuchungen* den reellen Inhalt der Erlebnisse, sondern auch den intentionalen zum Gegenstand der phänomenologischen Forschung erhob. Hauptaufgabe wurde jetzt eine Kritik der Vernunft[8]. In Erwartung von Münchener Hörern[9] kündigt Husserl für den Winter des gleichen Jahres seine Vorlesung über „Hauptstücke einer Phänomenologie und Theorie der Erkenntnis" an, deren letzten Teil bekanntlich die Ausführungen *Zur Phänomenologie des inneren Zeitbewußtseins* darstellen. „Ich bemühe mich, über das Ideengebiet der *L.U.* hinaus zu wachsen", schrieb Husserl dazu an Daubert. Die gleichen Themen bilden offensichtlich den Hauptinhalt der „Seefelder Gespräche" des folgenden Jahres, in dessen Niederschlag Husserl später den ersten „Begriff und korrekten Gebrauch der phänomenologischen Reduktion" konstatiert[10]. Als Reinach und Conrad zum Sommer 1907 nach Göttingen kamen, stellten beide fest – wie Theodor Conrad später berichtet hat –, daß der dort angetroffene Husserl „von dem in München studierten in wichtigen Punkten erheblich abwich"[11]. Diese Bemerkung bezog sich nicht nur auf die *Logischen Untersuchungen*, sondern auch auf deren Weiterentwicklung in den Diskussionen des sehr aktiven Münchener Kreises um Daubert, Pfänder und Geiger. „Reinach warf Husserl seine Wendung zur Marburger Schule vor", hat Wilhelm

[8] I. Kern, *Husserl und Kant*, Den Haag 1964, S. 181. Vgl. dazu Husserls Anmerkung in der Neuauflage der *Logischen Untersuchungen* II/1, S. 397.

[9] So Husserl in einem Brief vom 17.11.1904 an Johannes Daubert (Kopie im Nachlaß Daubert in der Bayerischen Staatsbibliothek, München).

[10] *Zur Phänomenologie des inneren Zeitbewußtseins*, Den Haag 1966 (Huss. X), S. 237, Anm. 1. Über die Seefelder Begegnung von Husserl und den Münchenern vgl. jetzt die ausführliche Studie von K. Schuhmann, *Husserl über Pfänder*, Den Haag 1973.

[11] Aus einem unveröffentlichten Bericht von 1954 (Nachlass, Bayerische Staatsbibliothek).

Schapp aus dieser Zeit berichtet[12]. Conrad zufolge versuchte Husserl seinen Ansatz immer wieder durch den Hinweis auf Descartes zu verdeutlichen. Im gleichen Semester nämlich, als Reinach und Conrad als vermeintlich „fertige Husserlianer" nach Göttingen kamen, hatte Husserl mit der Einleitung zu seiner „Ding-Vorlesung" eben den Durchbruch zu der von ihm im folgenden Jahr auch expressis verbis so genannten transzendentalen Phänomenologie vollzogen, einen Durchbruch, den er im Oktober/November 1910 mit der Einführung der transzendentalen Intersubjektivität vollendete[13]. Mit dem Erscheinen der *Ideen*, von denen freilich nur das I. Buch veröffentlicht und nur das II. im Entwurf niedergeschrieben und in Vorlesungen der nächsten Jahre weiter entwickelt wurde, war die Antithese endgültig zutage gekommen. „Die *Logischen Untersuchungen*", schrieb Edith Stein darüber später[14], „hatten vor allem dadurch Eindruck gemacht, daß sie als eine radikale Abkehr vom kritischen Idealismus kantischer und neukantischer Prägung erschienen. Man sah darin eine ‚neue Scholastik', weil der Blick sich vom Subjekt ab- und den Sachen zuwendete ... Die *Ideen* aber enthielten einige Wendungen, die ganz danach klangen, als wollte ihr Meister zum Idealismus zurücklenken. Was er uns mündlich zur Deutung sagte, konnte die Bedenken nicht beschwichtigen."

Die damit beginnende Auseinandersetzung der „Münchener" Phänomenologen mit Husserls Philosophie manifestiert sich erst ab 1925 in Veröffentlichungen. Ich nenne 1. die kritischen Bemerkungen und Untersuchungen von Jean Héring 1925[15], Pfänder (1929) im Anschluß an Theodor Celms (1928)[16] und Hedwig Conrad-Martius (ab 1931, aber schon in einem Manuskript um 1916)[17]; 2. Maximilian Beck (ab 1928 in den von ihm herausgegebenen *Philosophischen Heften*); 3. Edith Steins kritische Gegenüberstellung der Phänomenologie Husserls mit der Philosophie Thomas von Aquins (1929 in der Husserl-Festschrift) und 4. Max Schelers Fragmente einer Kritik der phänomenologischen Reduk-

---

[12] *Edmund Husserl 1859–1959*, Den Haag 1959, S. 20.
[13] Vgl. *Erste Philosophie*, II (Huss. VIII), S. 432ff.
[14] *Aus dem Leben einer jüdischen Familie*, Louvain–Freiburg 1965, S. 174.
[15] *Phénoménologie et philosophie religieuse*, Paris 1925.
[16] Th. Celms, *Der phänomenologische Idealismus Husserls*, Riga 1928, und Pfänders Besprechung in der *Deutschen Literaturzeitung* XLIII (1929), Sp. 2048ff.
[17] Vgl. unten S. 11ff.

tion in den Veröffentlichungen zwischen 1925 und 1928[18]. In die gleiche Zeit fallen die Anfänge der erst später in extenso veröffentlichten Kritik Roman Ingardens[19]. Kritisch äußert sich kurz auch Dietrich von Hildebrand in seinem 1933 geschriebenen, erst 1950 erschienenen Buch *Vom Sinn des philosophischen Fragens und Erkennens.*

Husserls Bedenken gegen die „Münchener" kommt während dieser Zeit ausschließlich in mündlichen Bemerkungen und Briefen zum Ausdruck. Einige Andeutungen finden sich in den Veröffentlichen des Freiburger Kreises (O. Becker, F. J. Brecht, Landgrebe)[20]. Husserls Ansicht läßt sich dahingehend zusammenfassen, daß man auf der Stufe eines „Realismus" bzw. „Ontologismus" stehenbleibe und deshalb das Niveau einer wirklichen Philosophie, wie sie nach dem phänomenologischem Durchbruch verstanden werden müsse, nicht erreiche. „Fast alle meine alten Schüler sind in Halbheiten steckengeblieben", schreibt Husserl 1930 an Dorion Cairns, „und haben den der Phänomenologie wesensnotwendigen Radikalismus gescheut ... Alle fast haben sich verendlicht, sind in den ‚Realism' und Anthropologism zurückgefallen, den Totfeind der wissenschaftlichen Philosophie"[21]. (Den Vorwurf des Anthropologismus erhob Husserl speziell gegen Scheler und Heidegger.) Die Göttinger Schüler seien ganz bestimmt geblieben „durch die ontologische Verendlichung der Phänomenologie"; über den schon in den *LU* angelegten Konstitutionsgedanken habe man hingeweggelesen. Unermüdlich macht Husserl in seinen Briefen an Ingarden diesen darauf aufmerksam, daß er „nicht weiter in der alten Weise Ontologie treiben" könne, wenn sich ihm „das wirkliche Verständnis der constitutiven Phänomenologie eröffnen würde"[22]. Ontologische Untersuchungen,

[18] „Erkenntnis und Arbeit" (*GW* Bd. 8, Bern 1960, S. 281f., 362f,; ebd. auch S. 138f., „Idealismus – Realismus" (*Philosophischer Anzeiger II*, 1927/28) S. 281ff., *Die Stellung des Menschen im Kosmos*, 7. Aufl. Bern–München 1966, S. 52ff. – Schelers 1922 angekündigte Abhandlung „Phänomenologische Reduktion und voluntativer Realismus" (*GW* 5, S. 11) ist nicht erschienen, doch findet sich im Nachlaß (in der Bayerischen Staatsbibliothek, München) ein größeres Manuskript darüber aus jener Zeit. Dazu auch unten S. 36.

[19] Vgl. dazu sein Vorwort in: *Der Streit um die Existenz der Welt*, Tübingen 1964.

[20] O. Becker, „Die Philosophie Edmund Husserls" (*Kant-Studien* XXXV/2–3); F. J. Brecht, *Bewußtsein und Existenz*, Hamburg 1948 (geschrieben 1932); L. Landgrebe, „Husserls Phänomenologie und die Motive zu ihrer Umbildung" (1939), jetzt in: *Der Weg der Phänomenologie*, Gütersloh [2]1967.

[21] *Edmund Husserl 1859–1959*, S. 285.

[22] E. Husserl, *Briefe an Roman Ingarden*, Den Haag 1968, S. 73 (Brief v. 13.11.1931).

wie sie Ingarden treibe, seien gut, aber für die philosophische Situation in Deutschland nicht mehr ausreichend, hier sei eine absolut radikale Philosophie erforderlich, auch wenn sie zur Zeit – Husserl schreibt dies 1935 und in diesen Zusammenhang gehört das vielzitierte Wort vom „ausgeträumten Traum"[23] seiner Philosophie – nicht mehr öffentlich vertreten werden könne[24]. „Es handelt sich um eine Wende der gesamten Philosophie der Jahrtausende, die Sinn und Methode aller Probleme und aller möglichen Theorien total umwandelt", schreibt Husserl weiter. „Es gibt keine Art der Evidenz (auch nicht die mathematische), die der Evidenz der phänomenologischen Philosophie gleichkommt (der constitutiven, die keinem meiner alten Schüler verständlich geworden ist)"[25]. Husserl ließ keinen Zweifel daran, daß er alle Schriften der Münchener Phänomenologen nicht mehr als echte Phänomenologie und sogar als Philosophie, sondern nur noch als einzelwissenschaftliche Leistungen gelten lassen konnte. An H. Spiegelberg schreibt Husserl 1935: „Jede solide Arbeit auf dem Grunde der vorgegebenen Welt – also weltwissenschaftliche, ‚objektive', bietet ‚transzendentale Leitfäden' für die eigentlich philosophischen Fragestellungen – für solche einer absolut-universalen und radicalen Wissenschaft der Intentionalität, in der alle Objektivität, das objective Universum, sich ‚transzendental constituiert'. Sie sehen, Ihr Werk wie alle Schriften der Münchener Schule – der Pfänderschen – rechne ich nicht zur Philosophie. . . . Doch Ihr Buch verdient als eine auf objektivem Boden grundtüchtige Arbeit allen Respekt (von dieser Art ist auch meine Schätzung für Prof. Pfänder)"[26]. Husserl fühlte sich, wie er 1931 an Pfänder schrieb „vereinsamt . . ., als berufener Führer ohne Gefolge, oder besser ohne Mitforscher in dem radikal neuen Geist der transzendentalen Phänomenologie"[27]. Zusammenfassend wird man also sagen können, daß in Husserls Augen alle Münchener Phänomenologen auf dem Boden einer „mundanen" Philosophie stehen blieben, daß sie nicht die durch die radikalisierte phänomenologische

[23] *Die Krisis der europäischen Wissenschaften und die transzendentale Phänomenologie*, Den Haag 1962 (Huss. VI), S. 508.
[24] *Briefe an Roman Ingarden*, S. 92f. (Brief v. 10.7.1935).
[25] Ebd. S. 73t. (Brief v. 13.11.1931).
[26] Brief v. 19.6.1935, dessen Kenntnis ich Herbert Spiegelberg verdanke; vgl. dazu *Edmund Husserl 1859–1959*, S. 60.
[27] Brief vom 6.1.1931, im Nachlaß Pfänder (Bayerische Staatsbibliothek, München).

Reduktion freigelegte transzendentale Bezogenheit aller mundanen Gegebenheiten auf die transzendentale Subjektivität erkannt
hätten. Daher mußten sie in Husserls Sicht zu dogmatisch fixierten
Aussagen sei es realistischer, sei es ontologischer Observanz gelangen, mußten sich in ihrer philosophischen Position „verend-
lichen", d.h. wohl auf einem bestimmten Stand positiver Erkenntnis stehenbleiben, bis eine neue Krise die Relativität derselben
enthüllen würde. Husserl war der Ansicht, daß seine transzendentale Phänomenologie einen Boden geschaffen habe, von dem aus
ein kontinuierlicher Fortgang philosophischer Forschung ohne
solche Umbrüche und Krisen möglich werden würde[28]. Das war
für ihn „Philosophie als strenge Wissenschaft".

Auf der Münchener Seite werde ich mich der Kürze der zur
Verfügung stehenden Zeit wegen, aber auch aus sachlichen Gründen, ebenfalls auf *eine* Linie der Auseinandersetzung mit Husserl
beschränken, die mir aber besonders bedeutsam erscheint und
überdies damals am weitesten ausgeführt worden ist. Jean Héring
nennt 1925 zwei Sätze aus den *Ideen* § 49, deren Aufklärung ihm
notwendig erscheint[29]: Husserl schreibt dort im Sperrdruck: „Das
immanente Sein ist also zweifellos in dem Sinne absolutes Sein,
daß es prinzipiell nulla ‚re' indiget ad existendum. – Andererseits
ist die Welt der transzendenten ‚res' durchaus auf Bewußtsein,
und zwar nicht auf logisch erdachtes, sondern aktuelles angewiesen." 24 Jahre später zitiert Héring noch einmal die gleichen
Sätze und schreibt dazu, es sei allein diese These vom Primat
des Bewußtseins gewesen, die die früheren Husserl-Schüler zurückgewiesen hätten, während sie die transzendentale Reduktion
durchaus akzeptiert und sich keineswegs auf die eidetische beschränkt hätten[30]. Hedwig Conrad-Martius spricht in Ausführungen über *Das Sein*[31] von „Husserls tiefer methodologischer
Konzeption: der ‚transzendentalen Reduktion'", die es ermögliche, das von der ganzen idealistischen Philosophie immer schärfer
abgegrenzte „reine Ich" als eine mögliche Setzung für sich zu begreifen, die „nulla re indiget ad existendum", wie Husserl sich ausdrücke. Allerdings habe Husserl diese Seinsverfassung einseitig

---

[28] *Phänomenologische Psychologie*, Den Haag 1968 (Huss. IX), S, 297.
[29] A.a.O. S. 83ff.
[30] *Edmund Husserl 1859-1959*, S. 27f.
[31] München 1957, S. 125f. (geschrieben 1932).

verabsolutiert. ,,Wir dürfen", sagt Conrad-Martius, ,,im strikten
Gegensatz zur idealistischen Philosophie und hierin ausdrücklich
über sie hinausgehend, das ‚Ich' nicht in den immanenten Grenzen
des bloßen transzendentalen ‚cogito' nehmen. Dieser ganze erkenntnistheoretisch sinnvolle, aber ontologisch unfruchtbare Standort muß verlassen werden. . . . Das Augustinisch-Descartische co-
gito-sum gilt es umzudrehen in ein sum-cogito. Wenn dort das ‚Sein'
nach seiner Faktizität aus dem seiner selbst gewissen ‚Denken'
erkenntnistheoretisch erhärtet wird (welche mögliche, ja notwendige erkenntnistheoretische Position wir nicht angreifen wollen;
sie geht uns hier nichts an. . .), so wird hier ontologisch das
‚Denken' nach seinem Wesen aus einer eigentümlichen ‚letzten
Weise des Selbstseins' begriffen." Daß das ,,Ich" in der Tat eine
eigentümliche letzte Seinsform darstellt, sollen die Ausführungen
von Conrad-Martuis über die ,,archonale Seinsform" als eine der
beiden Grundformen realen Seins zeigen, auf die hier nur hingewiesen werden kann. Es sei lediglich angedeutet, daß Conrad-
Martius die ,,archonale Seinsform" mit dem ,,Dasein" im Sinne
Heideggers gleichsetzt, an dessen Analysen in *Sein und Zeit* sie
hier anknüpft[32].

Durch die phänomenologische Reduktion Husserls, sagt Conrad-Martius in einem Rundfunkvortrag 1931[33], gelinge es Husserl, das Reich des reinen Bewußtseins in universaler Wesenhaf-
tigkeit abzustecken ,,und dadurch für das ganze System möglicher, rein am Bewußtsein orientierter Untersuchungen sachlich
und endgültig freizulegen". Das in der natürlichen Einstellung
fortwährend vorhandene, unaufhebbare Bewußtsein von der
,,Wirklichkeit" der ,,Welt", in der ich mich befinde und zu der
ich selber gehöre, werde durch eine gewisse Urteilsenthaltung
beiseitegestellt und dadurch ,,eine Region faktischen Seins frei-
gelegt, die gerade in ihrer tatsächlichen, empirischen Vorhandenheit und erfahrungsgemäßen Gegebenheit, also gerade in Richtung auf die Faktizität ihres Daseins, die Möglichkeit zu absolut
zweifelsfreien Analysen gewährleistet". Das Merkwürdige sei, daß
hier absolut zweifelsfreie Wesensurteile über faktisches Sein, über

---

[32] Vgl. *Schriften zur Philosophie*, Bd. I, München 1963, S. 185ff., 194ff., 228ff.
[33] Seinsphilosophie, ebd. S. 19ff.

empirische Vorhandenheiten gefällt werden könnten; nur das
reine Bewußtsein selber sei so vorhanden, daß dies möglich sei;
die ganze daseiende Welt dagegen sei auch in unmittelbarster
Erfahrungsgegebenheit, was die Faktizität ihres wirklichen Daseins betrifft, anzweifelbar. Husserl gelinge es durch die Reduktion, diese ganze daseiende Welt durch Ausschaltung und Einklammerung des Wirklichkeitsmomentes an ihr in die zweifelsfreie Region des reinen Bewußtseins mit einzubeziehen, welche
Erhebung der ganzen Welt auf die Ebene des reinen Bewußtseins
ihre universale Durchforschung auf einem in Richtung auf faktische Vorhandenheit tatsächlich evidentermaßen absolut gesicher-
ten Boden ermögliche. Aber die phänomenologische Reduktion
sei für Husserl nicht nur ein methodisches Hilfsmittel, um das
besondere Reich des reinen Ich zur Abhebung zu bringen, sondern
der einzige Weg und Zugang zum Sein in seiner Absolutheit. Diese
Konsequenz ziehe Husserl ausdrücklich in jenen oben bereits zitierten beiden Sätzen. Hier werde das Bewußtsein als das Sein
genommen resp. alles Sein vom Bewußtsein her bestimmt. Damit
aber bleibe der Weg zu einer wahren und gültigen Einsicht in das
Wesen der Faktizität selber „und in das wahre innere Wesen der
ganzen sich auf diese Faktizität aufbauenden wirklich daseienden
Welt" verschlossen. Dieser Zugang könne weder gewonnen werden, wenn wir uns platonisch-idealistisch über das Reich des
Faktums erheben, noch wenn wir in idealistischer Reduktion die
im Bewußtsein selber liegende Wirklichkeitsbejahung einklam-
mern. „Warum wenden wir uns nicht an diese selbst?" fragt
Hedwig Conrad-Martius. „Warum suchen wir nicht gerade ihren
eigentlichsten Seinsgehalt aufzuschließen? Wir würden finden,
daß in ihr etwas weitaus radikaleres liegt als der bloße Glaube an
oder die bloße Überzeugung von der wirklichen Realität des gegebenen Seins. Wir müssen nur einmal dieses Bewußtsein selber
in seinem eigentlichen eigenen Seinsgehalt, also seinsmäßig untersuchen ... Wir würden finden, daß diese methodische Wendung
... sich auf das Wunderbarste dadurch selber beweist und begründet, daß das so seinsmäßig untersuchte reine Bewußtsein in
sich selber über sich selber radikal hinausweist und so von sich
selber aus notwendig aufhört, das Maß alles Seienden und alles
Seins zu sein". Hier ist der Ansatz für eine Wesensanalyse des
realen Seins als solchen, wie sie Conrad-Martius in ihrer *Realonto-*

logie von 1923[34] und in ihrem Buch über das Sein ausführlich unternommen hat.

Theodor Celms, ein Freiburger Husserl-Schüler aus den zwanziger Jahren, hat in seiner von den Münchenern – so Pfänder, Beck, Daubert – sehr positiv bewerteten ausführlichen Studie *Der phänomenologische Idealismus Husserls* (Riga 1928) als Resumé festgestellt, daß die von Husserl entwickelte phänomenologische Methode von seinem phänomenologischen Idealismus zu trennen sei. Letzterer sei in keiner Weise eine direkte Folge der ersteren. Celms schreibt, Husserl sei durch die nicht klar durchgeführte Unterscheidung zwischen phänomenologischer Reflexion (= Epoché) und phänomenologischer Reduktion[35] zu einem metaphysischen Spiritualismus gelangt[36]. Phänomenologisch sei nur die Epoché gerechtfertigt, die eine Urteilsenthaltung über reales Sein implizierte und diesseits der Idealismus-Realismusfrage stehe. Die Reduktion dagegen verstoße gerade gegen diese Epoché, da in ihr über reales Sein (wenn auch gleichsam negativ) geurteilt werde: es werde die Aussage gemacht, daß es auf Bewußtsein angewiesen sei. Gerade dies aber müsse konsequent offen gelassen werden. Celms ist der Ansicht, daß der phänomenologische Idealismus Husserls durch seine phänomenologische Methode keineswegs notwendig vorgezeichnet sei[37], und daß deshalb „gerade diejenigen Denker, die in der Phänomenologie Husserls vor allem danach suchen wollen, was in ihr über die alten Traditionen hinausführt … im Namen der Phänomenologie sich von dem phänomenologischen Idealismus abwenden müssen, dessen Grundzüge von Husserl selbst gezeichnet worden sind"[38]. Pfänder bemerkt dazu in seiner Besprechung, daß die „Verquickung der Phänomenologie mit dem Idealismus … schon seit dem ersten Auftreten der Husserlschen Phänomenologie unter den Phänomenologen selbst problematisch geworden" sei; man habe darin „eine Untreue gegen das Wesen der Phänomenologie" gesehen, „die dadurch in ihrem Fortschritt gehemmt, in ihrem Umfang eingeengt und in falsche Bahnen gelenkt werde"[39]. – Ganz ent-

---

[34] In: *Jahrbuch für Philosophie und phänomenologische Forschung VI*, 1923, S. 159–333.
[35] A.a.O., S. 309ff.
[36] Ebd. S. 427ff.
[37] Ebd. S. 252.
[38] Ebd. S. 439.
[39] A.a.O. Sp. 2049.

sprechend unterscheidet nun auch Conrad-Martius unabhängig von Celms zunächst zwischen Epoché und Reduktion[40]. Die Husserlsche Urteilsenthaltung (Epoché) beziehe sich nicht auf die zu irgendeinem noematischen Sinn gehörige Seinsvermeintheit, sondern nur darauf, ob solcher wie auch immer gearteter Seinsvermeintheit ein wirkliches Sein, eine wirkliche Wirklichkeit entspreche. Auf der einen Seite stehe hier die ,,Wirklichkeit'' als noematischer Bestand; auf der anderen stehe die bewußtseinstranszendente Wirklichkeit des noematischen Wirklichkeitsmomentes: eben die wirkliche Wirklichkeit. Diese könne niemals zum noematisch-phänomenalen Gesamtbestand der Welt gehören, weil es sich in ihr um das faktische ,,Auf-sich-selber-Stehen'' der Welt und aller ihrer Bestände handele. In diesem Moment liege die wirkliche Wirklichkeit der Welt, ob es sie faktisch geben möge oder nicht. Bei Husserl komme das nirgends klar zum Ausdruck[41]. In seinem Ausdruck Reduktion liege nun aber gegenüber dem der Epoché eine Nuance mehr als Enthaltung von allen Urteilen über Sein und Nichtsein. Im Fall der Epoché bleibe die Welt genau dieselbe wie vorher, während sie durch die Reduktion zu einem Weltphänomen werde. Soweit entsprechen sich Conrad-Martius und Celms. Conrad-Martius geht nun aber noch einen entscheidenden Schritt weiter. Man könne und müsse in bestimmten Fällen nämlich von der Epoché aus einen ganz anderen, zur Reduktion entgegengesetzten Weg einschlagen: indem man die Welt mit allen ihren Beständen als hypothetisch seiende ansetze. ,,Anstatt das wirkliche Sein hypothetisch einzuklammern und dadurch die Welt (in der Reduktion) der wirklichen Wirklichkeit enthoben zu sehen, wird nunmehr das wirkliche Sein der Welt hypothetisch gesetzt und sie dadurch mit der selbsthaften Eingesenktheit ins Sein vorgestellt.'' Damit eröffne sich neben

---

[40] *Schriften zur Philosophie*, Bd. III, S. 396ff. (1959).

[41] Wenn Husserl gelegentlich von ,,der wirklichen Wirklichkeit'' spricht (z.B. in den *Ideen* II, S. 55), so meint er – wenn ich den Kontext richtig verstehe – das ,,objektive materielle Ding'', insofern es die primordiale Subjektivität transzendiert und auf die intersubjektive Sphäre zurückweist. Ein solches Reales ist, wie auch Elmar Holenstein in seinem Korreferat zu meinem Vortrag einwandte, Husserl zufolge nur möglich als intentionale Einheit von sinnlichen Erscheinungen. Eine dahinter befindliche Realität im Sinne einer Hypostasierung physikalischer Bestimmungen lehnt Husserl zu Recht ab. Bei Conrad–Martius bezieht sich aber die Rede von der ,,Wirklichkeit'' auf ,,das seinmäßige ‚In-sich-selber-Gegründetsein‘ der Welt und aller ihrer Bestände'' (Schriften... III, S. 397), aus dem auch erst jede Art von räumlich-zeitlicher Existenz folgt (*Realontologie*, § 7).

der transzendentalen Phänomenologie Husserls der zweite, ebenfalls universale Fragenkomplex der ontologischen Phänomenologie.

Conrad-Martius unterscheidet diese drei phänomenologischen Einstellungen schon in einem etwa 1916 entstandenen unveröffentlichten Manuskript[42], das bis 1960 verschollen war; dort spricht sie von der ,,erkenntnistheoretisch orientierten, phänomenologischen Einstellung im engeren Sinne (der Husserlschen)'', der ,,phänomenologischen Einstellung in einem allgemeinen Sinne'' (bei der Vollzug oder Nichtvollzug der Generalthesis der natürlichen Einstellung ein gleichgültiges Moment bleibe) und der ,,realontologischen Einstellung'' (in der der Vollzug der Thesis ausdrücklich verlangt und die Welt als faktisch reale vorausgesetzt werde – ob es sie geben möge oder nicht). Conrad-Martius unterstreicht dabei ausdrücklich, daß die beiden letzten Einstellungen nicht verwechselt werden dürften; soweit es sich um Realitätsphänomene handele, wie z.B. die Materie, bleibe in der zweiten Einstellung immer ein eigentümlich unaufgelöster und in dieser Einstellung unauflösbarer Rest des Phänomens, durch den man sich sachlich veranlaßt sehe, zu der dritten Einstellung überzugehen. Die dritte Einstellung stehe im polaren Gegensatz zu der ersten, die zweite sei gleichgültig gegen beide. Im Hinblick auf diese verschiedenen Einstellungen sagt Conrad-Martius einmal über Reinach, den sie auch den Phänomenologen an sich und als solchen genannt hat[43], daß er sich stets nur mit solchen ontischen Problemen befaßt habe, die sich ,,in der Ebene des kategorialen Wesens und der kategorialen Bestimmtheiten'' bewegt hätten. Das trete dort deutlich heraus, wo es sich in einer Problematik um Bestandstücke oder Sphären der realen Welt handele, im Besonderen soweit sie Natur sei[44]. ,,Aber naturhafte Entitäten nehmen in einem zweifachen Sinn am Sein überhaupt teil. Einmal an den allgemeinen Seinskategorien, die ihnen die Zugehörigkeit zur realen Sphäre schlechthin wie zu der bestimmten realen Teildimension, der sie angehören, und in der sie sich ihrer formalen

---

[42] ,,Über Ontologie'' (im Nachlaß Conrad-Martius in der Bayerischen Staatsbibliothek). Näheres dazu in meiner oben Anm. 7 genannten noch unveröffentlichten Arbeit, Zweiter Teil II/2.

[43] Vorwort zu A. Reinach, *Was ist Phänomenologie?* S. 7.

[44] So z.B. in Reinachs Untersuchungen ,,Über das Wesen der Bewegung'' (*Gesammelte Schriften*, Halle 1921, S. 407ff.).

Bestimmtheit nach auswirken, auferlegt. Hier im Besonderen die Formkategorien, die sich aus ihrer Zugehörigkeit zum endlichen Sein in Raum und Zeit ergeben. Ihr ganzes hiermit gesetztes Wesen können wir ihr kategoriales Wesen nennen. Und alle Bestimmtheiten, die hier ihre Wurzeln haben, kategoriale Bestimmtheiten. Zweitens aber sind naturhafte Entitäten in einem Sinne *in sich selbst* hineingesetzt und gewurzelt, der keine Analogie mehr mit der Existenz- oder Bestehensweise irgendwelcher sonstigen Bestände idealer, aber auch nicht kategorial-realer oder phänomenal-realer Artung zuläßt." „Naturentitäten ... sind in das eo ipso dunkle Substrat ihrer irrationalen Selbstheit eingehüllt. Sie wurzeln unaufhebbar in der realen Dimension als solcher und lassen sich nicht auf die freie Ebene idealer Isoliertheit heraufheben. Sich mit ihnen einzulassen, heißt sich auch irgendwie mit ihnen subjektiv zu *verstricken*, sie aus ihrem *eigenen dunklen Seinsabgrund* (in ihn sich gleichsam persönlich hineinlassend) zu bewältigen versuchen" [45]. Es ist wohl deutlich, daß eben dies der Grund ist, weshalb Conrad-Martius von einen „unaufgelösten Rest" spricht, der bei der zweiten angeführten Einstellung, der „allgemein phänomenologischen", bleibe und einen sachlich veranlasse, zur dritten, der realontologischen Einstellung überzugehen.

Blicken wir von hier aus zurück auf die Antithese, so ist zunächst festzustellen, daß von beiden Seiten her die Gegenposition als eine Verengung des sachlich möglichen phänomenologischen Feldes erscheint. Für Husserl bleibt die Münchener Phänomenologie im Mundanen stehen und damit dem Objektivismus verhaftet, ohne in die Tiefe des transzendentalen Bewußtseins hinunterzusteigen und damit das Feld noetisch-noematischer Intentionalanalysen zu erreichen. Je nachdem, ob die Philosophie nun auf die Realitätssphäre im Husserlschen Verständnis, auf eine objektivistische Eidetik oder auf den Menschen als mundane Gestalt gestützt werden soll, erscheint die Philosophie als realistisch, ontologistisch oder anthropologistisch denaturiert.

Aus der Sicht der Gegenposition erreicht Husserl wiederum mit seiner reflexiv-transzendentalen Wendung nicht die eigentliche seinshafte Wurzelsphäre der realen Wirklichkeit. Das Feld möglicher phänomenologischer Analysen, das in den *Logischen Unter-*

[45] Vorwort zu A. Reinach, *Gesammelte Schriften*, S. XXIII–XXV.

suchungen den Münchenern als ein nur de facto thematisch, nicht aber grundsätzlich spezielles erschien, da es als solches eine Methode universeller Sach- und Wesenserkenntnis eröffnete, schien nachträglich eingeschränkt. Es konnte oder, wie es schien, ,,sollte" Husserl zufolge nicht mehr in schlechthin universeller Allgemeinheit ,,alles was es gibt" in direkter ontologischer Einstellung zum Gegenstand einer phänomenologischen Wesensanalyse gemacht werden.

Mir scheint, daß aufgrund dieser Ausführungen, die die phänomenologische Analyse, verstanden als Wesensanalyse, auf das reale Sein, man kann auch sagen auf das verborgene Bewußtsein realen Seins anwenden, auch die anderen kritischen Stimmen der Münchener Phänomenologie in einem neuen Licht erscheinen. Das müßte jedoch im einzelnen ausgeführt werden[46]. Erwähnen möchte ich hier nur noch einmal die äußerst interessante Theorie Max Schelers zur phänomenologischen Reduktion, die er als Technik zur ,,Einschaltung" einer universalen Wesenserkenntnis sehr ausführlich in Manuskripten zu seiner geplanten Einleitung in die Metaphysik dargelegt hat. Es scheint, daß Scheler hier in eine Sphäre ,,objektiver" Wesenheiten vorstößt[47], daß es ihm aber nicht gelingt, das Wesen der Realität selber an seiner Wurzel zu fassen. Die jetzt von Manfred Frings weitergeführte Scheler-Ausgabe dürfte hier wesentliche Aufschlüsse bringen.

III

Zum Abschluß möchte ich einige Thesen aufstellen, deren Diskussion mir zur Überwindung der Antithese geeignet erscheint.

1. Der Streit um den Titel ,,Phänomenologie" nimmt m.E. eine neue Wendung, wenn man die drei angeführten Einstellungen sämtlich als phänomenologische gelten läßt. Sie schließen nämlich immer noch zwei weitere als außerphänomenologisch oder ,,dogmatisch" aus, nämlich: a) die ,,naive realistische" einer einfach-

---

[46] Einen Versuch, die hier in nicht weiter aufgehellter Gegenüberstellung belassenen Positionen ihrem tieferen Sinne nach weiter zu klären, habe ich in meiner erwähnten Arbeit *Phänomenologie und Realität* unternommen (vgl. oben Anm. 7).

[47] Scheler schreibt hier dem Menschen den ihm von Kant versagten intellectus archetypus zu; vgl. *Die Stellung des Menschen im Kosmos*, S. 51, Anm. 1. – Über die Seinsweise der Wesenheiten vgl. Conrad-Martius *Das Sein*, S. 61ff. und 76ff.

hin positiven Ansetzung der Welt und ihrer Bestände als wirklicher und b) als Gegenextrem dazu die skeptizistische Leugnung der faktischen Realität derselben. Beide werden durch die phänomenologische Epoché ausgeschaltet und damit jedes „dogmatische" Vorurteil über das Sein der Weltwirklichkeit zugunsten einer „kritischen" Haltung. Die erste der beiden naiven Einstellungen führt zu einem unkritischen Pseudorealismus oder auch einem Ontologismus, der mit ungeklärten Kategorien operiert. Die zweite führt dazu, aufgrund der gleichen Einstellung alles nicht von vornherein Einleuchtende aus dem Bestand der maßgeblichen Wirklichkeit zu streichen. Husserl hat demgegenüber stets betont, daß es zu jeder Annahme wie auch zu jedem Zweifel einer Begründung bedarf. Um dieser Begründung willen soll ja die phänomenologische Epoché vollzogen werden. Von den drei phänomenologischen Einstellungen ist aber nicht einzusehen, weshalb die eine vor der anderen einen Vorzug genießen sollte. Hier muß vielmehr der durch die Phänomenologie wieder in Erinnerung gebracht Grundsatz gelten, daß jeweils die Sachsphäre die Zugangsart bestimmen muß.

2. Der Terminus einer ontologischen Phänomenologie und ebenso der einer realistischen verliert dadurch den in Husserls Sicht notwendig widersprüchlichen Charakter. Der erstere ist schon durch Heidegger aus dem von Husserl gegenständlich-kategorial gefaßten Ontologieverständnis befreit worden (*Sein und Zeit*, dazu Heideggers Brief an Husserl in *Husserliana* IX, S. 600 f.). Für eine realistische Phänomenologie wird das Entsprechende durch eine Wesensanalyse des realen Seins geleistet, wie sie in der Realontologie von Hedwig Conrad-Martius unternommen worden ist. Von einem „Objektivismus" im Husserlschen Sinne kann hier nicht mehr die Rede sein.

3. Auf der Basis einer die realontologische Einstellung mit umgreifenden universalen Phänomenologie eröffnen sich Perspektiven auf eine philosophische Kosmologie und Metaphysik, die nicht mit denen der neuzeitlichen Philosophie zusammenfallen und die geeignet sind, wesentliche Intentionen der Philosophia perennis von phänomenologischer Grundlage her wieder aufzunehmen. In der Entwicklung des Husserlschen Denkens hat Theodorus de Boer sehr einleuchtend die zwei Stufen der „Entnaturalisierung der Ideen" (in den *Logischen Untersuchungen*) und der

„Entnaturalisierung des Bewußtseins" (mit den *Ideen* ... I) unterschieden[48]. Die beiden Ausdrücke stammen bekanntlich aus Husserls Logos-Aufsatz von 1911. Bezieht man die realontologische Einstellung mit ein, so könnte man in etwas paradoxer Ausdrucksweise sagen, es fehle noch ein dritter Schritt der „Entnaturalisierung" – im neuzeitlichen Sinn (man könnte umgekehrt gesehen auch gerade wieder von einer Renaturalisierung sprechen!) – der Natur selbst, die ihr ihren eigentlichen Charakter als „wirkliche Wirklichkeit", als metaphysisch gegründetes mundanes Sein erst wieder verleiht. Besonders das Studium der *Ideen* II macht deutlich, daß Husserl die Realität mit Kategorien zu fassen sucht, die er sich zunächst von der naturwissenschaftlichen Einstellung vorgeben läßt, weshalb man von einem operativen Gebrauch des Realitätsbegriffs bei Husserl sprechen muß. Um eine Verabsolutierung der so verstandenen Realität wieder aufzuheben, muß nun erst die transzendentale Reduktion vollzogen werden. Die Leitfäden, von denen Husserl dabei ausgeht, werden von ihm nicht weiter in Frage gestellt. Gerade sie aber zeigen sich durch die realontologische Einstellung in einer neuen objektiv seinshaften Tiefendimension.

---

[48] *De Ontwikkelingsgang in het Denken van Husserl*, Assen 1966, S. 589 und 600.

Hans Kunz

DIE VERFEHLUNG DER PHÄNOMENE
BEI EDMUND HUSSERL

Es ist zweifellos eine provokatorische und schwer erträgliche
Anmaßung, einem großen bahnbrechenden Denker die partielle
Verfehlung gerade jenes Sachverhaltes vorzuwerfen, auf den er
sich in einem lebenslangen Bemühen immer wieder berufen hat.
„Man sehe sich doch nur die Phänomene selbst an", heißt es bereits in den fünf der Klärung der „*Idee der Phänomenologie*" gewidmeten Vorlesungen, die Husserl 1907 vorgetragen hatte,
„statt von oben her über sie zu reden und zu konstruieren".
„Wenn ich einmal Rot in lebendiger Anschauung habe und das
andere Mal in symbolischer Leerintention an Rot denke, ist dann
etwa beide Male dasselbe Rotphänomen reell gegenwärtig, nur
das eine Mal mit einem Gefühl und das andere Mal ohne Gefühl?
Man braucht sich die Phänomene also nur anzusehen und erkennt,
daß sie durch und durch andere sind, geeint nur durch ein beider-
seits zu Identifizierendes, das wir Sinn nennen"[1]. Aber habe ich
überhaupt jemals „Rot in lebendiger Anschauung"? Und gibt es
sowohl für sie als auch für die denkende Leerintention so etwas
wie ein „Rotphänomen"? Oder handelt es sich bei diesem nicht
in beiden Fällen faktisch um ein gedankliches Erzeugnis, das eben
„konstruiert", jedoch keineswegs „gegeben" ist?
    Auch im „Prinzip aller Prinzipien" steht das „Gegeben-
sein" im Zentrum. Es besagt, „daß jede originär gebende
Anschauung eine Rechtsquelle der Erkenntnis sei, daß
alles, was sich uns in der ‚Intuition‘ originär, (sozusagen
in seiner leibhaftigen Wirklichkeit) darbietet, einfach hinzu-
nehmen sei, als was es sich gibt, aber auch nur in den
Schranken, in denen es sich da gibt", daran könne „uns
keine erdenkliche Theorie irre machen … Jede Aussage, die

---

[1] Husserliana II, Den Haag 1950, S. 60

nichts weiter tut, als solchen Gegebenheiten ... Ausdruck zu
verleihen, ist ... ein absoluter Anfang, im echten Sinne zur
Grundlegung berufen, principium"[2].

Wie andere große Denker hat sich auch Husserl über das „Miß-
verstandenwerden" seiner Absichten beklagt. Für den Schöpfer
einer angeblich „strengen Wissenschaft" hört sich eine solche
Klage etwas überraschend an. Wir nehmen sie zur Kenntnis und
lassen es im übrigen auf sich beruhen, woran es liegen mag, daß
eine Lehre wie etwa diejenige von der „intentionalen Konstitution" der Welt insofern eine „umstrittene Frage der Husserl-
Interpretation" sei, als – ein so ausgezeichneter Husserl-Kenner
wie Landgrebe merkt es an – unklar bleibt, ob jene Konstitution
„in der absoluten Subjektivität im Sinne eines absoluten Idealismus als ein *Setzen* oder im Sinne eines kritischen transzendentalen
Idealismus als ein *Zur-Erscheinung-Bringen* des Seienden zu deuten ist"[3]. Angesichts dieser Unklarheit ist es nicht sonderlich
überzeugend, wenn De Waelhens – ein anderer vorzüglicher Kenner Husserls – behauptet, es gebe „insofern einen phänomenologischen Realismus, als die Phänomenologie jegliche Theorie
eines angeblichen ‚geistigen Ursprungs' der Dinge und der Welt
für eine unverständliche Mythologie hält"[4]. Da es uns, wie gesagt,
nicht um die Interpretation eines Lehrstückes Husserls, sondern
um seine „Sache": um die phänomenologische Erkenntnis des
Wesens des Seienden geht, dürfen wir uns eine Stellungnahme zur
erwähnten umstrittenen Frage ersparen[5].

Husserl schreibt: „Wesenserfassung und -anschauung ... ist
ein vielgestaltiger Akt, speziell die Wesenserschauung ist ein
originär gebender Akt und als solcher das Analogon des
sinnlichen Wahrnehmens und nicht des Einbildens"[6].
Verknüpfen wir diese Bestimmung mit der anderen, dergemäß
die „phänomenologische Methode ... sich durchaus in Akten der

---

[2] *Ideen* I, Den Haag 1950 (Huss. III), S. 52.
[3] L. Landgrebe, „Zur phänomenologischen Theorie des Bewußtseins" in: *Philosophische Rundschau* 8 (1960), S. 307.
[4] A. de Waelhens, „Die Idee der Intentionalitiet", in: *Husserl et la pensée moderne*,
Den Haag 1959, S. 139.
[5] Weil es uns also ausschließlich um die Klärung der „Sache" Husserls – eben um
die phänomenologische Wesenserkenntnis – zu tun ist, versuchen wir *ihr* und nicht
Husserls sich wandelnden Aussagen darüber gerecht zu werden, so entschieden er für
sie jeweils „Evidenz" beansprucht haben mag.
[6] *Ideen* I, S. 52.

Reflexion" bewegt[7] und wir „durch reflektiv erfahrende Akte allein ... etwas vom Erlebnisstrom und von der notwendigen Bezogenheit desselben auf das reine Ich" wissen[8], dann scheint daraus zu folgen, daß die reflexiven Akte die erschauten Wesenheiten „geben". Danach wäre das „Gegebensein" – wenigstens der Wesen – das Resultat einer reflexiven Aktivität.

Vergleichen wir nun damit den wirklichen Fall des sinnlichen Wahrnehmens, läßt sich von einem solchen aktiven Geben der wahrgenommenen Gegenstände durch auf sie gerichtete Vollzüge keine Spur nachweisen, ungeachtet der Tatsache, daß dem Sehen, Tasten, Hören usw. ein unverkennbarer aktiver Charakter eignet. Allein er bezieht sich ausschließlich auf die sensuellen Impressionen als solche, keineswegs auf die ihnen gegebenen gegenständlichen Erscheinungsqualitäten. *Diese letzteren und deren Träger, also die Gegenstände, sind es vielmehr, die „sich" uns als wahrnehmenden Lebewesen „geben"* und gelegentlich – blendendes Licht, Lärm, Hitze, Gestank – aufdrängen[9]. Angemessener scheint uns die Rede vom „*Begegnen*" des weltzugehörigen Seienden zu sein, und zwar deshalb, weil einerseits diesem kein auf unser Agieren und Erkennen hin orientiertes „Zugeordnetsein" unterschoben, und andererseits der von manchen Erkenntnistheorien so hartnäckig verleugnete oder zum mindesten unterschätzte *rezeptive Kern des erfahrenden Wahrnehmens* bewahrt wird[10]. Husserl selbst hat die – von ihm zumeist als „Passivität" bezeichnete – Rezeptivität erst in der Spätphase seines Lebens sozusagen wieder entdeckt, jedoch in ihrer Relevanz nicht adäquat erfaßt[11]. Das Wesen der in allem Erfahren und Erkennen enthaltenen Rezeptivität wird mit ihrer Benennung als „Passivität" nicht weniger verkannt, wenn man sie auf die Sinnesleistungen beschränkt und dem Denken vorenthält. Um ihr gerecht zu werden, müssen wir die Sonderstellung des Erkennens innerhalb der kulturmehrenden produktiven Tätigkeiten sehen, das zwar seine Gegenstände als von ihm konstituierte Gegenstände, aber keineswegs als Ansich-

---

[7] A.a.O., S. 177.

[8] a.a.O., S. 184.

[9] Entsprechende Wendungen gebraucht Husserl beiläufig, doch bleibt ihm der Akzent stets auf den intentional-konstituierenden Akten des gebenden Bewußtseins.

[10] Vgl. etwa W. Hoeres, *Kritik der transzendentalphilosophischen Erkenntnistheorie*, Stuttgart/Berlin/Köln/Mainz 1969.

[11] Vgl. E. Husserl, *Erfahrung und Urteil*, Hamburg ³1964, S. 89, 119, 135 u. öfter.

seiendes – als ob es vor dem Vermeint- und Erkenntwerden nichts
gewesen wäre – hervorbringt, wie es im handwerklichen, künstlerischen und technischen Schaffen geschieht. Ohne vorgängige,
d.h. noch unerfahrene Eigenständigkeit des weltzugehörigen Seienden könnte uns dieses weder begegnen noch „sich" unserm
Vernehmen und Handeln „geben" und als Gegebenes feststellen
lassen: das möchten wir nicht als These eines „naiven Realismus", vielmehr als aufweisbaren Sachverhalt in Anspruch nehmen.

Kein wacher Mensch wird jemals *im Ernst* – also außerhalb
der Märchen und der spekulativen Reflexionsspiele – die Überzeugung vertreten, eine nach einer Wegbiegung am Waldrand
sichtbar werdende Föhre sei nicht schon zuvor dort gewesen,
sondern erst mit ihrem Erblicktwerden und Gegebensein entstanden. In der *erfahrenen und vermeinten*, mithin nicht nur ge-
dachten Eigenständigkeit des sich von sich her zeigenden Seienden ist dessen Unabhängigkeit in seiner Bezeichnung eingeschlos-
sen. Ob ich in unserem Beispiel den gesehenen, „Föhre" genannten
Gegenstand statt dessen „Fichte", „Weißtanne" oder „Lärche"
heiße, ändert an seinem Erscheinungsbild so gut wie nichts[12].
Zwar verstoße ich mit diesen verfehlten Namen gegen das kon-
ventionell gestiftete sprachliche Geordnetsein der Pflanzenwelt,
wodurch die intersubjektive Verständigung erschwert und das in
den richtigen Benennungen investierte botanische Wissen irre-
geführt werden kann. Aber das an jenem Waldrande wahrgenommene Etwas bleibt als solches davon in jeder Hinsicht so
unberührt wie von den zutreffenden verschiedenen (lateinischen,
deutschen usw.) synonymen Bezeichnungen. Das gilt nun offensichtlich nicht nur für unsere Föhre, sondern schlechthin für alles
in der Natur und im menschlichen Bereich Seiende und Geschehende: ist dieses dem Wahrnehmen in irgendeinem sensuellen
Modus gegeben, so doch niemals seine Namen, weder hinsichtlich
ihrer Bedeutungsgehalte noch ihrer Lautfolge. Vielmehr sind sie
ohne Ausnahme jeweils von uns *an die Gegenstände herangetragen*,
mögen die Namen mit diesen im unreflektierten Gewahren zur

---

[12] Die einschränkende Formulierung des Sachverhaltes ist deshalb angebracht,
weil es Fälle gibt, in denen die zutreffenden begrifflichen Subsumptionen doch das
wahrgenommene Erscheinungsganze des Objektes etwas zu beeinflussen, z.B. zu verdeutlichen vermögen.

scheinbaren Einheit verschmolzen anmuten oder gar im Vordergrund des Bewußtseins stehen.

Allein nun fungieren „Föhre", „Fichte", „Weißtanne", „Lärche" usw. nicht nur als auf entsprechende einzelne Bäume verweisende Bezeichnungen, sondern überdies als (deutschsprachige) Artnamen und damit als Begriffe. Als solchen eignet ihnen ein „allgemeiner" Bedeutungs- oder Sinngehalt[13]. Vorausgesetzt, wir seien mit den Artnamen der einheimischen Bäume einigermaßen vertraut: ist uns dann, wenn wir eine individuelle Föhre oder Fichte erblicken, ineins mit ihr auch die von ihr repräsentierte, in der Benennung als „Föhre" oder „Fichte" mitgemeinte jeweilige Spezies *gegeben*? Das müssen wir mit aller Entschiedenheit bestreiten. Gegeben ist uns ausschließlich die eine Föhre oder Fichte samt ihrem Standort und dessen Umgebung, aber niemals die Art oder sonst eine höhere taxonomische Einheit (Gattung, Familie usw.). D.h. also, daß *das singuläre Gegebensein sich immer nur auf einzelnes Begegnendes bezieht*; ausschließlich es kann Gegenstand des sinnlichen Wahrnehmens und alles sonstigen Verhaltens zu ihm sein und werden. Das gilt sowohl für das alltägliche Leben als auch für die wissenschaftlichen experimentellen und nicht-experimentellen Erkenntnisbemühungen.

Unbefangen und von philosophischen Grübeleien unbeschwert wird jedermann die am Waldrand gesichtete Föhre eine „wirkliche" oder „reale" und nicht eine lediglich vorgestellte, vermeinte, geträumte oder halluzinierte Föhre heißen.

Die Wirklichkeit – nicht als Begriff, sondern als das in ihm intendierte eigenständige Wirklichsein des einzelnen Begegnenden verstanden – die Wirklichkeit des gegebenen Begegnenden zeigt sich zumeist in dessen relativ konstanter oder dann stetig sich verwandelnder Gestalt, in seiner raum-zeitlichen Lokalisierung innerhalb einer es umfassenden Umgebung, in der Widerständigkeit gegen es sensuell und motorisch verändernde Beeinflussungsversuche und nicht zuletzt im drastischen Gegensatz zu unsern gedanklich-sprachlichen Erzeugnissen. Das eine oder andere Merkmal kann gelegentlich wegfallen, ohne daß damit ein Verlust des Wirklichseins des singulären Seienden oder der Wirklichkeit als Gesamtheit desselben verknüpft sein müßte. Jedenfalls wäre es verfehlt, die Wirksamkeit als Kriterium des Real-

---

[13] Vgl. etwa S. J. Schmidt, *Bedeutung und Begriff*, Braunschweig 1969.

seins zu dekretieren. Denn einerseits manifestiert sich schon innerhalb des potentiell zugänglichen irdischen Wirklichkeitsbereiches nur ein winziger Teil davon in nachweisbaren Wirkungen; und andererseits können flüchtige Gedanken und Worte, also uneigenständige, auf sie hervorbringende Menschen angewiesene Gebilde nachhaltige Folgen zeitigen. Entscheidend für das Wirklichsein bleibt vielmehr die Eigenständigkeit des einzelnen, nicht isolierten Seienden und dessen Unabhängigkeit vom Vorgestellt-, Vermeint- und Wahrgenommenwerden desselben. Indessen ist – zumal im menschlichen Bereich – die Unterscheidung von Wirklichkeitsgraden, -stufen, -schichten oder -arten wohl unentbehrlich.

Wenn unserem sinnlichen Erfahren stets nur einzelnes Begegnendes gegeben ist und sein kann, besagt dies keineswegs, daß es in seiner Ganzheit wirklich gegeben ist. Im Gegenteil: alles Wahrnehmen bleibt faktisch standortgebunden und perspektivisch[14]. Dennoch meinen wir in den konkreten Wahrnehmungsvollzügen jeweils – obzwar in der Regel unausdrücklich – die Gegenstände als solche unter Einbezug ihres nicht sensuell gegebenen Bestandes (dem Blick abgekehrte Seiten der Bäume, Innenräume der Häuser usw.). Daß wir das können und tun, danken wir nicht dem ,,reinen'' Sehen, Hören, Riechen usw., sondern den diese Vollzüge ,,begleitenden'' oder ihnen ,,immanenten'' intentionalen Akten des Vorstellens, Meinens, Erinnerns, Erwartens, Vermutens u.a. Die ,,Allgemeinheit'' der dem sich gleichenden Singulären eignenden Kennzeichen – z.B. die spezifischen Merkmale der Föhre – stellt *primär* keineswegs wie etwa die begriffliche Bedeutungseinheit ein ideales Gebilde dar. Vielmehr muß sie im Sinne *gemeinsamer* Züge verstanden werden, die als solche ihre Singularität und Seinsweise so wenig verlieren wie die sie ,,besitzenden'' Gegenstände. Sekundär wird dann die Gemeinsamkeit von uns in ein allgemeines Denkerzeugnis verwandelt und damit der verfehlten Identifikation mit den primär idealen Allgemeinheiten ausgeliefert.

Die schwere Belastung des vieldeutigen Wortes ,,Wesen'' vor allem mit philosophiegeschichtlichen, aber auch theologischen

---

[14] Vgl. E. Husserl, *Analysen zur passiven Synthesis*, Den Haag 1966 (Huss. XI), S. 3ff., 295ff., C.F. Graumann, *Grundlagen einer Phänomenologie und Psychologie der Perspektivität*, Berlin 1960, S. 72ff., 8off.

Reminiszenzen hat weder seine Verwendung im alltäglichen noch im wissenschaftlichen Sprachgebrauch verhindern können. Darin dokumentiert sich seine Unentbehrlichkeit, die ihrerseits vermutlich von der Notwendigkeit der mitmenschlichen Verständigung erzwungen wird. So entschieden sich nun Husserl gegen den Vorwurf des „Platonismus" verwahrt hat[15], seine Theorie von der „idealen Einheit der Spezies" durchzieht wie diejenige von den „Wesenheiten" und der „Wesensschau"[16] eine unbestreitbare Ähnlichkeit mit der im üblichen Sinne verstandenen „platonischen" Ideenlehre, zumal was den völlig verfehlten Anspruch der Wesensschau auf eine „apriorische" Gültigkeit betrifft. Was Schulz im Hinblick auf Schelling als dem „abendländischen Philosophieren eigentümlichen Grundzug" bezeichnet, nämlich die Überzeugung, „alles Seiende nach einsichtigen und notwendigen Sachzusammenhängen a priori im bloßen Denken zu erfassen"[17]: das gilt ohne Einschränkung auch für Husserl.

Konkretisieren wir die Auslegung Husserls an unserem Beispiel, so besagt dies doch wohl, daß wir fähig sind, an der *einen* gesehenen, anschaulich gegebenen individuellen Föhre zugleich ihre allgemeine „logische" – nicht biologische – Spezies, ihr Wesen überhaupt, ihr Föhre-sein, mithin das, was sie von sich her ist, zu erfassen; oder ein Sondermerkmal an ihr, etwa das Grünsein ihrer Nadeln und damit das Grünsein aller grünen Dinge. Wir lassen die an den Gegenständen unterscheidbaren Sondermerkmale, deren generalisierende Heraushebung gemeinhin als Leistung des Abstrahierens verstanden wird, außer Betracht, beschränken uns also auf das einzelne, in sich ganzheitliche, von seiner Umgebung mehr oder weniger prägnant abgehobene Seiende. Im Hinblick darauf scheint mir ein Zweifel an unserer Fähigkeit nicht berechtigt zu sein, an *einem* wahrgenommenen singulären Objekt dessen *allgemeines* Wesen aufgrund ideierender Akte erkennen zu können: das allgemeine Wesen, welches allen übrigen individuellen Gegenständen der gleichen Art- oder Typuszugehörigkeit eignet. Dies gelingt zumal auf dem Hintergrund eines aus der Erfahrung erworbenen Wissens um dem einen Exemplar

---

[15] Vgl. etwa Th. Celms, „Der phänomenologische Idealismus Husserls" in: *Acta Universitatis Latviensis* XIX (1928), S. 251ff.

[16] Vgl. etwa W. Pöll, *Wesen und Wesenerkenntnis*, München 1936.

[17] W. Schulz, *Die Vollendung des deutschen Idealismus in der Spätphilosophie Schellings*, Stuttgart und Köln 1955, S. 59.

nahestehende – bei Lebewesen mit ihm verwandte – andersartige
Objekte, von denen es sich in seinen wesentlichen (spezifischen)
Zügen sicherer abheben läßt, als wenn keine Vergleichsmöglich-
keiten gegeben sind.

Daraus ergibt sich bereits, daß die so verstandene *Wesenserkenntnis eine durch und durch empirische Angelegenheit* ist und
bleibt, einerseits ständig der Ungewissheit, der Anzweiflung und
damit der Korrektur ausgesetzt, aber andererseits offen für das
,,fruchtbare Pathos der Erfahrung'' (Kant). Damit bringen wir
uns in einen diametralen Gegensatz zu Husserls Beanspruchung
der Wesensschau als einer apriorischen, von aller Tatsachenerkenntnis unabhängigen Erkenntnis[18], die dem empirischen Wis-
senserwerb überlegen sei und nach der sich dieser zu richten habe.

Husserl hat zwar gelegentlich die Methode der Wesensforschung als
eine an einem imaginierten Exempel ,,in der Freiheit der reinen Phantasie
und im reinen Bewußtsein der Beliebigkeit'' durchzuführende nicht-empirische ,,Variation'' gekennzeichnet, mittels derer das ,,notwendig Ver-
harrende, das I n v a r i a n t e . . ., das unzerbrechlich Selbige im Anders und
Immer-wieder-anders, das allgemeinen W e s e n – an das alle ,erdenklichen'
Abwandlungen des Exempels und alle Abwandlungen jeder solchen Abwandlung selbst gebunden bleiben'', herausgestellt werden könne. ,,Dieses
Invariante ist die ontische Wesensform (apriorische Form), das E i d o s, das
dem Exempel entspricht''. Dieser im weitesten Sinne verstandene Begriff
des Eidos sei das einzige philosophisch anzuerkennende Apriori: ,,Er ausschließlich ist also gemeint, wo je in meinen Schriften von a p r i o r i die
Rede ist'' [19]. Dem Eidos eignet zweifellos – ausschließlich oder auch? – ein
idealer Charakter, und von den ,,Idealitäten'' sagt Husserl ganz allgemein,
,,daß sie menschliche Gebilde sind, auf menschliche Aktualitäten und Poten-
zialitäten wesensmäßig bezogen''[20]. Hätte nun Husserl aber diese seine
methodische Anweisung zur Wesenserfassung nicht bloß als solche formuliert, sondern selbst in entsprechenden Analysen zahlreicher Beispiele zumal von in der Natur begegnendem Seienden befolgt, wäre ihm kaum verborgen geblieben, daß dessen Wesensgehalte faktisch sich niemals durch
beliebige freie phantasierende Variation, vielmehr immer nur im sie – die
Variation – kontrollierenden und korrigierenden Hinblicken auf die ver-
nommenen gegebenen Sachverhalte erkennen lassen. Ich kann eine in der
Erinnerung oder sonstwie vergegenwärtigte Föhre noch so beliebig imagi-
nativ umbilden: daß ihr Besitz von Nadeln und nicht von Laubblättern
ihr invariantes Merkmal ist, ersehe ich allein aus der Erfahrung einzelner
wirklicher Föhren.

Es sei bemerkt, daß Husserl bereits in den ,,*Logischen Untersuchungen*''
die ,,Spezifisches'' meinenden von den auf ,,Individuelles' gerichteten

[18] Vgl. z.B. *Ideen* I, S. 17.
[19] E. Husserl, *Formale und transzendentale Logik*, Halle 1929, S. 219.
[20] Ders., *Die Krisis der europäischen Wissenschaften und die transzendentale Phänomenologie*, Den Haag 1954, (Huss. VI), S. 133.

Akte als „wesentlich verschieden" bezeichnete. Die entscheidende Differenz indessen zwischen den beiden Fakten – und das gilt auch für die wesenserfassenden Akte – hat er verkannt: daß nämlich die *einzelnes Begegnendes intendierenden Wahrnehmungen im Kerne rezeptiv und auf Gegebenes bezogen sind, die ideierenden Vollzüge jedoch ihre nicht gegebenen Gegenstände – z.B. die Wesen – denkend erzeugen bzw. wiedererzeugen*, geschehe es ineins mit dem Erblicken eines konkreten Objektes oder in imaginativer Vergegenwärtigung. Daß Husserl solche fundamentalen Unterschiede übersehen konnte, hat mehrere Gründe. Einmal bleibt, wie schon erwähnt, die Vorstellungen und Bedeutungen hervorbringende und Bezüge stiftende Leistung auch unseres alltäglichen, im üblichen Sinne unschöpferischen Denkens weitgehend verborgen, zumal in seinen mit dem Wahrnehmen verknüpften Aktualisierungen. Sodann ließ Husserl den ontischen Status der Spezies, Wesenheiten, Eide und welche Idealitäten sonst noch unterschieden werden mögen, ungeklärt – davon abgesehen, daß sie durchwegs menschliche Gebilde sind. Solche können sie jedoch nur sein, wenn sie von unserem Denken oder einer sonstigen Aktivität hervorgebracht wurden und sich „irgendwo" im menschlichen Bereich befinden. Das verträgt sich schlecht mit Drües Behauptung, Husserl habe offenbar mit Recht keine Entscheidung darüber getroffen, „ob die ‚Idealitäten' einen weltlichen oder phänomenolen Status haben" und diese unumgängliche „Enthaltsamkeit in Bezug auf Aussagen über den ontischen Status der Eidē" mit der Versicherung legitimiert, die Frage danach sei „unsinnig"[21]. Allerdings hat Husserl selbst einmal ausdrücklich bemerkt, im „spontanen Abstrahieren" sei „nicht das Wesen, sondern das Bewußtsein von ihm ein Erzeugtes"[22]. Entweder sind die Wesen keine Idealitäten, oder von diesen nicht alle menschliche Gebilde, und doch sollen sie dem reflektierenden „Schauen" gegeben und erkennbar sein: diesen Unstimmigkeiten weicht man gewiß am besten dadurch aus, daß man sich eines Urteils über den Status der Wesen enthält und ihnen damit den „Geheimnischarakter" bewahrt.

Bevor wir den vermutlichen Motiven der vorhin erwähnten Verkennungen Husserls weiter nachfragen, ist es angebracht, unsere Auffassung der Wesen und aller übrigen idealen Gebilde (Begriffe, Arten, Gattungen u.a.) eindeutig zu formulieren. Es handelt sich also ausnahmslos um primäre Erzeugnisse des menschlichen Denkens, denen – soweit wir sie auf (nicht von uns hervorgebrachtes) in der Natur begegnendes Seiendes und Geschehendes beziehen – ausschließlich eine auf dieses *hinweisende Funktion* eignet und die am gemeinten Seienden und Geschehenden in keinem Sinne „teilhaben". Zwischen diesem, das immer je Einzelnes ist, und den zumeist „allgemeinen" Idealitäten klafft hinsichtlich ihrer jeweiligen Seinsart ein Abgrund. Denn während das natur-

---

[21] H. Drüe, *Edmund Husserls System der phänomenologischen Psychologie*, Berlin 1963, S. 186.
[22] *Ideen* I, S. 51.

zugehörige Seiende völlig unabhängig davon besteht, ob es von uns wahrgenommen, vorgestellt, vermeint oder gebraucht wird und zu einem großen Teil schon da war, als es noch keine Menschen gab (was wir zwar nur aufgrund von Rückschlüssen wissen), bleiben die Wesenheiten, Begriffe, Arten usw. an das sie bildende und verstehende Denken existenter Menschen gebunden, mit deren Tod sie ebenfalls verschwinden. Allerdings wächst ihnen mit ihrer sprachlichen Fixierung eine gewisse sekundäre Selbständigkeit zu, die ihnen ein begrenztes sinnlich vermitteltes Gegebensein einräumt. Allein es beschränkt sich auf die sicht-, hör- oder tastbaren Wort- und Zeichengebilde, umfaßt also nicht ihren Bedeutungsgehalt. Dieser muß vielmehr in jedem Falle aufgrund des erworbenen Vertrautseins mit den in Frage kommenden Sprachen und Zeichensystemen von den dem Wahrnehmen innewohnenden intellektuellen Akten reproduziert und verstanden werden. *Die Bedeutungsgehalte als solche können niemals von sich her zur Gegebenheit kommen* oder mit Hilfe von ,,vorstellenden'' Bewußtseinsakten gebracht und damit zu ,,Phänomenen'' werden, im Unterschied zu ihren Manifestationsmedien. Vielmehr müssen sie mittels der letzteren denkend erschlossen, also produziert oder reproduziert werden. Die Bezüge zwischen den Entäußerungsformen und ihren idealen Sinngehalten beruhen im Gegensatz zu den ursprünglichen ,,natürlichen'' Ausdruckserscheinungen auf konventionellen Stiftungen. Ein klärendes Wort bedarf noch das Verhältnis zwischen den ,,allgemeinen'' Wesenheiten und den Artbegriffen einerseits und den ihnen subsumierten einzelnen Gegenständen andererseits.

Dieses Verhältnis stützt sich keineswegs darauf, daß den individuellen Gegenständen – wenigstens soweit es das in der Natur vorkommende, mithin nicht von Menschen hervorgebrachte Seiende betrifft – ein dem Wesen bzw. der Art entsprechendes ,,ideales'' Gebilde (,,Idee'', ,,Wesen'', ,,Archetypus'', ,,Urbild'' o.ä.) ,,zugrunde'' läge oder sonstwie ,,vorausginge'', welches die Wesens- bzw. Artzugehörigkeit der in Frage kommenden konkreten Objekte ,,bestimmen'' oder ,,konstituieren'' würde. Diese alte ehrwürdige, zweifellos auf einer ,,anthropomorphistischen'' Übertragung unseres menschlichen Schaffens auf das naturwüchsige Entstehen beruhende Auslegung, die innerhalb der Biologie noch als sog. ,,idealistische Morphologie'' eine verschwindende gespenstische Rolle spielen mag, hat sich eindeutig als radikal verfehlt erwiesen. Die Artzugehörigkeit der einzelnen Lebewesen wurzelt ausschließlich in konkreten materiellen, die ebenfalls individuierten Keimzellen mitbildenden Faktoren (Chromosomen, Gene, Plasma), aus denen sich die Individuen entwickeln, oder aus sich verselbständigenden „Ablegern" der letzteren: irgendwelche „gedanklichen" Momente lassen sich daran nirgends aufzeigen oder auch nur wahrscheinlich machen. Es gibt keine außerhalb der einzelnen Zellen und Zellverbände befindliche Gebilde, die deren immanente Entfaltung zu spezifisch differenzierten Individuen mitbestimmen würden. Deshalb widerstreitet es auch jeder Erfahrung, die Art- und die umfassenderen systematischen Einheitsbegriffe zu hypostasieren, also zu meinen, es eigne ihnen neben ihrer idealen, von Denkakten gestifteten und getragenen Existenz noch eine andere, gar „überindividuelle", die artzugehörigen Individuen durch- oder übergreifende Realität. Davon kann keine Rede mehr sein: real im Sinne der Lebenswirklichkeit sind einzig und allein die ursprünglich voneinander abstammenden und daher zufolge gemeinsamer – nicht im idealen Verstande „allgemeiner" – übereinstimmender Merkmale ähnlichen Individuen.

In welcher Beziehung der soeben kurz erörterte biologische zum „logischen" Speziesbegriff steht, wie Husserl ihn seinerzeit herausarbeitete, bleibe auf sich beruhen. Zwischen beiden und den Wesensbegriffen bestehen gewiß Differenzen. Dessen ungeachtet scheint mir das skizzierte Verhältnis der Art als einer taxonomischen Einheit zu den sie in der biologischen Realität repräsentierenden Individuen auch für die Relation zwischen dem im alltäglichen Sinne verstandenen Wesen und dessen „Trägern" gültig zu sein. Denn dieses Wesen ist das Erzeugnis einer aktiv die an einem gegebenen Gegenstand *sich zeigenden, vermutlich invarianten Merkmale* heraushebenden und zu einem einheitlichen Gebilde zusammenfügenden Denkleistung, die unausdrücklich oder – in der phänomenologischen Intention – ausdrücklich vollzogen werden kann. Wenn Husserl schreibt, alle „immanenten Wesen" würden „sich ausschließlich in den individuellen Vorkommnissen eines Bewußtseinsstromes *vereinzeln* in irgendwelchen dahinfließenden singulären Erlebnissen"[23], so ist das ein von der bereits

---

23 *Ideen* I, S. 193 (gesperrt vom Verfasser)

vollzogenen Reflexion her gesehen korrekte Formulierung. Aber wenn sie auch einen ontischen – nicht nur „logischen" – Primat des immanenten allgemeinen Wesens vor den es repräsentierenden Erlebnissen und naturzugehörigen Dingen behaupten sollte, würde darin das faktische Verhältnis verkehrt. Der in seinen Wesenszügen zu erfassende konkrete Gegenstand muß wenigstens einmal wahrgenommen worden sein, um ihn dann erinnernd oder ideierend vergegenwärtigen zu können. Andernfalls besteht die Gefahr, daß sich das Unterfangen im imaginierenden Entwerfen von beliebigen „Wesensmöglichkeiten" verliert, die „unendlichen Welten" Raum gewähren mögen, aber zur Erkenntnis der einen Welt nicht beitragen.

Dagegen läßt sich einwenden, Husserls Phänomenologie habe von vornherein nicht nur die reale Welt, sondern überdies die sie als solche vermeinenden Akte „ausgeklammert"[24] und ihr Interesse auf die Analyse der gegenstandskonstituierenden Intentionen des reinen Bewußtseins beschränkt. Dieser Einwand ist an sich zutreffend. Allein er übersieht, daß die Phänomenologie damit sich die Möglichkeit radikal verbaut hat, zur Erkenntnis der einen wirklichen Welt etwas beizusteuern oder gar auf deren empirische Erforschung irgendeinen noch so bescheidenen Einfluß auszuüben, sei es im Sinne der von ihr zu berücksichtigenden apriorisch gültigen „Wesensgesetze" oder gemäß der These: „Jede auf Erlebnisarten bezügliche Wesensbeschreibung drückt eine unbedingt gültige Norm für mögliches empirisches Dasein aus"[25]. Diese Behauptung sowohl wie die andere, wonach „eine Unendlichkeit von Möglichkeiten der Wirklichkeit" vorhergehe[26], bleiben pure Spekulationen, die sich in der Erfahrung weder erweisen noch widerlegen lassen.

Wir haben behauptet, die Erfassung des Wesens eines Gegenstandes, gleichgültig, ob er als einzelner wahrgenommen oder lediglich erinnernd, mithin ohne seine leibhafte Anwesenheit ver-

---

[24] Als Beleg seien lediglich die beiden Stellen zitiert: „Wie individuelle Realitäten in jedem Sinne, so versuchen wir... auch alle anderen Arten von, Transzendenzen' auszuschalten"; und: „Nur die Individualität läßt die Phänomenologie fallen, den ganzen Wesensgehalt aber in der Fülle seiner Konkretion erhebt sie ins eidetische Bewußtsein und nimmt ihn als ideal-identisches Wesen, das sich, wie jedes Wesen, nicht nur hic et nunc, sondern in unzähligen Exemplaren vereinzeln könnte" (*Ideen* I, S. 140, 172).
[25] A.a.O., S. 193.
[26] *Ideen* III (Huss. V), S. 56.

gegenwärtigt wird, sei eine gedankliche Aktivität, mittels derer die das Was-Sein des Gegenstandes bildenden invarianten Merkmale herausgehoben und zu einem einheitlichen Komplex zusammengefügt würden. Die entscheidende Frage ist nun, ob dieses so bestimmte Wesen ebenfalls in der Weise des gesehenen bzw. vergegenwärtigten Gegenstandes oder sonstwie gegeben ist. Wir müssen es strikte verneinen: die Wesen sind und bleiben vom Denken hervorgebrachte bzw. reproduzierte Gebilde. Daran ändert auch ihre sprachlichbegriffliche Fixierung nichts. Damit also widersprechen wir der phänomenologischen, von Husserl bestimmten Auffassung, die Fink präzis formuliert hat: ,,die Wesenheiten selbst ... sind gar nicht anders zugänglich als nur im reinen Denken"[27]. *Zugänglich* können sie offensichtlich lediglich dann sein, wenn sie dem Erfaßtwerden durch das reine Denken in irgendeiner Art vorausgehen und sich ihm darbieten: und genau das bestreiten wir. Darin sehen wir uns bestätigt, wenn Husserl die Wesen zwar anscheinend nicht kurzweg den ,,Möglichkeiten" gleichgesetzt, aber die letzteren doch zum bevorzugten Gegenstandsbereich der Phänomenologie gemacht hat. Sie sei – um nur einen Beleg unter vielen zu zitieren – ,,Erforschung idealer Erlebnismöglichkeiten"[28].

Die bisherigen Erörterungen zielen darauf ab, in den von Husserl als ,,schauend" erfaßbare ,,Gegebenheiten" beanspruchten Sachverhalten – ideale Bedeutungseinheiten, allgemeine Wesen, Möglichkeiten – eine scharfe Grenzlinie zwischen den daran wirklich gegebenen, d.h. in den rezeptiven Impressionen aufweisbaren, und den von intellektuellen Deutungs- und Auffassungsakten gestifteten Anteilen zu ziehen. Diese Unterscheidung ist ein sekundär-reflexiver Versuch, durchgeführt an primär einheitlichen Vollzügen. Deren Einheit kann kaum als Resultat einer – aktiven oder passiven – ,,Synthesis" interpretiert werden, in welcher etwa hyletische Daten von Denkakten zu einem ganzheitlichen Gefüge vereinigt würden; jedenfalls läßt sich das an den mit einem Blick erfaßbaren entfernten Objekten nicht phänomenal aufzeigen. Vielmehr dürfte sie das rezeptive Korrelat der gegenständlichen Einheit des Begegnenden sein. Gleichwohl verrät sich in diesem an sich fragwürdigen Rückgriff auf im Wahrnehmen vermeintlich

[27] E. Fink, *Alles und Nichts,* Den Haag 1959, S. 230
[28] *Ideen* III, S. 69.

enthaltene synthetische Leistungen eine unausdrücklich wirk-
same Tendenz der impliziten Denkakte, den rezeptiven Anteil
einzuengen, zu überspielen oder zu beseitigen, anders und überspitzt formuliert: die Tendenz, auch die jeweilige Umwelt sich
am Leitfaden der Benennungen „vorzustellen" statt sie wirklich
wahrzunehmen.

Das Bemühen, an einem wahrgenommenen, im üblichen Sinne
gegebenen Objekt zwischen den wirklich gegebenen und den mit-
intendierten, jedoch nicht im wörtlichen strengen Verstande gegebenen Anteilen zu unterscheiden, würde sich selber verfälschen,
wenn es den Anspruch erhöbe, den „urpsrünglichen", „schlichten", „unmittelbaren" Sachverhalt zu erfassen. Diesen Anspruch
stellt die phänomenologische Methode in begrenzten Umfange
mit Recht. Zum schlichten unmittelbaren Bestand der wahrgenommenen Föhre gehört ihre Bezeichnung als Föhre und das in
ihm mitenthaltene mehr oder weniger unausdrückliche Wissen
um ihre Verwendbarkeit, Standortansprüche usw., ferner das im
Wahrnehmen involvierte umgreifende Vermeinen ihrer Ganzheit.
Allein so wie ihre ruhende oder bewegte Gestalt und ihre Farbe
uns im wörtlichen Sinne gegeben sind, weil unser Sehen weder
das eine noch das andere hervorgebracht hat, so sind die im mit-
laufenden Wissen und Vermeinen implizierten Sachverhalte keineswegs gegeben. Die nach dem Erlebnisbefund wirklich gegebenen anschaulichen Ingredienzien beschränken sich auf die gegenständlichen Korrelate der Rezeptivität, wogegen die nicht-gege-
benen, aber dennoch gleichursprünglich im Wahrnehmen mitwirkenden bedeutungsverleihenden, benennenden, intentional er-
gänzenden, ideierenden, retentionalen und protentionalen Akte
nur aufgrund der sekundären Reflexion nachvollziehend erfaßt
werden. Deshalb kann sich die Unterscheidung der beiden am
einheitlichen Wahrnehmen beteiligten Bestände nicht als unmittelbar vorfindlicher schlichter Befund ausgeben. Jedoch min-
dert dies ihre Relevanz als einzige Möglichkeit, zwischen den
wirklich gegebenen Fakten und ihren im Wahrnehmen enthaltenen, zumeist unausdrücklich, etwa in den Bezeichnungen verborgen bleibenden Deutungen und Auffassungen zu differenzie-
ren, nicht. Obgleich diese Unterscheidung dem ge- und erlebten
Wahrnehmen also fremd ist, scheint sie uns unerläßlich zu sein,
wenn anders unser Bemühen, das Begegnende so, wie es sich

zeigt, in seiner Eigenart und in seiner von den Bezügen zu uns
unabhängigen Eigenständigkeit zu erkennen, erfolgreich sein soll.
Die von Heidegger im Unterschied zu Husserl[29] *radikal* vollzogene
Hereinnahme des „Verborgenen", „Verdeckten" oder „Verstell-
ten" in den phänomenologischen Begrifff des „Phänomens"und
dessen dadurch erzwungene, an die Stelle des „Aufweisens" tre-
tende „Auslegung"[30] hat die Beschränkung auf das Gegebene mit
voller Absicht – und nicht nur faktisch wie Husserl – durch-
brochen. Damit gewann die Phänomenologie zweifellos eine Tiefendimension und distanzierte sich von der „Begaffung von See-
lenzuständen und ihrer Hintergründe"[31]. Aber zugleich öffnete
sie der willkürlichen Spekulation wiederum Tür und Tor, gedeckt
von der Zweideutigkeit des „Erschließens", das sich sowohl auf
einen erdachten „Sinn" als auch auf einen verborgenen wirklichen
Faktor beziehen kann.

Nun bemerkt aber Fink, *vor* aller Erfahrung kennen wir vom
Erfahrbaren „die Grundbereiche, die ‚Regionen', aus denen her
uns Seiendes bestimmter Typik begegnet; wir kennen das leblos
Vorhandene (die unbeseelte Natur), dann die lebendige Natur,
das Pflanzenreich, das Tierreich, das Menschenreich. Solche
Kenntnis läßt sich schwer präzisieren und selber in gegenständ-
licher Bestimmtheit fixieren. Sie läuft dem gegenstandsbezogenen
Erfahren gleichsam wegbereitend und felderöffnend voraus; sie
ermöglicht das Erfahren, sofern es die Gegend bereitstellt und
vorgibt, in der Gegenstände antreffbar werden. Wie Lebendiges
beschaffen ist, welche Organismen es gibt, darüber kann uns nur
die Erfahrung belehren. Aber nie entnehmen wir der Erfahrung
die allgemeinste Kenntnis des Lebendigen. Diese müssen wir je
schon haben, um überhaupt Lebendiges und Lebloses ausein-
anderhalten und methodisch gesondert erkennen zu können.
‚A priori' sind wir mit den Grundarten des Seienden vertraut.
Wir kennen aber so nicht nur den Stil der Dinge, die es von Natur
aus gibt, wir kennen auch den Stil desjenigen Seienden, das aus
der menschlichen Freiheit entspringt: wir kennen im vorhinein

---

[29] Auch Husserl spricht vom „Verborgenen", z.B.: „Psychologie ist Selbsterkennt-
nis des Geistes zunächst in Form der phänomenologisch gereinigten originären Selbst-
erschauung seines verborgen Selbstseins und Selbstlebens"; *Phänomenologische Psychologie*, Den Haag 1962 (Huss. IX), S. 193.
[30] *Sein und Zeit*, Tübingen [10]1963, S. 35ff.
[31] A.a.O., S. 273.

Geräte, Werkzeuge, Gebrauchsdinge und kennen die Gebilde sittlicher Lebensgestaltung"[32].

Offensichtlich versteht Fink hier die Apriorität des apriorischen Wissens nicht als dessen Ursprung kennzeichnendes, mithin als „an"- oder „eingeborenes", etwa von Gott in den menschlichen Verstand eingesetztes, sondern als ein generalisiertes Wissen um Gegenständlichkeit, Geschehen, Seiendes, das wir im aktuellen vernehmenden Erfahren des begegnenden Einzelnen von vornherein mitbringen und an es – es umfassend – heranbringen. Allein das impliziert keineswegs seine nicht-empirische Herkunft, deren Unterstellung uns auf der erwähnten Täuschung zu beruhen scheint. Wie sollte man wissen können, daß es leblose Dinge, Pflanzen, Tiere, Menschen gibt, ohne davon jemals wenigstens ein sie repräsentierendes Exemplar wahrgenommen zu haben, also im strengen Sinne vor und unabhängig von der Erfahrung?

Die Tendenz zur Vorzeichnung einer wie immer motivierten kategorialen Auffassung der erfahrungsmäßig gegebenen Objekte eignet allerdings in der Tat den frühen Wahrnehmungen des Begegnenden, weshalb wir ihre quasi-apriorische Funktion anerkannt haben. Jedoch kann sie sowohl zutreffen als auch irreführen. Daher ist ihre Erhebung zur schlechthin gültigen, in diesem Sinne apriorischen Wesenserkenntnis zu verwerfen. Diesen fragwürdigen Charakter besitzt u.a. die „allgemeinste Kenntnis des Lebendigen", die wir gewiß nicht der konkreten Erfahrung entnommen, sondern als Denkgebilde erzeugt haben. Wie unverbindlich sie bleibt, zeigen die Strittigkeiten und die Wandlungen bezüglich der Kriterien des Lebendigen. Dagegen eine apriorische Wesenserfassung ausspielen zu wollen, wäre ein sinnlos gewordenes Unterfangen.

Nun hat Fink auch eine der Erfahrung vorgängige Kenntnis des „Stils" der aus der menschlichen Freiheit entspringenden Dinge, also Geräte, Werkzeuge, Gebrauchsdinge postuliert. Auf ihre Schöpfer trifft es zu, daß in der gedanklichen Konzeption der herzustellenden Dinge das Wissen um ihre wesentliche, will sagen als Möglichkeit entworfene Gestalt und Leistung vorweggenommen wird und also eine apriorische Rolle spielt. Nach Analogie dieser das Aussehen und die Verwendbarkeit der hervorzubringenden Objekte vorstellend antizipierenden Aktivität sind ver-

---

[32] E. Fink, *Sein, Wahrheit, Welt*, Den Haag 1958, S. 109.

mutlich auch jene vermeintlich apriorischen Einsichten konstruiert worden, die sich auf die „allgemeinsten Formen" des
schon immer dagewesenen naturzugehörigen Seienden und Geschehenden beziehen. Allein sie alle erweisen sich, von den auf die
Natur anwendbaren meß- und berechenbaren Größen und Ver-
hältnissen abgesehen, als unbegründbare bloße Behauptungen
oder als Täuschungen. Schon die ersten Benützer der nicht von
ihnen hergestellten Werkzeuge müssen deren Gestalt wahrgenommen bzw. sonstwie zur Kenntnis genommen und ihren Gebrauch erlernt haben, um sie in ihrem Wesen erfassen zu können:
für die Mitwirkung eines apriorischen Faktors dabei spricht
nichts. Demzufolge bleibt vom tradierten und von dem von Husserl erneuerten Apriorismus nur die quasi-apriorische Funktion
des früh erworbenen generalisierten Wissens um das erfahrene
oder vermittelte weltzugehörige Seiende übrig, das wir in die unmittelbare Begegnung mit ihm mitbringen und an es dank der
im jeweiligen Wahrnehmen mitwirkenden Denkakte herantragen.
Eine andere Art apriorischer, dem Erfahren vorangehender Erkenntnis im Zusammenhang der Erfassung des Wesens der nicht
von Menschen hervorgebrachten Gegenstände läßt sich nicht
mehr vertreten, auch nicht mit Hilfe des Rückgriffs auf die trans-
zendental-intentionale Konstitution[33]. Denn die Beschränkung
auf diese Konstitution klammert den entscheidenden Aspekt der
eigenständigen Wirklichkeit des weltbildenden Seienden und Geschehenden von vornherein aus. Wenn wir aber deren Wesen erfassen und nicht nur „setzen" wollen, müssen wir uns der vernehmenden Begegnung mit dem konkreten Seienden stellen und
können uns nicht mit dem denkenden Entwerfen von Möglichkeiten begnügen. Wie steht es nun mit der Wesenserkenntnis der
auf die Innerlichkeit[34] begrenzten, d.h. nicht oder nicht mittels
Sinnesfunktionen auf äußere Sachverhalte bezogenen Erlebnisse?
   Wie immer das genetische Verhältnis zwischen Wahrnehmungen und „Vorstellungen" geartet sein mag: daß zwischen der
gesehenen Föhre und ihrer nach dem Abwenden des auf sie gerichteten Blickes erweckten denkenden Vergegenwärtigung er-

---

[33] Vgl. L. Eley, *Die Krise des Apriori*, Den Haag 1962.
[34] Den Begriff der „Innerlichkeit" verwenden wir lediglich als Hinweis auf den
Bereich, der jedem Menschen in der Selbstbesinnung zugänglich ist, also weder im
Sinne einer eigenständigen, von Leib und Körper getrennten „Substanz" noch in dem
einer religiösen „Verinnerlichung".

hebliche phänomenale Unterschiede bestehen, läßt sich nicht
leugnen. Zuletzt liegt ihnen allerdings eine radikale ontische Differenz zugrunde: nämlich die zwischen der „dinglich-realen"[35]
und der „psychischen Wirklichkeit"[36] oder zwischen dem eigenständigen weltzugehörigen Seienden und unsern seelisch-geistigen
Erzeugnissen. Hier geht es indes um einen einzigen Unterschied:
daß nämlich die vorgestellten, d.h. denkend erzeugten Gegenstände gemäß der sie hervorbringenden Aktivität in ihrer Gestalt,
Farbe, Verwendbarkeit usw. beliebig verändert und in verschiedene Situationen versetzt werden können, während das gesehene
Begegnende in seiner Eigenerscheinung und erst recht in seiner
„Substanz", allen intentionalen Abwandlungsversuchen wider-
stehend, weitgehend konstant bleibt und nur infolge des verän-
derten Standortes des Wahrnehmenden oder aufgrund der Bewegtheit des Begegnenden andere Ansichten darbietet. Gilt das
auch von den binnenbewußten, nicht auf konkrete umweltliche
Objekte bezogenen Erlebnissen als solchen? Und eignet ihnen
überhaupt noch ein intentionaler Charkater, wenn Graumanns
These zutrifft: „Daß wir in allem Verhalten auf etwas bezogen
sind, das wir als außerhalb unseres jeweiligen Bewußtseins existierend intendieren, ist die Grundbedeutung der Intentionalität
in der neueren Phänomenologie"[37]?

Es besteht kein Zweifel darüber, daß es innerhalb der Erlebnisabläufe
nicht nur sehr viel schwerer fällt, sondern oft genug unmöglich ist, die
darin gegebenen Anteile von den vom reflektierenden Ich produzierten
und an jene herangetragenen Ingredienzien zu unterscheiden.

Daß unsere Reflexivität ein „schaffender Spiegel" (Meinecke), nicht ein
reines rezeptives „Organ" ist, hat Husserl gesehen. Wichtig scheint uns
nun zu sein, darüber Klarheit zu gewinnen, ob wir nicht innerhalb der
Innerlichkeit einen Bereich akzeptieren müssen, dem ein *autonomer Geschehenscharakter* eignet und der demgemäß nicht – wie die Vorstellungen,
Bedeutungsstiftungen, Erinnerungen, Willensentscheidungen usw. – von
ichzentrierten, d.h. vom Ich vollzogenen Akten gezeigt, getragen oder hervorgebracht wird. Wer sich einerseits den unbefangenen reflexiven Blick auf
die binnenbewußten Gegebenheiten bewahrt oder erworben hat und andererseits sich nicht von der die phänomenologische Psychologie beherrschen-

---

[35] Es sei daran erinnert, daß wir unter der dinglich-realen Wirklichkeit nicht nur
die auf physikalische Elemente und Gesetze reduzierte, sondern die anschaulich gegebene und denkend ergänzte Welt in ihrer unverkürzten Erscheinungsfülle einschließlich der Mitmenschen und der übrigen Lebewesen verstehen.

[36] Zu diesem Begriff vgl. W. Metzger, *Psychologie*, Darmstadt 1954, S. 8ff.; D. von
Uslar, *Die Wirklichkeit des Psychischen*, Pfullingen 1959, S. 9ff.

[37] C.-F. Graumann, „Bewußtsein und Bewußtheit", in: *Handbuch der Psychologie*

den Terminologie, die von vornherein fast das ganze Erleben gewaltsam in das intentionale Aktschema preßt, irreführen laßt, kann der Anerkennung eines solchen inneren Geschehensbereiches kaum ausweichen. Sowenig das Sterben, wie Scheler zu Unrecht behauptet hat, noch einen ,,Aktus des Lebens" realisiert, sowenig eignet den in uns aufsteigenden und wieder verschwindenden Stimmungen eine Aktstruktur, mögen sie sich im übrigen auf innerweltlich Begegnendes beziehen oder nicht. Auch wenn wir auf die gegenwärtige oder vergangene Stimmung, ihre Art und Ablaufsweise reflektieren, verwandelt sie sich als solche keineswegs in ein aktuoses Gebilde; vielmehr bleibt sie *als Geschehen* in den individuellen Lebensablauf der einzelnen Menschen eingefügt.

Daß auch dieser umgreifende Lebensablauf nicht von irgendeiner intentionalen Aktivität ,,gezeitigt", in Gang gebracht, unterhalten und gegliedert wird, sondern daß er umgekehrt die ganze Intentionalität fundiert, liegt offen zutage[38]. Andernfalls müßte ihre Wirksamkeit beispielsweise während des Schlafes, der nur das Wachen, nicht jedoch den Lebensablauf selbst unterbricht, aufgewiesen werden können: und davon kann keine Rede sein. Deshalb müssen wir einen Satz wie den folgenden Husserls verwerfen: ,,Ein a c t u s ist nicht nur ein Dahinströmendes im Lebensstrom, sich in ihm nur äußerlich Abhebendes, sondern er ist ein Prozeß, der in sich intentionale Einheit hat, in sich gerichtet ist, sofern durch ihn hindurchgeht Einheit eines Zieles. Das Ich als Aktsubjekt ist durch seinen a c t u s hindurch kontinuierlich auf dieses Ziel gerichtet als ihm geltend, auf es meinend hinzielend"[39]. Gewiß kann ich auch *sekundär* auf meinen (vorgestellten) Tod intentional gerichtet sein, aber das hat offensichtlich mit dem geschehenden Ablauf meines Lebens auf dessen faktisches Ende hin gar nichts zu tun[40]. Offen bleibt indessen, welchen Erlebnissen außer den Stimmungen ein Geschehenscharakter einzuräumen ist, oder anders formuliert: ob und wie sich an ihnen ein ,,Geschehens–" und ein ,,Aktanteil" unterscheiden lasse. Das vorstellungsbildende, sinnverleihende und beziehungsstiftende Denken etwa gilt mit Recht als Prototyp der vom Ich vollzogenen intentionalen Bewußtseinstätigkeit. Es wird aber fast immer übersehen, daß es eindeutig auf das im Wachzustand in uns geschehende ,,es denkt"[41] angewiesen ist, dessen Beginn weder auf einen entsprechenden ,,Befehl" des Ichs einsetzt noch von ihm unmittelbar willentlich beendet werden kann. Seine produktive bzw. reproduktive Aktivität beschränkt sich auf die Wahl der Denkinhalte und -gegenstände und auf die Richtung des Fortschreitens; aber schon das Erreichen des antizipierten Zieles (z.B. eine Problemlösung) läßt sich nicht mehr erzwingen. Könnten wir zeigen, wie das Ich das geschehende, oder wie Schelling es nannte, ,,objektive", d.h. nicht vom Subjekt gesetzte Denken aufnimmt und es in seinen intentionalen Akte einfügt, dann ließen sich vielleicht auch die beiden Anteile genauer reflexiv trennen. Solange dies nicht gelingt, verbirgt sich der autonome Denkablauf hinter dem unleugbaren vor-

---

in *12 Bänden*, Göttingen 1966, Bd. I, 1, S. 115.

[38] Vgl. dazu M. Palágyi, *Naturphilosophische Vorlesungen*, Leipzig ²1924.

[39] *Phänomenologische Psychologie* S. 411.

[40] Ob Heidegger den Geschehenscharakter des Daseins auch nur auf das entwerfend-verstehende intentionale Verhältnis zum möglichen Tode gestützt hat, müßte eigens untersucht werden. Eindeutig scheint mir der Sachverhalt nicht zu sein.

[41] Vgl. J. Cohn, ,,Ich denke" und ,,Es denkt", in: *Acta Psycholog.* 2 (1937), S. 1ff.

dergründigen intentionalen Vollzug, zumal diesem anscheinend die gleiche Struktur eignet wie der auf ihn gerichteten Reflexivität. Es kommt uns hier lediglich darauf an, den – soweit wir sehen – von Husserl und der übrigen phänomenologischen Psychologie verkannten Sachverhalt, demgemäß in unserm alltäglichen Denken ein Geschehen beteiligt ist, das nicht oder wenigstens nicht so vom Ich hervorgebracht wird wie Vorstellungen, Erinnerungen, Bedeutungen u.a. von ihm erzeugt werden, als einen *reflexiv aufweisbaren Befund* herauszuheben. Noch deutlicher als im Alltag, dessen Gedankengänge im übrigen gewiß auch nicht dem logischen Ideal entsprechen, manifestieren sich Fragmente des geschehenden Denkens in jenen Zuständen und Phasen, in welchen vermutlich die Intensität der intentionalen Akte und damit deren Orientierung an den logischen Normen reduziert ist, so während des Einschlafens, im Traum, dann in der Schizophrenie u.a. Das sind Erlebnisbestände, die den auf sie bezogenen Reflexionsakten in einer den sinnlich wahrgenommenen Objekten am ehesten vergleichbaren Weise *gegeben* und nicht von ihnen hervorgebracht sind. Darin bekundet sich die *rezeptive Leistung der gedanklichen Reflexion*, welche uns wie gesagt befähigt, auch die geschehenden, nicht vom Ich produzierten und reproduzierten Anteile unserer Innerlichkeiten zu erfassen, ohne sie von vornherein in intentionale Akte zu verfälschen. Daß dazu die Reflexion stets tendiert, dokumentiert Husserl, der beinahe die ganze Innerlichkeit in Intentionen umgedeutet hat, ungeachtet seiner von James übernommenen fragwürdigen Rede von einem ,,Bewußtseinsstrom''[42]. Um dieser Gefahr der Verfälschung, der wir alle als reflektierende Menschen ausgesetzt sind, zu entgehen, ist es wichtig, uns die randständigen, vielleicht den pathologischen Abwandlungen sich nähernden Erlebnisse zu vergegenwärtigen, weil sich an ihnen der von der Ichaktivität weitgehend unabhängige Geschehenscharakter am ehesten konstatieren läßt, etwa gemäß der ins Schwarze treffenden Wendung Metzgers: Träume und Halluzinationen gehören ,,eindeutig in die Klasse des Vorgefundenen bzw. Angetroffenen''[43]. Anders formuliert: Träume und Halluzinationen bringen wir überhaupt nicht so wie Vorstellungen, Gedanken, Vermutungen, Fragen, Willenshandlungen usw., kurzum: wie intentionale Akte hervor.

Es wäre nun ein Irrtum zu meinen, die geschehende Innerlichkeit – sie kurzweg dem Bewußtseins- oder Erlebnis-,,strom'' gleichzusetzen sollte man sich hüten – erschöpfe sich in den erwähnten Phänomenen. Was sonst noch dem autonom ablaufenden, in sich nicht akthaften Innerlichkeitsbereich angehört, bedarf sorgfältiger unvoreingenommener phänomenologischer Analysen, die sich aber von der Herrschaft des intentionalen Aktmodells befreien müssen. Wie sehr ihm Husserl selbst verhaftet war, zeigt sich auch darin, daß er die ganze Temporalitätsproblematik ausschließlich unter dem Aspekt der re- und protentionalen Gliederung des Zeitbewußtseins gesehen hat. Zweifellos sind ihm dabei wichtige Aufschlüsse gelungen. Allein daß die mehr oder minder bewußten Weisen des Zeiterlebens vom ursprünglicheren zeitlichen Geschehen des je individuellen Lebensablaufes ,,getragen'' werden, scheint ihm völlig entgangen zu sein. Freilich kann man dagegen den logisch-methodisch berechtigten Ein-

---

[42] Vgl. dazu J. Linschoten, *Auf dem Wege zu einer phänomenologischen Psychologie*, Berlin 1961, S. 38ff.

[43] W. Metzger, ,,Der Ort der Wahrnehmungslehre im Aufbau der Psychologie'', in: *Handbuch der Psychologie in 12 Bänden*, Bd. I, 1, S. 7 Anm.

wand erheben, daß von Zeit und Zeitlichkeit nur unter der Voraussetzung ihres Bewußtwerdens die Rede sein könne. Jedoch folgt daraus keineswegs, daß die in sich zeitliche Erstreckung des Lebensablaufs erst mit der Reflexion darauf beginnt oder sie gar von den Bewußtseinsakten intentional „gezeitigt" wird. Dann würde die Lebenskontinuität im Schlaf, in welchem die vermeintlich „zeitigenden" Akte doch wohl ausfielen, von „zeitlosen" Phasen unterbrochen: und dafür spricht gar nichts anderes als die Denkbarkeit. Dennoch wäre es unangebracht, Husserl darob einen Vorwurf zu machen, daß er die ursprüngliche geschehende, von jedem singulären Menschen gelebte Zeit, die jegliches Verhalten zu ihr umgreift, übersehen hat: denn sie ist nie unmittelbar gegeben, sondern nur aus den bewußten Zeiterlebnissen und ihren Abwandlungen erschließbar. Ihre Faktizität deshalb zu leugnen dürfte indessen so abwegig sein wie das Vorhandensein der momentan nicht erblickten Föhre zu bestreiten. Vermutlich wären wir unfähig, Zeit zu messen und die unterschiedlichsten Zeitbegriffe zu bilden, wenn nicht unser Lebensablauf in sich zeitlich erstreckt wäre.

Dieser je individuelle Lebensablauf manifestiert sich nicht nur in den oder als die physiologischen Prozesse, sondern auch im „Strömen" des Erlebens und in der Folge der Reflexionsakte. Obwohl wir nun das Erleben nur mittels der letztern einigermaßen zu erkennen vermögen, bringen sie den Ablauf des Erlebens weder hervor noch halten sie ihn in Gang. Anders gesagt: dem Erlebnisablauf eignet eine gewisse Eigenständigkeit und Unabhängigkeit von den auf ihn gerichteten Reflexionsakten, die aber nicht so weit reicht, daß die Bewußtseinsakte nicht in ihn einzugreifen und eigene Gebilde, z.B. auf die Erlebnisse bezogene Begriffe hervorzubringen vermöchten. Mit ihnen versuchen wir das jeweilige Wesen, d.h. die Eigenart der unterscheidbaren Erlebnisse zu erfassen und terminologisch zu fixieren. Allein auch diese Wesen bleiben Erzeugnisse unsres Denkens, sie gehen den singulären Erlebnissen weder voraus noch bestimmen sie deren qualitative Beschaffenheit. Vielmehr heben wir, entsprechend wie im Hinblick auf das weltzugehörige Seiende und Geschehende, an einem einzelnen oder an einer Reihe von unter sich ähnlichen Erlebnissen die kennzeichnenden Züge heraus und fügen sie zu einer gedanklichen, als ihr Wesen beanspruchten Einheit zusammen, was für viele Erlebnisse schon in den Benennungen der Alltagssprache auf vage Weise geschehen ist. Was Hunger, Dürsten, Tasten, Sehen, Hören, Lachen, Weinen, Wünschen, Träumen, Vorstellen, Erinnern, Meinen, Wollen, Sprechen, gezieltes Handeln usw. sind, das wissen wir aufgrund der in die Kindheit zurückreichenden Erfahrung in einer für das mitmenschliche Verständnis ausreichenden Deutlichkeit. Wir wissen es aufgrund der *Erfahrung*, obwohl hier noch eher der Eindruck einer apriorischen Kenntnis als bezüglich des weltzugehörigen Seienden entstehen mag, weil das erstmalige Auftreten der erwähnten Erlebnisse – etwa eines Traumes oder des Hungers – sich noch nachhaltiger der Erinnerung entzieht und die Unterscheidung von den im Menschsein angelegten latenten Erlebnis- und Verhaltensmöglichkeiten kaum gelingt. Trotzdem bleibt es abwegig, mit dem Hinweis auf sie ein apriorisches Wissen um die „allgemeinmenschlichen" Arten des Erlebens und Gebarens zu postulieren, d.h. eine Kenntnis vor ihren ersten Manifestationen. Diese dürften jedoch wiederum quasi-apriorisch die Auffassung der ähnlichen später auftretenden Erlebnisse und Handlungen vorzeichnen. Darauf müssen wir zurückgreifen, wenn sich die Notwendigkeit einer phänomenologischen und begrifflichen Klärung aufdrängt. Sie kann sich indessen auf keine apriorischen Wesenseinsichten berufen, sondern muß sich auf die erneute Vergegenwärtigung der erfahrenen fragwürdig gewordenen Phänomene stützen.

Wesenheiten und Wesensbegriffe müssen offenbar als unveränderliche Gebilde konzipiert werden, wenn sie ihren Dienst sollen erfüllen können. Da es jedoch für unsere genauer hinsehende Erfahrung im strengen Sinne kein unveränderliches Seiendes gibt, besteht zwischen ihm und den darauf bezogenen und es fixierend-verfälschenden Wesensbestimmungen eine nicht zu beseitigende Diskrepanz. Wir hatten sie mit dem Vorschlag zu umgehen versucht, die Leistung der Begriffe letzlich auf ihre sich auf die einzelnen Gegenstände beziehende hinweisende Funktion zu beschränken, wodurch eine den Wesenbegriffen hörige mehr oder weniger gewaltsame gedankliche Veränderungen der Objekte und zugleich die irrationalistische Begriffsflucht vermieden werden kann. Nun ließe sich immerhin geltend machen, daß die an sich zwar verfehlte Lehre von der Konstanz der Spezies insofern doch nicht völlig aus der Luft gegriffen war, als bezüglich der menschlichen Lebensdauer die voneinander abstammenden Individuen in ihrer überwiegenden Zahl durch viele Jahrtausende ihre Artgestalt bewahren, weshalb eine gewisse Adäquation zu den entsprechenden Begriffen besteht. Das gilt auch für die wiederkehrende Spezifität unserer Erlebnisse. Gleichwohl vergrößert sich dank ihres Eingefügtseins in den Strom der Innerlichkeit und des Lebensablaufes der Abstand ihrer faktischen Bewegtheit und der Starrheit der auf sie verweisenden Wesensbestimmungen, die offener bleiben, wenn sie sich mit Akzentuierungen (Lersch) begnügen und feste Umgrenzungen preisgeben. So entschieden Husserl immer wieder den Fluß des Erlebens betont hat: an der Überzeugung von der Existenz fixierter Wesenheiten hielt er stets fest. ,,Jedes Erlebnis ist in sich selbst ein Fluß des Werdens, es ist was es ist, in einer ursprünglichen Erzeugung von einem unwandelbaren Wesenstypus''[44]. Deshalb war er auch sicher, ,,daß die Phänomenologie (bzw. die eidetische Psychologie) für die empirische Psychologie... die methodologisch grundlegende Wissenschaft'' werde[45], obwohl er die empirische Psychologie noch nicht – wie es heute üblich ist – empiristisch auf die mathematisierte Experimentalpsychologie einengte. Husserls Beharren auf unveränderlichen Wesenheiten kann uns nur darin bestärken, auch innerhalb der phänomenologischen Psychologie auf alle den Wesenseinsichten supponierten apriorischen Geltungsansprüche zu verzichten – wir verzichten damit ohnehin nur auf alte Illusionen.

Verabschieden müssen wir aber auch die idealistischen Konstruktionen und Verabsolutierungen eines ,,Bewußtseins überhaupt'', eines ,,reinen Ich'' oder eines ,,transzendentalen Subjekts'', soweit sie den Anspruch erheben, irgendetwas für die ,,Konstitution'' der einen wirklichen Welt und des in den Einzelnen realisierten faktischen Menschseins zu leisten. Wie Adorno mit Recht bemerkt, geht dem transzendentalen Subjekt – und allen übrigen Erzeugnissen der Reflexon, fügen wir bei – die ,,Fähigkeit der Erfahrung'' ab, ,,denn kein rein Logisches könnte irgend erfahren''[46].

Daß die *als reale vermeinte und wahrgenommene reale Welt* auf mich als vermeinendes und wahrnehmendes Individuum relativ ist, läßt sich gewiß nicht bestreiten. Aber erstens beschränkt sich die intentionale Konstitu-

---

[44] *Ideen* I, S. 182.
[45] A.a.O., S. 194.
[46] Th. W. Adorno, *Stichworte*, Frankfurt a. M. 1969, S. 166, vgl. S. 154f.

tion der realen Welt auf diejenige ihrer Merkmale, die den bereits bekannten aktuellen Bezügen zu ihr entsprechen, umfaßt also nie die ganze wirkliche Welt. Zweitens lassen sich von diesen Bezügen und konstituierenden Akten als solchen aus keine ihre Eigenständigkeit betreffenden Erkenntnisse gewinnen: die irrealen möglichen Welten sind ja ebenfalls konstituiert. Drittens stifte ich als konkreter leibhafter Mensch keineswegs als von der Reflexion gesetztes „reines Ich" oder „transzendentales Subjekt" die Bezüge zur einen Welt genauso wie ich diese nur mit den Sinnesorganen – nicht mit einer „transzendentalen Sinnlichkeit" – wahrnehmen kann. Und viertens bleibt das „absolute Sein" des „transzendentalen Bewußtseins" wie dieses selbst ein pures sekundäres Denkerzeugnis, das sich niemals verselbständigen, also vom es denkenden empirischen Menschen „ablösen" kann.

Die entschiedene Verwerfung der Hypostasierung des reinen Ich oder der transzendentalen Subjektivität – und ohne eine solche sei es auch unausdrückliche oder gar verleugnete Hypostasierung wäre es doch wohl sinnlos, ihnen irgendwelche Funktionen zuzuschreiben – besagt nun keineswegs, daß die transzendentale Fragestellung überhaupt und die begrifflichen Verallgemeinerungen der bei den einzelnen Menschen an der Erkenntnis beteiligten Faktoren fallen gelassen werden müßten. Allein einerseits sollten lediglich die in der Reflexion faktisch aufweisbaren kognitiven und gegenstandskonstituierenden Faktoren, nicht die erdachten Bedingungen der Möglichkeit der Erkenntnis und ihrer Objekte berücksichtigt werden, da nur von ihnen aus eine gewisse Gewähr geboten wird, die an die Gegenstände herangetragenen subjektzugehörigen (transzendentalen) von den dem Begegnenden selbst eignenden Anteilen unterscheiden zu können. Wie problematisch im übrigen die ganze Thematik der transzendentalen Konstitution ist, ergibt sich aus der Behauptung von Uslars, dergemäß die lebendige „Leiblichkeit ... die Quelle und das Zentrum der transzendentalen Konstitution der Welt" sei[47]. Andererseits sollte vermieden werden, die weltlichkeitskonstituierenden und erkenntnistragenden, in jedem Einzelnen anwesenden Elemente gedanklich herauszuheben, zu verabsolutieren und sie zu einem vermeintlich eigenständigen transzendentalen Subjekt oder einem entsprechenden konstruierten Gebilde zusammenzufügen, das dann an die Stelle der existenten konkreten Menschen und deren faktische Leistungen gerückt wird. Darin wirkt sich eben doch vermutlich der uralte Wahn oder milder mit

---

[47] *Die Wirklichkeit des Psychischen*, S, 69.

DeWaelhens zu sprechen: die unverständliche Mythologie von einem „geistigen Ursprung" der Welt aus. Als eine Abwandlung desselben hoffnungslos-illusionären Unterfangens muß Husserls Bemühen beurteilt werden, sich selber als Phänomenologe in eine erdachte „extramundane" Situation zu versetzen, um von da her „apodiktisch gewisse" Erkenntnisse von den möglichen und wirklichen Welten zu gewinnen. Marx hat mit seiner These recht: „Die Phänomenologie soll sich absolut ‚extramundan' vollziehen; eben dadurch wird sie zur Vollendungsgestalt des traditionellen Philosophierens aus Vernunft und Geist und damit auch des von Vernunft und Geist her bestimmten Wesens des Menschen"[48]. Es fragt sich nur, ob es nicht nachgerade an der Zeit ist, statt sich an den unverbindlichen schöpferischen Entwürfen von unendlichen möglichen Welten und zugeordneten transzendentalen Gebilden zu berauschen, sich nüchtern der erfahrenden Erforschung der einen wirklichen Welt in ihrem unverkürzten Reichtum zuzuwenden, bevor es dazu nicht zu spät wird.

[48] W. Marx: *Vernunft und Welt*, Den Haag 1970, S. 50.

Bernhard Waldenfels

ABGESCHLOSSENE WESENSERKENNTNIS
UND OFFENE ERFAHRUNG

Wesenserkenntnis drängt auf einen Abschluß hin, die Erfahrung hat immer Neues zu gewärtigen. Die hiermit bezeichnete Spannung schien behoben, als die Phänomenologie sich nach ersten zögernden Versuchen als *eidetische* Phänomenologie deklarierte, als ,,Wesenswissenschaft", die den Bereich der Tatsachen unter sich läßt[1]. Husserl war sich darin einig mit seinen Göttinger und Münchener Mitarbeitern und Schülern. So besehen würde sein Fortgang zu einer *transzendentalen* Phänomenologie nur besagen, daß das Gewicht der Forschung sich einseitig verlagert auf die Wesensstrukturen des Bewußtseins bzw. auf eine subjektiv akzentuierte Korrelation von Bewußtseins- und Sachstrukturen. Der daraus resultierende Disput ließe sich am Ende schlichten, indem man transzendentale und ontologische Phänomenologie als komplementäre Spielarten reiner Wesensforschung wieder zusammenführt[2]. Gegen eine solche Deutung erheben sich entschiedene Bedenken. Die transzendentale Wende Husserls, so problematisch sie in wichtigen Punkten sein mag, hat die Eidetik nicht nur erweitert, sondern ihren Stellenwert geändert. Zentrale Themen wie Lebenswelt, Erfahrungshorizonte, Leiblichkeit, Sozialität, Genesis, die mehr und mehr in der Vordergrund treten, fügen sich nicht einfachhin in eine reine Wesenslehre ein, die alles

---

[1] Vgl. *Ideen I*, Den Haag 1950 (Husserliana III), S. 6; eine phänomenologische Tatsachenwissenschaft wird auch hier von Husserl erwogen (S. 7, 149). Dagegen hält z.B. H. Conrad- Martius eindeutig den Titel ,,Wesenslehre" für glücklicher (vgl. etwa das Vorwort zu: A. Reinach, *Was ist Phänomenologie?* München 1951, S. 6).

[2] Vgl. den Beitrag von Conrad-Martius in: *Edmund Husserl, 1859–1959, Recueil commémoratif...*, Den Haag 1959. Schon Scheler weist der phänomenologischen Forschung drei Arten von Wesenszusammenhängen zu: Sachwesenheiten, Aktwesenheiten und deren Zusammenhänge; es ergänzen sich Sachphänomenologie und Akt- oder Ursprungsphänomenologie (*Der Formalismus in der Ethik und dte materiale Wertethik*, Bern/München [5]1966, S, 90).

Faktische von sich abscheidet und eine Kluft aufreißt zwischen Wesen und Tatsache und die ihr Pendant findet in einer reinen Wertlehre. Was hier in Frage steht, ist der Schwerpunkt der Phänomenologie, ihre Zielrichtung, die über eine mögliche Fortentwicklung entscheidet. Ist die Eidetik das *Endziel* oder ein *Durchgang*, der immer wieder in eine Offenheit der Erfahrung und der Lebenspraxis einmündet? Was Husserl angeht, so hat er mit zunehmender Entschiedenheit die zweite Möglichkeit ins Auge gefaßt, selbst wenn man sich fragen muß, ob er diese Möglichkeit mit aller Konsequenz wahrzumachen vermochte. Vertreter einer, wenn man so will, existentialen Phänomenologie wie Merleau-Ponty sind Husserl darin gefolgt.

Wir belassen es bei diesen Andeutungen und greifen im folgenden die historisch aufgetretenen Spannungen und Divergenzen nur indirekt auf, indem wir der Sache nachgehen, die sich darin zu Wort meldet. Es ist wohl kaum zu leugnen, daß die Phänomenologie gerade wegen ihres eidetischen Vorgehens vielfach in Mißkredit geraten ist. Die eidetische Reduktion erweckt den Anschein, als sei sie nicht nur eine Barriere gegen die naturalistische und historische Zersetzung der Wahrheit, sondern zugleich ein Schutzwall gegen theoretisch und praktisch bedeutsame Einflüsse der faktischen Natur und Geschichte. Sofern man die Wesenserkenntnis nicht überhaupt als illusorisch und müßig abtut, kann man ihr vorhalten, daß sie sich zu rasch am Ziel wähnt und in der Abschirmung gegen alles Faktische ihrer Sache allzu sicher ist. Wieweit diese Vorwürfe zu Recht bestehen, das wäre zu prüfen.

Wir gehen in unserer Untersuchung so vor, daß wir zunächst das partielle Recht einer Wesensforschung festhalten gegenüber dem Empirismus, sodann den definitiven Charakter der Wesenserkenntnis kritisch in Frage stellen und schließlich die positive Voraussetzung unserer Kritik ins Licht rücken, nämlich eine Offenheit der Erfahrung jenseits von Empirismus und Essentialismus. Damit zielen unsere Erörterungen ab auf eine offene Dialektik der Erfahrung, die sich auflöst, wenn alles unbestimmt bleibt, die zum Stillstand kommt, wenn alles Entscheidende vorweg bestimmt ist.

I

Der Empirismus in seiner extremen Form, wie sie von Hume exemplarisch ausgebildet und im frühen Positivismus weitergebildet wurde, verabsolutiert das *sinnlich Gegebene*. Die Strukturen der objektiven wie der subjektiven Wirklichkeit reduzieren sich auf ein zufälliges Arrangement von Fakten; alles könnte auch ganz anders sein. Die gleichwohl nicht zu leugnende relative Verläßlichkeit unserer Welt, die uns bewahrt vor einer Überraschung in Permanenz, hat selbst nur faktische Gründe; in der Gewöhnung passen wir uns wohl oder übel dem regelmäßigen Lauf der Dinge an, doch alle Regeln sind ohne Gewähr. Seit Platon und Aristoteles ist oft genug eingewandt worden, daß eine Theorie, die sich gänzlich dem faktischen Geschehen ausliefert und die *totale Unbestimmtheit* zum Prinzip erhebt, sich als Theorie selbst aufhebt, sofern sie ihrem eigenen Prinzip zum Opfer fällt[3]. Es gäbe nichts, worauf wir im Fortgang der eigenen und im Zusammenspiel der gemeinsamen Erfahrung zurückkommen und uns berufen könnten. Mit ihren skeptizistischen Folgen zerstört diese Theorie die Grundlagen vernünftiger Rede; man müßte, wie Platon den Herakliteern ironisch entgegenhält, eine andere Sprache einführen (*Theait.* 183b). Selbst das Motiv, das noch am ehesten für den Empirismus spräche, nämlich die Offenheit für Neues und Überraschendes, verkümmert; denn wenn uns jedes Recht abgeht, Bestimmtes zu erwarten, zergeht das Neuartige in dem, was eben geschieht und objektiv zu registrieren ist. Der radikale Skeptiker hat ebensowenig Grund sich zu wundern wie der Dogmatist.

Diesen Verlegenheiten entgeht eine Wesensforschung, die das Recht in Anspruch nimmt, nach festen Strukturen zu suchen, die unsern weltlichen und sozialen Umgang immer schon regeln und legitimieren. Am Anfang steht die alltägliche Frage: Was ist *das*, was mir da begegnet? So unbestimmt das derart Angesprochene sein mag, es hat wenigstens eine minimale Struktur der Bestimmtheit und Bekanntheit; zumindest ist es ein Etwas, das im Rahmen unserer Erfahrung einen bestimmten Platz fordert, anders

---

[3] *Vgl. Logische Untersuchungen* I, Kap. 4 u. 5, *Ideen* I, § 20.

wäre es nicht einmal befragbar[4]. Näherhin mag sich das Gegebene bestimmen als *ein* Tier, eine Maschine, ein Bild, ein Gesetz. Diese Antworten provozieren nun Fragen zweiter Ordnung: Was ist *überhaupt* ein Lebewesen, ein Werkzeug, ein Kunstwerk, eine Institution, ein Gegenstand? Aus diesem potenzierten Fragen entspringt die eidetische Phänomenologie. Das Was des schlicht Gegebenen wird ,,in Idee gesetzt'', sein Wesen wird gesucht, erfaßt, expliziert, beurteilt, und zwar in inklusiver und exklusiver Beziehung zu andern Wesenheiten. So konstituieren sich Regionen *idealer Gegenstände*, die sich einer spezifischen Anschauung, der *Ideation* erschließen. Die Erfahrung wird nicht von außen her überboten, vielmehr löst das sinnlich Gegebene selbst die Bewegung aus, die es überschreitet[5].

Gegen das eidetische Verfahren und seine Voraussetzungen erheben sich freilich Einwände von Seiten des neueren logischen Empirismus, die nicht so leicht abzutun sind wie die Argumente seines klassischen Vorgängers. Theoretiker wie Quine leugnen nicht das Allgemeine, halten aber die Annahme idealer Gegenstände für überflüssig, ganz zu schweigen von der Berufung auf eine Wesenseinsicht. Innerhalb eines nominalistischen Sprachsystems werden generelle Ausdrücke wie ,,rot'' oder ,,Mensch'' als *synsemantische Ausdrücke* behandelt; sie bezeichnen nicht etwas wie die Namen, sondern haben nur Sinn als Prädikat eines Satzes, dessen Subjekt Konkreta sind. Für sich genommen meint der Ausdruck ,,Mensch'' kein ideales, sondern nur ein *beliebiges Objekt bestimmter Art*: ,,x ist ein Mensch''; solange die freie Variable nicht konkret bestimmt und gebunden ist, bleibt der ,,offene Satz'' bedeutungslos. Die Frage nach dem, was der Mensch oder was Farbe überhaupt ist, findet ihre Antwort nicht im Medium einer Wesensanschauung, sondern im Rückgang auf den *Sprachgebrauch*. Die Allgemeinheit des Prädikats ist die Allgemeinheit einer empirisch zu verwendenden Gebrauchsregel. Die Phänomenologie trifft der Vorwurf, daß sie generelle Ausdrücke ohne weiteres als Namen behandelt, die etwas bezeichnen, und

---

[4] Zur ,,Struktur der Bestimmtheit'' oder ,,Strukturform der Bekanntheit'' vgl. *Cartesianische Meditationen*, Den Haag ²1963 (Huss. I), S. 83, 113.

[5] Vgl. als klassischen Text *Ideen* I, 1. Abschnitt; daran anschließend macht J. Hering Vorschläge zu einer genaueren terminologischen Differenzierung: ,,Bemerkungen über das Wesen, die Wesenheit und die Idee'', in: *Jahrbuch für Philosophie und phänomenologische Forschung* IV, 1921.

damit ideale Gegenstände und eine ideierende Intention nur erschleicht[6].

Nicht der Ausgang vom Sprachgebrauch, wohl aber die Reduktion des Allgemeinen auf Sprachregeln und der Ersatz der Wesensanschauung durch die Sprachanalyse führt generell zu einer Konfrontation zwischen Analytischer Philosophie und Phänomenologie, an der vor allem der späte Wittgenstein seinen Anteil hat. Der Eidetik wird jedes Recht abgesprochen, reicht aber das aus, was stattdessen angeboten wird? In der Polemik gegen die Phänomenologie fällt zunächst auf, daß diese nicht selten so verstanden wird, als „gäbe es" für sie ideale Gegenstände parallel zu den realen. Obwohl die Phänomenologie in ihrer Gesamtheit, wie noch zu zeigen, von diesem Verdacht nicht freigesprochen werden kann, hält doch Husserl deutlich daran fest, daß ideale Gegenstände sich eigens konstituieren und ausdrücklich erst auftreten in einer „gegenständlichmachenden Wesensanschauung"[7]. Insofern steht nichts der Möglichkeit im Wege, daß wir etwas *allgemein* bestimmen, ohne die *Allgemeinheit* selbst zu thematisieren. Alles Reden über Allgemeines hat seine vorgängige Entsprechung in eingespielten Regeln, nach denen wir Individuelles begreifen und beurteilen. Die Frage ist nur, ob wir als Philosophen dabei stehen bleiben dürfen. Es müßte gezeigt werden, daß in der allgemeinen Sprachregelung die Regelhaftigkeit und Strukturiertheit der Wirklichkeit erschöpfend zur Geltung kommt[8]. Stützt man sich dabei einzig auf den *faktischen* Sprachgebrauch, so verabsolutiert man diesen und unterschlägt die quaestio iuris; es bleibt ein unbefragter positivistischer Rest. Denkt man an einen *sachgerechten* Sprachgebrauch, woran mißt man den, wenn nicht an der gemeinten Sache, deren Struktur dieses zuläßt und jenes

---

[6] Vgl. zu diesem Abschnitt W. Stegmüller, „Das Universalienproblem einst und jetzt", in: *Archiv für Philosophie* 6 (1956), 7 (1957); spezielle Kritik an Husserl: 6, S, 222 f., ferner: *Hauptströmungen der Gegenwartsphilosophie*, Stuttgart ³1965, S. 87 ff. Dem nominalistischen Sprachsystem wird zwar ein „platonistisches" als gleichwertig gegenüber gestellt, das als gebundene Variable auch Abstrakta zuläßt, doch die Annahme einer Wesensanschauung folgt auch aus diesem linguistischen Ansatz nicht. Zur sprachanalytischen Kritik an Husserl vgl. auch E. Tugendhat, „Phänomenologie und Sprachanalyse", in: *Hermeneutik und Dialektik*, Tübingen 1970, II, S. 3 ff.

[7] *Ideen* I, S. 18; vgl. ferner *Cart. Meditationen*, S. 111: „Auch das ursprüngliche Allgemeinheitsbewußtsein ist eine Aktivität, in der das Allgemeine sich gegenständlich konstituiert".

[8] Bei Wittgenstein heißt es: „Das Wesen ist in der Grammatik ausgesprochen" (*Philosophische Untersuchungen*, 371), gilt das so ohnehin?

nicht? Der Rekurs auf das Wesen enthält seit Platon auch ein kritisches Moment, das der bloßen Anpassung ans faktisch Bestehende entgegenwirkt. Dieser kritische Impuls geht verloren, wenn die Philosophie sich auf die Analyse von Sprachspielen beschränkt und „alles läßt, wie es ist"[9].

Diese Beschränkung wird nun aber auch von wissenschaftstheoretisch orientierten Vertretern des logischen Empirismus und der Analytischen Philosophie zurückgewiesen, ohne daß man sich deshalb genötigt sieht, zu einer Wesenserkenntnis Zuflucht zu nehmen. Die Theoretiker der Erfahrungswissenschaft finden eine kritische Instanz in den Fakten, an denen unsere wissenschaftlichen Erklärungen und Prognosen scheitern oder sich bewähren. Popper etwa gesteht im Anschluß an Kant ein sachhaltiges Apriori zu, doch bleibt dieses ganz und gar *hypothetisch*, eingeengt auf empirisch falsifizierbare Gesetzeshypothesen und praktikable Vorschläge für das Handeln. Die alte Frage „Was ist das?" wird ersetzt durch die Frage: „Wie verhält sich etwas unter bestimmten Bedingungen?"[10] Was sich als Wesenserkenntnis ausgibt, besteht aus ungeprüften oder unprüfbaren Hypothesen. Unsere Gegenfrage: Wie wollen wir empirisch überprüfen, was zu den Grundbedingungen der Falsifikation und Verifikation gehört, so etwa die Leiblichkeit des Subjekts, die Dimensionen der Zeit, die Perspektivik der Wahrnehmung in ihrer „wesensmäßigen Einseitigkeit"?[11] Wie wollen wir ferner durch praktische Versuche aufklären, ob etwas nicht nur getan werden kann, sondern auch zu tun ist?[12] Wieder bleibt ein positivistischer Rest, nämlich der Gang der Forschung und der gesellschaftlichen Praxis, der einer puren Entscheidung überantwortet und der vernünftigen Legitimation entzogen wird.

---

[9] Vgl. ebd. 124. Eine differenzierende Erörterung dessen, was Sprachanalyse leisten kann und was nicht, findet sich bei E. v. Savigny, *Die Philosophie der normalen Sprache*, Frankfurt 1969, Teil III.

[10] Vgl. die Entgegensetzung von Essentialismus und Nominalismus in: *Das Elend des Historizismus*, Tübingen 1969, S. 21 ff.

[11] *Cart. Meditationen*, S. 96.

[12] Die „Brücken-Prinzipien", die etwa H. Albert zwischen Soll-Sätzen und Sachaussagen einsetzen will, können zwar bestimmte Werte eliminieren, aber keine legitimieren; alle Argumente laufen direkt oder indirekt (formale Widersprüche, materiale Widersprüche zur erkannten Wirklichkeit) auf das Problem der Realisierbarkeit hinaus; realisierbar ist aber vieles (vgl. *Traktat über kritische Vernunft*, Tübingen 1968, S. 73 ff.).

Wir brechen an dieser Stelle die Debatte ab. Die phänomenologische Wesensforschung mag in vielem problematisch sein, ihre Frage nach den Strukturen der Wirklichkeit läßt sich jedoch schwerlich zum Schweigen bringen durch die Berufung auf sinnliche Daten, auf konventionelle Sprachregeln oder auf empirisch zu überprüfende Gesetzeshypothesen; immer bleibt ein Rest, der nicht aufgeht. Freilich fordern Sprachanalyse und empiristisch orientierte Wissenschaftstheorie eine nuanciertere Erwiderung als der Empirismus und Positivismus alter Schule[13].

II

Gestehen wir der Wesensforschung ein partielles Recht zu gegenüber der Empirie, so fragt sich doch, wieweit dieses Recht reicht. Zu prüfen ist der Anspruch auf eine Wesenserkenntnis, die in sich selbst zur Ruhe kommt und eine innere und äußere *Abgeschlossenheit* erreicht, so daß sie der Erfahrung endgültig enthoben ist.

Zum Exempel nehmen wir die Bestimmung des Apriori bei Scheler[14]. Ihr zufolge eignet der Wesensschau eine *innere* Abgeschlossenheit, sofern ihr Gegenstand nie mehr oder weniger gegeben und geschaut ist, sondern entweder „restlos und ohne Abzug" oder gar nicht (68). Weiterhin ergibt sich eine *äußere* Abgeschlossenheit daraus, daß alles, was als Wesen und Wesenszusammenhang erschaut ist, durch keine außerwissenschaftliche Erfahrung und durch keine wissenschaftliche Erkenntnis aufgehoben oder verbessert und vervollkommnet werden kann, es kann nur „erfüllt" werden (69). Das Wirkliche richtet sich nach dem Wesen und nicht umgekehrt, so lautet das „Grundgesetz zwischen Wesen und Wirklichem" (92). Das ist im übrigen ein analytischer Satz insofern, als das Wesen per definitionem eine empirische Revision ausschließt. Die Eigenständigkeit der Wesenserkenntnis hebt Scheler dadurch hervor, daß er die Wesenheiten als „reine" oder „absolute Tatsachen" bezeichnet, die einer „phänomenologischen Erfahrung" zugänglich sind (68–71). Da die Wesens-

---

[13] Eine Fülle von Anregungen zu einem solchen Gespräch findet sich bei C. A. van Peursen, *Phänomenologie und analytische Philosophie*, Stuttgart 1969.

[14] Vgl. *Der Formalismus in der Ethik*, S. 67 ff.; hierauf beziehen sich die Seitenangaben im folgenden Text.

sphäre Allgemeines und Individuelles umfaßt (68), bevölkert sie sich leicht mit diesem und jenem, so etwa mit dem „Wesen der Politik des Kardinals Richelieu"[15].

Der Ausgriff nach einer reinen Wesenssphäre reißt eine *Kluft* auf zwischen Wesen und Faktum. Gehen wir in die eidetische Einstellung über, so sind individuelle Tatsachen und Vorgänge für uns nichts weiter als beliebig austauschbare *Variablen* innerhalb eines festliegenden Rahmens. Interessieren wir uns für *den* Staat oder *das* Recht, so wird *dieser* Staat und *dieses* Recht zu einem unter anderen. Von Belang ist das Individuell-Faktische nur als *Exempel,* von dem die Wesenserkenntnis ausgeht, und als *Anwendungsfall,* auf den sie sich einlassen kann; als Faktisches zählt es nicht und hat es nichts beizusteuern.

Der ontologischen Kluft entspricht auf Seiten des Subjekts eine *Unabhängigkeit* der reinen Wesenserkenntnis und des reinen Wertfühlens von allen leiblichen und sozialen Bedingungen. Das sinnlich Gegebene ist nur *Anlaß,* der soziale Beitrag nur *Anregung*; beides wird entbehrlich, wenn es seine Funktion ausgeübt hat. Ausdrücklich betont Scheler, daß absolute Werte einem reinen Fühlen sich erschließen; dieses ist abgelöst von aller Sinnlichkeit und in keiner Weise daraus angewiesen, sich in den wechselnden Situationen des Lebens zu bewähren; die „gefühlte Absolutheit" ist uns Evidenz genug (115 f.). Die Annahme auch individueller Wesenheiten führt schließlich zu dem Gedanken eines möglichen Apriori, für das nur einer die Einsicht haben *kann* (94).

Während ein radikaler Empirismus den Fortgang der Erfahrung prinzipiell unbestimmt läßt, führt eine Eidetik, die auf Abgeschlossenheit Anspruch macht, zum andern Extrem. Was in der Erfahrung noch aussteht, ist zwar nicht in sämtlichen Einzelheiten, wohl aber seinem Wesen und Wert nach für uns *völlig bestimmt,* wenn die Wesenserkenntnis am Ziel ist. Es geschieht Neues, und Entdeckungen werden gemacht, aber all das sind gleichgültige Fälle einer feststehenden Wesensgesetzlichkeit. Für den Philosophen, der das Wesen selbst vor Augen hat, ist es ohne

---

[15] Vgl. Hering, a.a.O. S. 496 f. Husserl ist da vorsichtiger, indem er zwischen ontologischen Forschungen (das Wesen eines Staates überhaupt) und empirischen Erforschungen (z.B. der deutsche Staat in einer Epoche) unterscheidet (*Die Idee der Phänomenologie,* Huss. II, S. 80). Vgl. auch die Differenzierung der Wesenssphäre in apriorische regionale Begriffe und aposteriorische Gattungsbegriffe: *Ideen* III, Den Haag 1952 (Huss. V.), § 7.

Bedeutung; er kann aus der Geschichte nichts weiter lernen und braucht es auch nicht[16]. Alles hängt nun davon ab, wie es mit der Abgeschlossenheit der Wesenserkenntnis bestellt ist. Abgeschlossenheit besagt hier Vollständigkeit und Endgültigkeit in eins, einmal nach innen, sofern das Wesen adäquat als es selbst erfaßt ist, zum andern nach außen, sofern in der Erfahrung weder Ergänzendes noch Gegenläufiges auftreten kann. Besteht der Anspruch darauf zu Recht oder impliziert er eine ungerechtfertigte Verabsolutierung *intelligibler Wesensstrukturen*, einen Essentialismus? Was hier mit in Frage steht, ist das Verhältnis von Apriori und Aposteriori überhaupt. Auch die Transzendentalphilosophie ist davon betroffen, soweit sie formale Bedingungen des Erkennens und Handelns definitiv absondert von deren Material.

Wir beginnen unsere kritische Prüfung mit einer allgemeineren Überlegung. Die Parallelisierung von Empirie und Eidetik bleibt höchst fragwürdig und zweideutig, solange man davon ausgeht, *daß* es reale Tatsachen und ideale Wesenheiten gibt, ohne weiterzufragen, *wie* sie sich als solche in unserm Bewußtseinsleben konstituieren. Die Ausbildung einer „Sachphänomenologie", der eine „Aktphänomenologie" bestenfalls angefügt wird, verfälscht von vornherein die Sachen selbst. Was so nämlich verdeckt bleibt, ist die Differenz von *Gegenstand* und *Bedeutung*, von dem, *was* gemeint ist, und der Art und Weise, *wie* es gemeint ist. Nicht umsonst beginnt Husserl in seiner I. Logischen Untersuchung mit einer Bedeutungslehre. Im Rückgriff auf Platons λόγος τινός und in Anknüpfung an Freges Unterscheidung von Sinn und Bedeutung zeigt er, daß jeder Ausdruck sein Was und sein Worüber hat[17]. Immer, auch schon in der schlichten Wahrnehmung, ist etwas *als* etwas gemeint. Das Dritte, das als Bedeutung oder Sinn zwischen Akt und Gegenstand vermittelt, ist objektiv und subjektiv zugleich, objektiv, sofern es einen Aspekt der Sache meint und über die individuelle Situation hinausweist, subjektiv, sofern immer jemand im Spiel ist, der die Sache gerade so und nicht anders meint, sie aber auch anders meinen könnte[18]. Die Bedeu-

---

[16] Scheler nimmt zwar häufig Bezug auf wissenschaftliche Empirie und Geschichte, doch das findet, soweit wir sehen, keinen Niederschlag in seiner philosophischen Methode.

[17] Vgl. *Logische Untersuchungen* II/1, S. 46.

[18] Vgl. *Cart. Meditationen*, S. 82: In aller Intentionalität haben wir ein „Ich kann und ich tue, bzw. ein Ich kann anders als ich tue".

tungslehre gehört von Anfang an zum Grundstock der Phänomenologie, darin fundamentaler noch als die Unterscheidung von
Wesen und Tatsache, und sie ist es auch, die die Wesenheiten aus
einer anfänglichen Erstarrung löst und die Wesenslehre in Bewegung hält.

Im Lichte der signifikativen Differenz des „Etwas als etwas"
gewinnt die eidetische Differenz von Tatsache und Wesen deut-
lichere Konturen. Während wir in der *empirischen* Einstellung
jeweils etwas Gegebenes (Dies-da) als etwas (z.B. als ein Bild) setzen
und auffassen, setzen wir in der *eidetischen* Einstellung dieses Als,
den allgemeinen Sinn für sich und explizieren ihn (z.B. als das
Bild überhaupt). Die Frage nach dem Wesen ist ein potenziertes
Fragen, fundiert in der empirischen Befragung eines Dies-da. Das
Problem der Abgeschlossenheit der Wesenserkenntnis hängt nun
unmittelbar zusammen mit der Differenz von Bedeutung und
Gegenstand. Denn abgeschlossen ist eine Erkenntnis, wenn ich
das Gegebene ganz und gar so meine, wie es gegeben ist, und
wenn das Gemeinte ganz und gar so gegeben ist, wie ich es meine,
wenn also *Gemeintes* und *Gegebenes* völlig zur Deckung kommen.
Eine solche Erkenntnis ist sowohl vollständig wie endgültig; mit
Husserl zu reden, handelt es sich um eine adäquate und apodiktische Evidenz. Beides hängt zusammen; denn nur, wenn das Gemeinte nicht völlig als es selbst da ist oder das Gegebene das
Gemeinte überragt, öffnet sich ein Spalt, der den Irrtum einläßt.
Die Frage lautet also: Kann es für uns eine Wesenserkenntnis
geben, die Gemeintes und Gegebenes völlig zur Deckung bringt,
oder zeigt sich auch hier, nicht nur in der Erfahrung, eine unaufhebbare Inadäquatheit? Ist die Wesenserkenntnis „gleichsam die
Einlösung aller Wechsel, welche die sonstige ,Erfahrung' zieht"[19],
oder läßt auch sie noch etwas offen?

Wir betrachten die Wesenserkenntnis zunächst in sich selbst,
dann in Bezug auf die fundierende Erfahrung; dem einen entspricht eine mögliche innere, dem andern eine mögliche äußere
Abgeschlossenheit.

Angenommen, wir fragen, was Freiheit, Staat, Sprache, Zeit,
Farbe überhaupt ist, so müßte sich die jeweilige Frageintention
restlos erfüllen in der Anschauung der gemeinten Wesenheit.
Bringen wir demgegenüber eine Inadäquation ins Spiel, so kann

---

[19] Scheler, *Der Formalismus in der Ethik*, S. 70.

es nicht die der gewöhnlichen Erfahrung sein. Diese ist deshalb
unabgeschlossen, weil alles Innerweltliche und somit auch die
Welt im ganzen einseitig gegeben ist, bezogen auf einen leiblichen
Standort; insofern überschreitet jede Wahrnehmung und Be-
strebung das Gegebene und bewegt sich in einem Feld der Wahr-
scheinlichkeit. Diese Relativität entfällt in der Erkenntnis von
Wesenheiten, da diese nicht an die jeweilige Situation gebunden
sind. Wollten wir auch sie gänzlich dem Wechsel der Erfahrung
ausliefern, so gerieten wir in die Aporien des Empirismus; selbst
die Endlichkeit der Erfahrung ließe sich nicht definitiv behaupten, unsere Theorie fiele in Nichts zusammen. Was für eine Inadäquation bleibt dann noch? Wir erinnern daran, daß Wesenheiten
nicht einfach vorkommen, sondern im Prozeß einer Vergegenständlichung als solche gesetzt werden. Diese Thematisierung
schließt ein, daß das Vergegenständlichte zuvor schon unthema-
tisch da ist, und zwar nicht als höhere Wirklichkeit, die in sich
steht, sondern als „Regelstruktur“, die in der Erfahrung fungiert
und verhindert, daß Erkennen und Handeln im Chaos enden[20].
Es ergibt sich eine Differenz zwischen *implizit* und *explizit* gemeintem, zwischen *fungierend* mitgegebenem und *thematisch* gegebenem Wesen. Zwischen beidem vermittelt ein *Prozeß anschau-
licher Klärung*, der uns der Sache annähert. Die Evidenz, in der
die Sache selbst da ist, ist ein „Endmodus“, Resultat, nicht
schlichter Anfang[21].

Nun wird man einwenden, ein Prozeß mag die Wesenserkenntnis sein, doch eben ein abschließbarer; die Inadäquatheit ist zufällig und vorläufig. Da aber auch hier die Differenz von Bedeutung und Gegenstand in Geltung ist und Wesenserkenntnis kein
reines Schauen, sondern zugleich denkendes Meinen und Bestimmen besagt, genügt es nicht, daß die Sache selbst da ist, sie muß
als sie selbst gemeint und expliziert sein, und zwar in *erschöpfen-
der* und *eindeutiger* Bestimmtheit, sonst bliebe ein Rest. Diese
innere Abgeschlossenheit würde die Wesenserkenntnis in der Tat

---

[20] Vgl. *Cart. Meditationen*, S. 90, außerdem *Ideen* I, S. 49: Wir „operieren“ im
Denken immer schon mit Ideen und Wesen, so auch die Wissenschaften (ebd. §§ 25,
26). Zur Differenz von fungierenden und gegebenen Wesenheiten vgl. auch Scheler,
Der Formalismus in der Ethik, S. 71.

[21] Vgl. *Cart. Meditationen*, S. 92; Scheler insistiert allzu einseitig auf dem unmittelbaren, „asymbolischen“ Charakter der Wesensschau (a.a.O. S. 68, 70), er nimmt eine
„falsche Finalität“ in Anspruch (vgl. H. Kuhn, *Traktat über die Methode der Philosophie*, München 1966, S. 43 ff.).

auch nach *außen* absichern gegen jeden möglichen Einspruch der
Erfahrung. Der Prozeß höbe sich am Ende selbst auf, da alle
Voraussetzungen eingeholt wären in der vollendeten Erkenntnis.
Freilich gilt dies nur, wenn die Wesenserkenntnis von Anfang bis
Ende reine Wesenserkenntnis ist und keine kontingenten Voraus-
setzungen in sie einfließen. Damit kommen wir zum entscheiden-
den Punkt unserer Kritik.

Daß die Wesensanschauung ausgeht von einer exemplarischen
sinnlichen Anschauung und letzten Endes zurückverweist auf die
Wahrnehmung als die originäre Form sinnlicher Anschauung,
wird auch von den Verfechtern einer reinen Wesenserkenntnis
zugestanden. Doch das ist nicht alles, die *Ausgangswahrneh-
mung*[22] ist immer auch schon verstandene und interpretierte
Wahrnehmung, die eine *Ausgangsmeinung* in sich schließt; das
Wahrgenommene ist nicht einfach da, sondern in bestimmtem
Sinne gemeint. Fragen wir etwa, was das Bild, der Staat, das
Blau überhaupt ist, so setzt das nicht bloß voraus, daß wir ein
Bild, einen Staat, ein Blau vorstellen und erfahren, sondern daß
wir etwas *als* Bild, Staat, Blau auffassen und ansprechen[23]. Eine
bloß gegebene Tatsache ließe sich allenfalls neutralisieren, da sie
in eidetischer Einstellung zu einem beliebigen Ausgangsbeispiel
oder Anwendungsfall würde. Die Bedeutung oder der Sinn, in
dem das Gegebene gemeint ist, geht dagegen in die Frage nach
dem Wesen und in die Explikation mit ein, und zwar als ein
kontingenter Faktor. Denn die Bedeutung ist zwar nicht beliebig,
da sie der Sache entsprechen muß, sie ist aber auch nicht notwendig, da wir auf verschiedene Weise der Sache entsprechen
können; die Sache stellt sich dar in einer *Bedeutungsperspektive*,
bestimmte Interessen und Bedürfnisse sind jeweils mit im Spiel.

Wir sehen uns verwiesen auf eine Vorleistung der Sprache, in
der sich unser weltlich-soziales Bemerken und Wirken vorweg
schon artikuliert, noch bevor die Frage nach dem Wesen von etwas einsetzt. Die Frage nach dem Staat schließt ein, daß die alte
societas civilis sich im 18. Jh. allmählich in Gesellschaft und
Staat aussonderte. Empfindung, Wert, Begriff lassen sich nicht
zu reinen Essenzen läutern, ihnen haftet eine teils fragwürdige

---

[22] Vgl. *Ideen* III, S. 31; entsprechend wäre eine „Ausgangshandlung" anzusetzen.
[23] Diese Stufe wird übersprungen, wenn man „Sinn" einfach mit „Wesen" gleichsetzt .Vgl. auch Heideggers Analyse der Als-Struktur in *Sein und Zeit*, §§ 32, 33.

Geschichte an. Selbst alltägliche Phänomene wie die Farben sind nicht einfach da; es gibt Sprachen, in der die Farbskala nicht nur reicher oder ärmer, sondern auch anders gegliedert wird[24]. Wittgensteins Rückführung aller identischen Gemeinsamkeiten auf sich überkreuzende „Familienähnlichkeiten" mag zu weit gehen, immerhin macht sie deutlich, daß die Wirklichkeit sich vielfältiger auffassen läßt, als es faktisch geschieht. Sprach- und Bedeutungsanalyse, wie Philosophie der Normalsprache und Hermeneutik sie betreiben, und eine Gesellschaftsanalyse, wie Marx sie angeregt hat, erschöpfen sich nicht in einer propädeutischen Funktion für eine definitive Wesenserkenntnis[25]; denn die sprachlich artikulierte Lebenspraxis ist *ständiger* Ausgangspunkt und Medium der sachlichen Klärung, wenn nicht explizit, dann implizit. Lassen wir das außer acht, so laufen wir Gefahr, bestimmte Sprach- und Lebensformen mit ihren Zufälligkeiten und Unstimmigkeiten zu idealisieren und zu sanktionieren.

Die *Ideation*, in der wir Ideelles ins Auge fassen, weist also zurück auf eine *Idealisierung*, die bereits innerhalb der weltlich-sozialen Erfahrung einsetzt und eine Richtung nimmt, die nicht eindeutig festliegt. Die Wesenserkenntnis ist nicht abschließbar, weil sie von Anfang an keine reine Wesenserkenntnis ist, abgeschieden von allem Faktischen. Als Explikation dessen, was zunächst implizit da ist, ist sie ein *Prozeß*, als faktisch bestimmte Explikation ist sie ein *offener Prozeß*, der den Reichtum der Erfahrung filtert, nicht ausschöpft. Die Anstöße, die von der Erfahrung ausgehen, lassen sich nicht ein für allemal abfangen.

In einer verabsolutierten Eidetik verkümmert das Wirkliche zu bloßen Fällen festliegender Wesensgesetzlichkeiten. Die Aporien des Essentialismus verlangen nach der Theorie einer offenen Erfahrung, in der nicht nur Neues auftritt, sondern auch Neuartiges.

---

[24] Vgl. A. Martinet, *Grundzüge der Allgemeinen Sprachwissenschaft*, Stuttgart 1963, S. 20.

[25] Vgl. etwa *Ideen* III, §§ 19, 20; diese einseitige Blickrichtung hat Husserl, soweit ich sehe, auch später nicht grundlegend geändert. Für einen Autor wie Reinach ist die Bedeutungsanalyse vollends fakultativ; er weist mit Recht darauf hin, daß hierbei historisch gesehen der Schritt von Sokrates zu Platon aufschlußreich ist (*Was ist Phänomenologie*, S. 50 f.).

III

Im Ausblick nach einer solchen Theorie greifen wir zurück auf die Differenz von Bedeutung und Gegenstand; angewandt auf die Erfahrung ist es die Differenz von Sinn und Wirklichkeit. Immerzu meinen wir etwas, das uns gegeben ist, als etwas. Abgeschlossen wäre eine Erkenntnis, wenn die Differenz verschwände in der völligen Deckung von Gemeintem und Gegebenem, in der restlosen adaequatio intellectus ac rei; entsprechendes gilt für die Praxis[26]. Offenheit besagt demgegenüber eine *doppelte Inadäquation*; wirklich Gegebenes und ausdrücklich Gemeintes bleiben hinter einander zurück. Positiv gewendet handelt es sich um einen *wechselseitigen Überschuß*; wir meinen mehr, als uns wirklich gegeben ist, uns ist mehr gegeben, als wir ausdrücklich meinen. Im einen Fall sprechen wir mit Husserl von „*Mehrmeinung*"[27], im andern Fall über Husserl hinaus von einer *Überfülle* des Gegebenen.

Die Doppelheit der Inadäquation manifestiert sich in zwei gegenläufigen Fragebewegungen; gemäß der alten, neu zu interpretierenden Formel entspricht die eine der adaequatio intellectus ad rem, die andere der adaequatio rei ad intellectum[28]. Einmal fragen wir: Ist dies ein Mensch, eine Empfindung, ein Ventil, ein Barockbild, ein Krieg, ist dies eßbar, haltbar, erreichbar, sind diese Wörter verwandt usf. Der Akzent liegt auf der *Vormeinung*, in der wir Wirkliches antizipieren, angewiesen darauf, daß das Gegebene sie erfüllt oder enttäuscht. Das andre Mal fragen wir: Was ist das, was uns da begegnet, wie ist es geartet, wozu taugt es usf. Hier liegt der Akzent auf dem *Vorgegebenen*, das sich uns aufdrängt, angelegt darauf, daß wir es verstehen[29]. Die erste Bewegung zielt ab auf eine größere *Fülle* des Gegebenen, die zweite

---

[26] Vgl. dazu Husserls Bestimmung der Wahrheit in der VI. *Log. Untersuchung*, 5. Kap., besonders die 2. Bestimmung der Wahrheit als „Idee der absoluten Adäquation als solcher" (S. 123).

[27] Vgl. *Cart. Meditationen*, S. 84.

[28] Vgl. *Log. Untersuchungen* II/2, S. 123: die 3. und 4. Bestimmung der Wahrheit; vgl. dazu die eingehende Interpretation von E. Tugendhat, *Der Wahrheitsbegriff bei Husserl und Heidegger*, Berlin ²1970, I. Teil; das Gefälle zwischen den beiden Bestimmungen ist hier eines der Hauptthemen.

[29] Vgl. hierzu Scheler, *Der Formalismus in der Ethik*, S. 158 f.; die „Auffälligkeit", von der die Rede ist als von einem „objektiven Faktor", hat aber ebenso ein subjektives Moment wie die Bedeutung ein objektives.

auf eine größere *Bestimmtheit* des Sinnes. In ihrer Gegenläufigkeit überkreuzen sich beide. Der eigentlich fruchtbare Augenblick ist nun jener, in dem die erste Bewegung in die zweite umschlägt, da hier Neues mit Altem kontrastiert. Solange wir fragen, ob dies ein Mensch oder eine Empfindung ist, halten wir uns an Vorbegriffe und Vorurteile, die sich mehr oder weniger bewährt haben; das Bewährte ist das Alte, Bekannte. In der graduellen Erfüllung der Vormeinung kommt es zwar zu einer *Näherbestimmung* und Differenzierung des gemeinten Sinnes (z.B. diese Empfindung ist eine Organempfindung), nicht aber zu einer *Umbestimmung* und Korrektur. Dazu bedarf es der Enttäuschung, in der die Bekanntheitsstruktur durch das Gegebene gesprengt wird und *Neues*, Überraschendes, Unbekanntes sich zeigt[30]. Das Neue kann nun sogleich wieder eingefangen werden, indem die unpassende Kategorie durch eine andere, ebenfalls bereitliegende ersetzt wird (z.B. dies ist keine Empfindung, sondern eine dingliche Qualität); immer noch wird das Neue subsumiert. Als *Neuartiges* tritt es erst in Erscheinung, wenn alle Vormeinungen sich als unangemessen erweisen und das Gegebene uns auffordert, Begriffe nicht nur anzuwenden, sondern neu zu finden und vielleicht die Frageweise zu ändern[31]. Was ist das eigentlich? Eine solche Frage führt am Ende in eine Aporie, eine Ratlosigkeit, die uns die Sprache verschlägt; aus den sokratischen Dialogen ist uns die Situation vertraut[32]. Die Versuchung ist groß, ihr auszuweichen durch die Flucht ins Altvertraute. Doch indem man einer Umstrukturierung der Erfahrung aus dem Wege geht, verschließt man sich ihren weiteren Möglichkeiten; Worte, Begriffe, Methoden werden zum Fetisch, der Dialog mit der Wirklichkeit gerät ins Stocken.

Wird dagegen die Erfahrung in der Inadäquation von Sinn und Wirklichkeit, von Meinung und Gegebenheit ihrer Eigenbewegung überlassen, so stellt sie sich dar als *offene Dialektik*. Von Dialektik sprechen wir, sofern die genannten Momente einander

---

[30] Zur Bedeutung der negativen, Erfahrung, die man „macht", vgl. Gadamer, *Wahrheit und Methode*, Tübingen ²1965, S. 335 f.

[31] Theoretiker einer wissenschaftlichen Erklärung sind allzu schnell geneigt, die Heuristik in die Psychologie zu verweisen, weil es ihnen einzig auf das Funktionieren der Forschung ankommt (vgl. z.B. K. Popper, *Logik der Forschung*, Tübingen ³1969, S, 6 f.).

[32] Platons Lehre von der Anamnesis löst das Problem wohl doch zu einseitig auf (vgl. dazu meine Studie: *Das sokratische Fragen. Aporie, Elenchos, Anamnesis*, Meisenheim 1961).

bedingen und fordern. Die Inadäquation bedeutet eine Inadäquation in der Adäquation, nämlich eine partielle Deckung von Gemeintem und Gegebenem; damit ist ein Kernbereich dem Zweifel
entrückt[33]. Die totale Dissoziation von Sinn und Wirklichkeit ist
überhaupt nur als Grenzfall denkbar. Annähern kann sich der
Sinn einem leeren *Formalismus*, die Wirklichkeit einem unver-
ständlichen *Chaos*. Doch ein Sinn, der nicht wenigstens indirekt
etwas meint, wandelt sich selbst in ein faktisches Gebilde, in ein
Wortgeräusch; eine Wirklichkeit, die in keiner Weise *als etwas*
auffaßbar ist, schlägt um in eine pure Gedankenkonstruktion.
Jeder Sinn ist wenigstens an eine residuelle Wirklichkeit gebunden, jedes Wirkliche hat zumindest einen inchoativen Sinn. Diese
Dialektik findet keinen Abschluß wegen ihres kontingenten An-
fangs, der sich in jeder Frage kundtut. Unsere Intentionen lassen
immer etwas offen, weil sie durch das Gegebene nur partiell erfüllt und bestätigt werden; das Gegebene läßt etwas offen, weil es
durch unsere Intentionen nur partiell bestimmt und ausgeschöpft
wird. Das ausdrücklich Gemeinte hat seine Horizonte des Mitgemeinten und Meinbaren, das wirklich Gegebene seine Horizonte
des Mitgegebenen und Gebbaren. In dieser offenen Bestimmtheit
und bestimmten Offenheit liegt die Andeutung eines Ganzen, das
nie fertig da ist[34]. Das bewegende Moment der offenen Dialektik
ist die Vieldeutigkeit der Wirklichkeit, ihre Ambiguität, wie
Merleau-Ponty sagt, die jeweils bestimmte Antworten nahelegt,
manche ausschließt, aber keine erzwingt. Die Wahrheit als dop-
pelseitige Adäquation braucht nicht durch eine höhere Form der
Wahrheit überboten zu werden; ihre eigene Inadäquation hält sie
lebendig. Das Mehr wohnt der Sache selbst inne, die sich zeigt,
aber nie völlig, die sich bestimmt, aber nie endgültig. Eine Wahrheit, die der Erfahrung abgewonnen wird, hat als Wahrheit ihre
Horizonte[35].

Diese offene Dialektik der Erfahrung kommt weder im Empirismus noch im Essentialismus zu ihrem Recht. Der sensualisti-

---

[33] Insofern kann Husserl eine apodiktische Evidenz statuieren, die nicht adäquat ist
(*Cart. Meditationen*, § 9); der „Kern" von adäquat Erfahrenem ist kein fixes Datum
wegen des „notwendig Mitgemeinten".

[34] Vgl. *Cart. Meditationen*, § 19.

[35] Vgl. Husserls Konzeption einer „lebendigen Wahrheit", die sich absetzt gegen den
„verkehrten skeptischen Relativismus" und gegen den „verkehrten logischen Abso-
lutismus" (*Formale und transzendentale Logik*, § 105).

sche Empirismus läßt die Bedeutung der Wirklichkeit aufgehen in den sinnlichen Gegebenheiten, der linguistische Empirismus in den faktischen Strukturen einer vorgefundenen Normalsprache oder einer konstruierten Idealsprache. Der *Überschuß an Idealität*, der jede Intention über das Gegebene hinaustreibt, geht verloren; die offene Dialektik löst sich auf in ein faktisches Geschehen, das sich der vernünftigen Legitimation entzieht. Die Philosophie selbst wird hörig. Der Essentialismus pocht dagegen auf einer philosophischen Autarkie, indem er faktisch gefundene Bedeutungen läutert zu reinen Wesenheiten. Verdrängt wird der *Überschuß an Realität*, der jede Intention hinter dem Gegebenen zurückbleiben läßt; es schwindet die „Reibung" mit der Wirklichkeit[36]. Wenn wir die Frage nach dem Wesen anerkennen, so nur unter Vorbehalt. Das Wesen läßt sich nicht in Anspruch nehmen als höhere Unmittelbarkeit, sondern nur als kritische Instanz, die uns vor der Verabsolutierung faktischer Gegebenheiten und Prozesse bewahrt. Das Ideelle ist unserm faktischen Reden und Tun sowohl transzendent wie immanent[37].

An der Verabsolutierung der Eidetik in der Phänomenologie ist Husserl nicht schuldlos. Die wechselseitige Inadäquation von Bedeutung und Gegenstand wird von ihm nicht konsequent genug entwickelt; er betont von Anfang an das Zurückbleiben des Gegebenen hinter unsern Intentionen, weniger dagegen das Zurückbleiben unserer Intentionen hinter dem Gegebenen. Daher gelangt er vorschnell zu eindeutigen, idealen Bedeutungen, die eine reine Wesenslehre gewährleisten. Zwar wird das Verhältnis von Wesen und Tatsache später deutlich revidiert. Welt, Ich und Wir entziehen sich dieser Dichotomie, denn sie sind keine beliebigen Varianten invarianter Strukturen, sondern privilegiert in ihrer Einzigkeit als *wirkliche* Voraussetzung aller Wesenserkenntnis[38]. Doch da die kontingenten Ausgangserfahrungen nicht streng genug gefaßt werden als kontingent *interpretierte* Erfahrungen, bleibt die Offenheit der Wesenserkenntnis allzu be-

---

[36] Vgl. Wittgenstein, *Philosophische Untersuchungen*, 107.

[37] Vgl. Merleau-Ponty, *Signes*, Paris 1960, S. 104: „Ce que nous *voulons dire* n'est pas devant nous, hors de toute parole, comme une pure signification. Ce n'est que l'excès de ce que nous vivons sur ce qui a été déjà dit".

[38] Hierzu finden sich zahlreiche Äußerungen in Husserls Nachlaß, vgl. meinen Aufsatz: „Weltliche und soziale Einzigkeit bei Husserl", in: *Zeitschrift für philosophische Forschung* 25, 1971, S. 157-171.

schränkt. Die Idealisierung stellt sich dar als eindeutige γένεσις εἰς οὐσίαν, als Teleologie, in der die Vieldeutigkeit der geschichtlichen Erfahrung nicht zu ihrem Recht kommt. Auch so freilich ist die Eidetik für Husserl nicht mehr das Ziel, sondern Mittel und Werkzeug für die Erkenntnis des Faktischen, dem unser Interesse gilt. Die Gleichsetzung von Phänomenologie und Wesenslehre wird aufgegeben[39].

Diese Verlagerung des Schwerpunktes innerhalb der Husserlschen Phänomenologie deutet hin auf eine Theorie der offenen Erfahrung, wie wir sie zu skizzieren versuchten. Erfahrung meint hier eine Sphäre *impliziter Vernunft*, in der Realität und Idealität sich durchdringen, ohne sich völlig zu decken. ,,Es genügt nicht, daß der Gedanke zur Verwirklichung drängt, die Wirklichkeit muß sich selbst zum Gedanken drängen‘‘, heißt es bei Marx. Wird der Versuch gemacht, diesen zweiseitigen Prozeß ein für allemal ans Ziel zu bringen im prätendierten Zusammenfall von Vernunft und Wirklichkeit, ,,wo die Erscheinung dem Wesen gleich wird‘‘[40], so kommt die Dialektik abermals zum Stillstand. Die offene Dialektik der Erfahrung hingegen zeigt Züge eines Dialogs. Wir sind der Wirklichkeit nicht völlig ausgeliefert, können sie aber ebensowenig in unsere Vorstellungen und Vorhaben einzwängen und dingfest machen.

---

[39] Vgl. *Erste Philosophie*, I, Den Haag 1956 (Huss. VII), S. 258, *Die Krisis der europäischen Wissenschaften und die transzendentale Phänomenologie*, Den Haag 1954 (Huss. VI), S. 400, dazu die Interpretation von L. Landgrebe, *Der Weg der Phänomenologie*, Gütersloh 1963, Kap. VIII.

[40] Hegel, *Phänomenologie des Geistes*, ed. Hoffmeister, Hamburg 1952, S. 75.

Josef Seifert

ÜBER DIE MÖGLICHKEIT EINER METAPHYSIK

Die Antwort der „Münchener Phänomenologen"
auf E. Husserls Transzendentalphilosophie

Einer der Hauptanziehungspunkte in Husserls *Logischen Unter-*
suchungen für die Studenten, die aus München nach Göttingen
gingen, war die entschiedene Abkehr Husserls von jeder Art von
Relativismus. So schrieb Husserl über den „spezifischen Relativismus", der die Wahrheit zwar nicht vom individuellen Menschen, wohl aber von der Gattung Mensch abhängig machen will:
„Der specifische Relativismus stellt die Behauptung auf: Wahr
ist für jede Species urtheilender Wesen, was nach ihrer Consti-
tution, nach ihren Denkgesetzen als wahr zu gelten habe. Diese
Lehre ist widersinnig. Denn es liegt in ihrem Sinne, daß derselbe
Urtheilsinhalt (Satz) für den Einen, nämlich für ein Subject der
Species *homo*, wahr, für einen anderen, nämlich für ein Subject
einer anders constituierten Species, falsch sein kann... ‚Wahrheit für die oder jene Species' ... ist ... eine widersinnige Rede... Was wahr ist, ist absolut, ist ‚an sich' wahr; die Wahrheit
ist identisch Eine, ob sie Menschen oder Unmenschen, Engel oder
Götter urtheilend erfassen"[1].

In ebenderselben Weise wie Husserl die Absolutheit der Wahrheit herausarbeitete, hat er auch die spezifischen Gegenstände
philosophischer Erkenntnis, nämlich die notwendigen Wesensgesetze, etwa die obersten logischen Grundsätze, als unabhängig
von jedem denkenden Bewußtsein aufgewiesen. So schreibt er in
bezug auf das Widerspruchsprinzip: „Es spricht eben nicht von
dem Kampfe contradictorischer Urtheile, dieser zeitlichen real
so und so bestimmten Acte, sondern von der gesetzlichen Unver-

---

[1] *Logische Untersuchungen*, Halle a.d.S. 1900, Bd. I, S. 117.

träglichkeit unzeitlicher, idealer Einheiten, die wir contradictorische Sätze nennen. Die Wahrheit, daß in einem Paar solcher Sätze nicht beide wahr sind, enthält nicht den Schatten einer empirischen Behauptung über irgendein Bewußtsein und seine Urtheilsacte"[2].

Schließlich hat Husserl durch eine weitere Einsicht den psychologistischen und transzendentalistischen Relativismus vollkommen überwunden: ,,Und dementsprechend haben wir auch die Einsicht, daß Niemandes Einsicht mit der unsrigen – wofern die eine und andere wirklich Einsicht ist – streiten kann... Denn wie es selbstverständlich ist, daß, wo nichts ist, auch nichts zu sehen ist, so ist es nicht minder selbstverständlich, daß es, wo keine Wahrheit ist, auch kein als wahr Einsehen geben kann, m.a.W. keine Evidenz"[3]. Unbegreiflicherweise hat Husserl später in den entscheidenden Punkten genau das Gegenteil behauptet: Die Wahrheit, die notwendigen Wesensgesetze, deren *völlige* Unabhängigkeit von unserem Bewußtsein – auch von einem ,,reinen", ,,transzendentalen"[4] – er früher betont hatte, nennt er nun ,,durch spezifische Ichakte" konstituiert, ,,Vernunfterzeugnisse, die insgesamt den Charakter der Irrealität haben"[5]. Und Husserl geht noch weiter: ,,So geht also in der Tat dem natürlichen Sein der Welt ... voran als *an sich früheres Sein* das des reinen ego und seiner cogitationes"[6].

,,Die objektive Welt, die für mich ist, die für mich je war und sein wird, je sein kann mit all ihren Objekten, schöpft ... ihren ganzen Sinn und ihre Seinsgeltung, die sie jeweils für mich hat, aus mir selbst, aus mir als dem transzendentalen Ich"[7].

Ja, nach Husserl ist dieses mein Ich, in dessen immanenter

[2] Ebd., I, S. 97.
[3] Ebd., I, S. 191.
[4] Vgl. *Logische Untersuchungen*, Tübingen [5]1968, Bd.I, S. 93: ,,so wird man kaum umhin können, die Langesche Stellung wieder als einen Psychologismus zu klassifizieren, nur von einem anderen Genus, unter welches auch Kants formaler Idealismus... gehören". Daß Husserl in der ersten Auflage der *Logischen Untersuchungen* die Unabhängigkeit der Wahrheit und notwendigen Wesensgesetze von jedem – auch transzendentalen – Bewußtsein betont und dies erst später ausdrücklich zurückgenommen, also das kontradiktorische Gegenteil von seinen früheren Äußerungen behauptet hat, geht eindeutig auch aus folgenden Stellen hervor: Ebd., S. 100f., S. 116ff., S. 123, S. 151ff. Ebenfalls aus den Stellen: Ebd. Bd. II, S. 1. S. 359ff., bes. S. 361.
[5] *Cartesianische Meditationen*, Den Haag [2]1963 (Husserliana I), S. 111.
[6] Ebd., S. 61. (Hervorgehoben vom Verfasser).
[7] Ebd., S. 65.

Geisttätigkeit, wie er sagt, auch alle anderen Menschen, alles, was mir „transzendent" ist, gründe, das *"an sich erste Sein"*[8]. Alle Gegenstände überhaupt, sogar Gott, werden nach Husserl in meinen subjektiven Denkoperationen geschaffen bzw. konstiuiert.

Bevor wir erklären, warum und inwieferne „Konstitution" im Sinne Husserls mit „Schöpfung" identifiziert werden kann, müssen wenigstens andeutungsweise die mit den Ausdrücken „Konstituieren" und „Schaffen" zu verstehenden „Sachen" geklärt werden:

„Schaffen" kann zunächst in einem real-ontologischen Sinn verstanden werden. Es ist damit dann eine bewußte Tätigkeit einer Person gemeint, durch die einem Seienden zu einer bestimmten Zeit die ihm wesensmäßig eigene Realitätsform verliehen wird, so daß das Geschaffene vom Augenblick der Schöpfung an an sich existiert. Das geschaffene Seiende ist auch immer vom Schaffen bzw. vom Schöpfer verschieden. So schafft ein Künstler eine Statue, wenn er zunächst den Gegenstand künstlerischer Erfindung und dann die real in einem bestimmten Material gestaltete Statue hervorbringt. In diesem Sinne von Schaffen ist für jedes menschliche Schaffen *erstens* immer ein nicht vom Menschen geschaffenes Material sowie nicht geschaffene Sinngesetze vorausgesetzt. *Zweitens* können auch im eingeschränkten Sinn viele Wirklichkeiten, wie Sterne, Pflanzen, Tiere, Personen u.a. wesenhaft nie von einem Menschen im real-ontologischen Sinn geschaffen werden. *Drittens* können viele Wirklichkeiten überhaupt nie geschaffen werden, wie Wahrheit, Wesensgesetze, Gott. Sie sind im real-ontologischen Sinn des Wortes „unschaffbar".

„Schaffen "kann aber auch in einem ganz anderen Sinn verstanden werden. Dann wird eine Tätigkeit des Subjekts darunter verstanden, die gerade im Gegensatz dazu steht, einem anderen Seienden eine ihm selbst eigene, transzendente, ihm an sich zukommende Existenz zu verleihen. Man meint dann vielmehr mit „Schöpfungen" etwas, was nur als Gegenstand von bewußten Akten und nur „für sie" Bestand hat, also in seinem „Gegen-

---

[8] Vgl. ebd., S. 182 (hervorgehoben vom Verfasser). Zwar spricht Husserl hier von der „transzendentalen Intersubjektivität" als dem „an sich ersten Sein", aber auch diese schöpft ja, wie aus der gerade vorher zitierten Stelle erhellt, bloß „aus mir selbst" ihr Sein und ihren Sinn, sodaß von einer echten Überwindung des Solipsimus bei Husserl keine Rede sein kann, wie ich an anderer Stelle auszuführen suchte. Vgl. J. Seifert: Kritik am Relativismus und Immanentismus in E. Husserls „Cartesianischen Meditationen", in: *Salzburger Jahrbuch für Philosophie XIV*, 1970, S. 104ff.

standsein für ein Bewußtsein" aufgeht. Wenn dies nicht in einzelnen, empirisch-psychischen Akten eines Subjekts, sondern
nach einer behaupteten allgemeinen, notwendigen und nicht bewußt erlebten Gesetzlichkeit und vor allem nicht in Konfrontation mit einer von uns nicht geschaffenen und uns bekannten
„Welt an sich", sondern „absolut" vor sich geht, nennt man ein
solches Schaffen „transzendental". Dabei handelt es sich nicht
um eine Urgegebenheit, sondern um die Frucht einer Konstruktion.
Ausschließlich im „transzendentalen" Sinn kann Husserls „Konstitution" als „Schöpfung" bezeichnet werden.

„Konstituieren" kann ebenfalls im ontologisch-realen Sinn
verstanden werden. So wird „Konstitution" etwa von H. E.
Hengstenberg verstanden. In diesem Sinn könnte man sagen, daß
die Freiheit einer Person und ihre freie Stellungnahme zusammen
mit anderen Momenten das sittliche Sein einer Person „konstituieren". In diesem real-ontologischen Sinn ist für „Konstitution" erstens entscheidend, daß sie in einem „Sein an sich" real
wird bzw. in ihm gründet, in einem Sein, das gerade nicht im
„Gedachtwerden durch ein Bewußtsein" aufgeht.

Zweitens setzt diese ontologische Konstitution wesenhaft ein
nicht konstituiertes Sein voraus, worauf noch einzugehen sein
wird. Drittens besitzt das Konstituierte keineswegs eine solche
„Unabhängigkeit" gegenüber den konstituierenden Faktoren wie
das Geschaffene vom Schöpfer. Viertens ist Konstituieren nicht,
wie schaffen, wesenhaft ein personaler Akt.

Transzendentale „Konstitution" hingegen meint ein Hervorbringen und Begründen nicht eines an sich Seienden, sondern
eines Gegenstandes, der ausschließlich im Gegenstandsein *für* bewußte Akte seinen Bestand hat, keine davon unabhängige Existenz besitzt. Die „transzendentale Konstitution" schließt also die
ontologische innerhalb einer an sich realen Welt aus, indem sie
erklärt: Es gibt keine an sich seiende, reale Welt, sondern nur eine
aus den eigenen – transzendentalen – Bewußtseinsakten ihre Geltung schöpfende und *für* sie geltende. Eine ontologisch-reale,
nicht im Gegenstandsein für ein Bewußtsein aufgehende Welt
scheint Husserl ja gerade als Widersinn.

Wie wir sehen werden, setzt die transzendentale „Konstitution", soferne man sie fiktiv ansetzen will, noch mehr als die onto-

logische ein nicht-konstituiertes Sein voraus, und hier von einer „Selbstkonstitution" zu sprechen, wie Husserl es tut, wird sich als völlig unhaltbar erweisen. Ein im real-ontologischen Sinn in keiner Weise durch ein anderes konstituiertes oder geschaffenes Sein ist ferner ausschließlich im absoluten Sein vorausgesetzt, ein im transzendentalen Sinn des Wortes nicht konstituiertes Sein ist hingegen in jedem bewußten Subjekt, in all jenen Sachverhalten und Wirklichkeiten, die wesenhaft nicht in ihrem Objektsein für einen Geist aufgehen können, vorausgesetzt[9].

Im real-ontologischen Sinn kann von Konstitution durch eine menschliche Person nur „innerhalb dieser selbst" gesprochen werden, in einem analogen Sinn können Menschen eine Gemeinschaft real „konstituieren". Niemals aber könnten je andere Personen, Substanzen, etc. von dem menschlichen Bewußtsein im real-ontologischen Sinn konstituiert werden. Erst recht können niemals zeitlose Wirklichkeiten wie Wahrheit, Wesensgesetze allgemeiner Art etc. vom menschlichen Bewußtsein konstituiert werden, sondern diese zeitlosen Wirklichkeiten können höchstens in einem realiter ewig-zeitlosen, göttlichen Wesen gründen.

Wenn aber, wie aus den Texten eindeutig hervorgeht, Husserl angesichts dieser Wirklichkeiten von einer „transzendentalen Konstitution" spricht, so ist dies zwar nicht so unsinnig, wie von einer realen Konstitution der Welt durch das menschliche Bewußtsein zu sprechen, aber noch destruktiver. Denn durch eine reale Schöpfung der Welt durch Gott oder durch eine reale Konstitution von Wesensgesetzen in Gott wird dem Sinn der Welt und ihrer Realität nicht widersprochen, durch eine transzendentale Konstitution der Welt hingegen – geschehe sie selbst durch einen göttlichen Geist, erst recht, wenn sie durch das menschlich-transzendentale Bewußtsein geschieht –, werden alle jene Wirklichkeiten „aufgelöst", die an sich zu existieren prätendieren und sich ohne diese An-sich-Existenz in bloßen Schein verwandeln, sosehr auch Kant und Husserl diesen Ausdruck vermeiden. Denn jede Substanz, vor allem jede Person, Wahrheit, Wesensgesetze, am meisten aber Gott existieren überhaupt nicht, wenn sich ihr Sein darin erschöpft, Gegenstand eines „Bewußtseins von" zu sein. Wir sehen daher nach der kurzen Analyse von „Schöpfung" und „Konstitution", daß die zitierten Stellen Husserls die genannten

---

[9] Vgl. J. Seifert, *Erkenntnis objektiver Wahrheit*, Salzburg-München 1971.

Wirklichkeiten als bloße „Phänomene" und „irreale Gebilde" entwerten. Aber auch dieser Punkt wird später auf dem Hintergrund dieser Analyse klarer werden.

Wir müssen aber noch deutlicher erklären, mit welchem Recht wir mit R. Ingarden (s. die unten zitierte Stelle) die „Konstitution" Husserls als „Schöpfung" bezeichnen, wobei wir mit „Konstitution" ausschließlich die „transzendentale" meinen, ebenso wie mit „Schöpfung".

Zunächst müssen wir klarmachen, daß wir nicht behaupten wollen, Husserl habe in seiner Transzendentalphilosophie nicht zwischen Schaffen im künstlerischen Sinn, zwischen Erfinden, Machen etc. einerseits und Wahrnehmen, unabweisbarem Vorfinden andererseits unterschieden. Husserls Unterscheidung zwischen „aktiver" und „passiver" Synthesis bzw. Genesis beweist klar das Gegenteil[10]. Allerdings sei hier bemerkt, daß Husserl „die Zahl", den „prädikativen Sachverhalt", den „Schluß", jede „Allgemeinheit", alle „idealen Gegenstände" der „aktiv-schöpferischen" Konstitution zuschreibt[11], weshalb es in unserem Zusammenhang, wo ja primär von Wahrheit, allgemeinen Wesensgesetzen etc. die Rede ist, in jeder Hinsicht legitim ist, „Konstitution" und „Schöpfung" bei Husserl gleichzusetzen und uns darin R. Ingarden anzuschließen.

Allerdings könnte man dagegen einwenden, daß Husserl z.B. die „Konstitution" Gottes bzw. der „Idee Gottes" durch unser Bewußtsein der „passiven Genesis" zuordnet, wenn er sagt: „Auch Gott ist für mich, was er ist, aus meiner eigenen Bewußtseinsleistung... Auch hier wird wohl, wie hinsichtlich des Alterego, Bewußtseinsleistung nicht besagen, daß ich diese höchste Transzendenz erfinde und mache"[12].

Auf diesen Einwand antwortend müssen wir sagen, daß es einen weiteren Sinn von „Schöpfung" gibt, in dem wir auch die „passive Synthesis" Husserls – und zwar mit mehr Recht als irgendeine realistisch verstandene menschliche Kunstschöpfung – als „Schöpfung" bezeichnen können. Schaffen heißt dann jede Art von menschlichem – bewußtem oder unbewußtem – spontanem Er-

---

[10] Vgl. *Cartesianische Meditationen*, S. 111ff.
[11] Ebd., S. 111, 112.
[12] *Formale und transzendentale Logik*, Halle a.d. Saale, 1929, S. 222.

zeugen, Hervorbringen, Geltung Verleihen. In diesem Sinn ist das, was Husserl „passive Synthesis" nennt, also etwa das von Husserl behauptete transzendentale Abhängigkeitsverhältnis „Gottes" von „meinen eigenen Bewußtseinsleistungen", im vollsten Wortsinn *Schöpfung*. Ja, der Ausdruck „Schöpfung" ist dann nicht ein zu starker, sondern ein zu schwacher Ausdruck, um das Ausmaß des spontanen Erzeugens zu kennzeichnen, das Husserl unserem transzendentalen Bewußtsein zuschreibt.

Es ist klar, daß Husserl dieses spontane Hervorbringen, dieses „Konstituieren alles erdenklichen Sinnes..." ebenso für die aktive wie für die passive Genesis behauptet. Eine andere Auffassung wäre eine naiv-realistische Deutung der passiven Synthesis Husserls. Ja, Husserl spricht, ähnlich wie Fichte, der ein Tun jedem Sein vorhergehen lassen will, von einer „Selbstkonstitution" des transzendentalen ego.

Wenn man sich dies aber vor Augen hält, daß es nach Husserl absolut kein dem „Konstituieren" vorhergehendes Sein gibt, sondern diesem „Konstituieren" buchstäblich *alles* entspringt, so ist klar, daß im weiteren – mehr metaphysischen – Sinn der Ausdruck Schaffen für Husserls „Konstitution" ein „understatement" ist. Denn nicht bloß alle menschliche Schöpfung, sogar die Idee einer göttlichen Schöpfung der Welt aus dem „Nichts" wird dadurch weit übertroffen, was den Gegenstandsbereich und das Maß dieses „spontanen "Hervorbringens betrifft. Denn Gott konstituiert sich nicht selbst, sondern ist vielmehr vor allem Konstituieren oder Schaffen. Zweitens aber ist die Art, wie notwendige Wesenheiten und die Wahrheit in seinem Wesen gründen, ein rein ontologisches Konstitutionsverhältnis, das niemals mit dem transzendentalen Sinn dieses Ausdrucks, den man auch als Schaffen bezeichnen kann, wie wir sahen, gleichgesetzt werden kann. Was Husserl also „meiner eigenen Bewußtseinsleistung" zuschreibt, ist in gewissem Sinn „mehr" als eine göttliche „creatio mundi ex nihilo". Allerdings ist es dieser in anderer Hinsicht unterlegen, ja entgegengesetzt: der inneren Sinnhaftigkeit derselben durch den in diesem Beitrag aufzuweisenden Widersinn der Husserlschen Konstitutionslehre, der realen Wirksamkeit der göttlichen Schöpfung der Welt durch die „Irrealität" und „Phantomhaftigkeit" (G. Marcel) aller „Schöpfungen" und „Konstituta" eines „transzendentalen" Bewußtseins".

Husserl behauptet also in seiner Transzendentalphilosophie in radikalstem Gegensatz zur ersten Auflage der *Logische Untersuchungen*, und, wie aufzuweisen sein wird, zur Wirklichkeit, daß Wahrheit, notwendige Wesenheiten, Gott – ,,jeder erdenkliche Sinn und jedes erdenkliche Sein'' nur ,,für mich Geltung habe'' und aus ,,meiner eigenen'' (transzendentalen) ,,Bewußtseinsleistung'' allen Sinn und alle Seinsgeltung schöpfe.

In der Tat ist kaum ein Denker zu so radikal seinen früheren Erkenntnissen entgegengesetzten Anschauungen gelangt wie Husserl. So verstanden es auch die ,,Münchener Phänomenologen''. Husserl widersprach ihnen, behauptete, die ,,innere Logik'' seiner Gedanken habe ihn zu diesen Folgerungen getrieben und die ,,Münchener Phänomenologen'', die seinen ursprünglichen Standpunkt starr festhielten, würden einem unkritischen, nicht zur letzten metaphysischen Begründung vordringenden Dogmatismus verfallen, der sogar widersinnig sei[13].

Was ist nun die Antwort der ,,Münchener Phänomenologen'' auf diesen Vorwurf und was ist ihre Stellungnahme zu Husserls Transzendentalphilosophie?

Es kann hier nur darum gehen, einige Hauptpunkte der Kritik an der Husserlschen Transzendentalphilosophie, wie sie im Rahmen der ,,Münchener Phänomenologie'' durchgeführt wurde, darzulegen.

1. Aufweis der inneren Widersprüchlichkeit des Transzendentalismus.

Der erste entscheidende Einwand gegen den Transzendentalismus besteht in dem Aufweis seiner grundsätzlichen inneren Widersprüchlichkeit. R. Ingarden hat dies knapp in seinen ,,Kritischen Bemerkungen'' zu den *Cartesianischen Meditationen* ausgedrückt[14]:

,,Ich könnte nicht sagen, daß die echten idealen Gegenstände: die Ideen, die idealen Begriffe und die Wesenheiten, ,Produkte', ,intentionale Gebilde' sind, die in subjektiven Opera-

---

[13] ,,Eine absolute Realität gilt genau so viel wie ein rundes Viereck'' (*Ideen I*, Den Haag 1950, S. 134); ,,das Universum wahren Seins fassen zu wollen als etwas, das außerhalb des Universums möglichen Bewußtseins... steht, ... ist unsinnig'' (*Cart. Meditationen*, S. 117).

[14] *Cart. Meditationen*, S. 218.

tionen geschaffen werden... (auch) aus dem wissenschafts-theoretischen Grunde, daß dann die Idee einer eidetischen Wissenschaft sich entweder widersinnig zeigt oder sich in die Idee: ,Schöpfung besonderer Art' verwandelt. M.a.W. unter der im Text angegebenen Voraussetzung wäre es unmöglich, irgendetwas eidetisch zu erkennen, jede solche ,Erkenntnis' wäre gleich einer Abwendung von dem Zu-erkennenden und einer Erschaffung von etwas, was gar nicht erkannt werden sollte".

Fassen wir diesen inneren Widerspruch näher ins Auge, so besteht er jedenfalls auf drei Ebenen:

1. Rein an sich ist eine ,,Welt", in der *alles* nur ,,Konstitutum" konstituierender Akte wäre, unmöglich. Denn es ist absolut evident, daß der Akt, der ,,alles" konstituiert, daß ferner das Subjekt, durch dessen Akte die ,,ganze Welt" konstituiert sein soll, daß schließlich der Sachverhalt, *daß* die Welt konstituiert wird, unmöglich selber wiederum bloße Produkte einer konstitutiven Tätigkeit sein könnten. Also setzt jede mögliche Welt notwendig ein Sein voraus, das in keiner Weise bloß als ,,Gegenstand" *für* irgendein (transzendentales) ego konstituiert, bzw. das nicht bloß *von* einem Subjekt hervorgebracht sein kann.

2. Noch ein zweiter Widerspruch tritt aber zu dem ersten hinzu, *wenn* ich *von mir selbst sage*, alles, was sich in ,,meiner Welt" findet, *alles, was ich erkenne, sei von mir konstituiert*. Dieser zweite Widerspruch gründet nicht in dem rein metaphysischen Sachverhalt, daß jedes Konstituierte ein nicht konstituiertes Sein voraussetzt, sondern darin, daß das notwendig rezeptive Erkennen bei Husserl und in jeder *Transzendentalphilosophie* zugleich notwendig vorausgesetzt und zugleich durch den Inhalt der transzendentalphilosophischen Grundthese geleugnet wird. Dies hat D. v. Hildebrand besonders klar formuliert:

,,The idealistic interpretation of taking cognizance of something as a spiritual... creation of the object of knowing is, therefore, equivalent to denying knowledge. Let us see why this is true. Transcendental idealism interprets taking cognizance of something as a construction of the object and thereby denies that we are able to grasp a real object such as it is. Yet it claims that philosophy describes the real nature of knowledge. It is perfectly clear that transcendental idealism does not consider its own interpretation of knowledge as a mere construction and that it claims it to be the disclosure of the authentic nature of knowledge. With this claim it tacitly presupposes and silently reintroduces the real nature and true notion of taking cognizance, namely, the grasping of an object such as it is, and not the constructing of an object. This intrinsic contradiction in transcendental idealism is, however, inevitable. For the genuine datum of knowledge and taking cognizance of something is so elementary that every attempt to deny it or to interpret it as something else necessarily leads to a vicious circle. Taking cognizance, as the genuine receiving and grasping of a being as it is, is really so elementary and inevitable a fact that it silently comes back into the picture and regains its rightful place, even when a person tries to explain it away as something else"[15].

Wie John Crosby mit Recht hervorhebt[16], führt diese Leugnung der Rezeptivität des Erkennens in letzter Konsequenz zum Nihilismus, nicht bloß zum Solipsismus. Denn unter dieser Voraussetzung könnte ich weder erkennen, daß andere Personen als selbständige Subjekte existieren, noch daß ich selber wirklich existiere, noch daß ich irgendetwas konstituiere, noch was der Inhalt meiner Schöpfungen ist. Sobald ich etwas von all dem zu erkennen prätendiere, setze ich, wie v. Hildebrand zeigt, stillschweigend ein nicht von mir abhängiges Sein und ein rezeptives Erkennen voraus, dem keinerlei Konstituieren zugrundeliegt.

3. Doch der Transzendentalismus widerspricht sich noch auf einer dritten Ebene, was aus der unübertrefflich klaren Analyse des Urteils und seines Wahrheitsanspruches erhellt, die A. Pfänder durchgeführt hat[17].

Es liegt im Wesen jedes Urteils und seines Wahrheitsanspruches, daß ein Urteil, wenn es wahr ist, absolut wahr ist, d.h. das Urteil besitzt als einziges maßgebendes Fixum für seine Wahrheit den ihm selbst transzendenten Sachverhalt, das ,,Selbstverhalten des Gegenstandes", auf den es sich bezieht. Daher kann Wahrheit niemals von dem urteilenden Bewußtsein konstituiert sein oder von ihm abhängen, sondern sie hängt einzig und allein vom wirklichen Bestehen des im Urteil behaupteten Sachverhalts ab. Es ist daher ein Widersinn, daß die Wahrheit eines Urteils, das ich fälle, bloß für mich wahr ist oder daß sie in irgendeinem Sinn von meinem Bewußtsein konstituiert wird, bzw. aus ihm ihre ,,Geltung schöpft".

So müssen wir mit den ,,Münchener Phänomenologen" feststellen, daß Husserl in einer unerklärlichen, tragischen Entwick-

---

[15] *What is philosophy?* Milwaukee 1960, S. 16.
[16] *Zur Kritik der marxistischen Anthropologie* (ungedr. Diss.), Salzburg 1970, S. 82ff.
[17] *Logik*, Tübingen ³1963, S. 31ff., vor allem S. 69ff.

lung selber dem Widersinn verfallen ist, den er so großartig aufgedeckt hat[18].

Der Aufweis dieses dreifachen Selbstwiderspruches, wie Münchener Phänomenologen ihn für die Transzendentalphilosophie nachgewiesen haben, scheint die logischste und rationalste Widerlegung einer These zu sein.

2. Die Rechtfertigung metaphysischer Wesenserkenntnis als einzig mögliche Grundlegung einer Metaphysik

Bei genauerem Zusehen setzt jedoch schon die Einsicht in den Widersinn, der die transzendentalphilosophische These als falsch erweist, eine tiefere Rechtfertigung der Objektivität dieser Erkenntnis voraus, als sie die bloße Feststellung eines logischen Widerspruchs darstellt. M.a.W.: Nicht die *Anwendung* letztlich evidenter Zusammenhänge, wie der obersten logischen Grundsätze, im Aufweis eines inneren Widerspruchs, sondern die *unmittelbare Einsicht in das objektive Bestehen notwendiger Wesenszusammenhänge* ist die *rationalste* und unbezweifelbarste *Erkenntnis*. Denn jedes philosophische Argumentationsverfahren, jeder Beweis beruht ja auf einem solchen unmittelbaren, nicht weiter beweisbaren Erkennen. Wir müssen uns also fragen, ob es eine unbezweifelbare, unmittelbare Einsicht in die Tatsache gibt, daß höchst intelligible, notwendige Zusammenhänge – wie wir sie eben kennenlernten und wie sie im Wesen von Erkenntnis, Urteil, Wahrheit, Subjekt usw. gründen – unabhängig von jedem menschlichen Bewußtsein, an sich, bestehen. Wieder im Anschluß an den frühen Husserl weist H. Conrad-Martius auf ein Merkmal der philosophischen Gegenständlichkeiten hin, das uns einer unmittelbaren Erfassung der jedem menschlichen Bewußtsein transzen-

---

[18] Den „transzendentale Relativismus", der in gewissen Sinn die radikalste Form des Relativismus darstellt und den wir bei Husserl finden, hat W. Hoeres hervorragend aufgewiesen. Vgl. *Kritik der transzendentalphilosophischen Erkenntnistheorie*, Stuttgart 1969, S. 198ff., 62, 8off. Der Schein, als hätte Husserl den Relativismus durch seine These überwunden, daß man auf eine selbst erschaute Wirklichkeit *immer wieder* zurückkommen könne und das „An sich" eines Seienden nicht in dem „zufälligen Fürmich der einzelnen Akte" aufgehe (*Cart. Meditationen*, § 27), ist unschwer zu durchschauen. Die Frage, wie dauernd etwas in meinem Leben ist, welche grundsätzliche Rolle es als Voraussetzung in meinem Leben spielt, ist von der Wahrheitsfrage völlig verschieden. Vgl. D. v. Hildebrand, *What is philosophy?* a.a.O., Chapter IV.

denten Existenz an sich bestehender notwendiger Wesenszusammenhänge näherführt: „Die spezifisch philosophischen Gegenständlichkeiten besitzen eine solche eigentümliche *Abgegrenzt-
heit* und *Umschlossenheit* ihrer selbst, daß jedes sie bestimmende
Moment *in sich selbst* das andere *fordert*, oder in sich selbst nicht
ohne jedes andere die Ganzheit des Gegenstandes bestimmende
Moment zu sein vermag, so daß die Herausstellung solcher ‚Was-
heiten' durch eine intuitive Untersuchung *an einem einzigen* anschaulichen Beispiel vollauf geleistet werden kann"[19]. Diese Wesenheiten und Wesenszusammenhänge von unerfindbarer innerer
Notwendigkeit wurden besonders klar von A. Reinach herausgearbeitet, der z.B. sagt: „Von den Wesenheiten gelten Gesetze,
Gesetze von einer Eigenart und Dignität, die sie durchaus von
allen empirischen Zusammenhängen ... unterscheiden. Die reine
Wesenserschauung ist das Mittel, zur Einsicht und adäquaten
Erfassung dieser Gesetze zu gelangen"[20].

„Diese Gesetze sind unvergleichlich mit allen Tatsachen und
Tatsachenzusammenhängen, von denen uns die sinnliche Wahrnehmung Kunde verschafft. Sie gelten von den Wesenheiten als
solchen, kraft ihres Wesens – in ihnen haben wir kein zufälliges
Sosein, sondern ein notwendiges Sosein-Müssen, ein dem Wesen
nach Nicht-Anders-Sein-Können"[21].

Vor allem in seinem Hauptwerk hat Reinach eine Fülle von
Sachverhalten herausgearbeitet, die „allgemein sind und notwendig bestehen"[22], wobei diese Notwendigkeit „weder den Sätzen
noch dem Urteil, noch dem Erkennen zukommt, sondern dem
‚gesetzten', geurteilten oder erkannten *Sachverhalt*"[23], der in einem notwendigen Sosein gründet. Dabei legt er das größte Gewicht darauf, daß diese Wesenszusammenhänge „evident ein-
sichtig" und „unabhängig von allem erfassenden Bewußtsein"
sind[24]. Und eben darauf kommt es uns hier an: Gibt es eine unmittelbare und unbezweifelbare Gewißheit über diese Tatsache,
die M. Scheler so ausdrückt: „Wie die Wesenheiten, so sind auch

---

[19] „Zur Ontologie und Erscheinungslehre der realen Außenwelt", in: *Jahrbuch für
Philosophie und phänomenologische Forschung*, III 1916, S. 349.
[20] *Was ist Phänomenologie?*, München 1951, S. 31.
[21] Ebd., S. 51f.
[22] *Zur Phänomenologie des Rechts – Die apriorischen Grundlagen des Bürgerlichen
Rechts*, München 1953, S. 16.
[23] Ebd., S. 16 (Anm.).
[24] Ebd., S. 16.

die Zusammenhänge zwischen ihnen *,gegeben'*, und nicht durch den ,Verstand' hervorgebracht oder ,erzeugt'. Sie werden erschaut und nicht ,gemacht' "[25].

Doch hier erhebt sich – angesichts der weiten Wirklichkeitsbereiche, wo allein empirisch induktive Erkenntnis und keine derartige Wesensschau möglich ist – eine entscheidende Frage, deren Unterlassung eine Hauptursache für Husserls Idealismus bildete, und die wir zum ersten Mal ausdrücklich bei v. Hildebrand finden, nämlich die Frage: Welche ontologische Grundlage besitzen die notwendigen ,,Wesensgesetze''? Welchem Seinsbereich entspricht die Wesenseinsicht, welchem empirisch-induktive Erkenntnis? Die Beantwortung dieser Frage geschah durch eine ebenso schlichte wie bedeutende Unterscheidung prinzipiell verschiedener Arten von ,,Soseinseinheiten''[26]:

Zunächst gibt es bloß akzidentelle Einheiten, wie eine willkürliche Tonreihe, wo jedes ,,innere'' Zusammengehaltensein der Elemente fehlt und statt eines Sinnes ausschließlich das faktische Zusammenbestehen der Elemente ,,einheitsstiftendes Band'' ist. Daher ist hier eine Unterscheidung zwischen Allgemeinem und zufällig-Individuellem unmöglich.

Eine zweite Stufe von Soseinseinheit finden wir bei ,,echten Typen'', wie z.B. den verschiedenen Tierarten. Ein ,,von innen Zusammengehaltensein'', ein Sinn, der die Scheidung von zufällig-Individuellem und Allgemeinem erlaubt, liegt hier vor, aber dabei sind wir doch strikt auf Realkonstatierung angewiesen, um das Allgemeine zu erkennen. Einer solchen ,,Einheit'' mangelt die innere Notwendigkeit, sie trägt die Elemente des ,,Erfindungshaften'', weshalb die Beschreibung, Realkonstatierung und Induktion die solchen Gegenständen angemessenen Erkenntnisarten sind. Bei solchen ,,Einheiten'', wie einem Löwen oder Walfisch, ist das konstitutive Sosein, wie es die Naturwissenschaften untersuchen, ausschließlich auf dem Weg der Realkonstatierung und Induktion zugänglich. Aber auch die uns hier anschaulich zugängliche ,,Erscheinungseinheit'' oder ,,aesthetische Wesenheit'', wie die Löwenhaftigkeit, besitzt keine innere Notwendigkeit, und durch sie erschließt sich uns keineswegs anschaulich das

[25] Scheler, *Der Formalismus in der Ethik und die materiale Wertethik*, Bern [5]1966, S. 86.
[26] *What is philosophy?*, Kap. IV. Vgl. auch *Der Sinn philosophischen Fragens und Erkennens*, Bonn 1950, Kap. 4.

konstitutive Sosein, wie am Beispiel des Walfisches deutlich hervortritt. Auch beherrscht bei diesen „echten Typen", wie die vielen Ausnahmen in diesem Reich zeigen, das Allgemeine nicht absolut das Einzelne in lückenloser Allgemeinheit.

Ganz anders liegt der Fall bei Soseinseinheiten wie Erkenntnis, Wahrheit, Urteil, Wille, Person etc. Hier finden wir eine völlig neue Stufe „innerer Einheit": nicht nur eine sinnvolle, sondern eine notwendige Soseinseinheit, auf die all das zutrifft, was H. Conrad-Martius und A. Reinach, wie wir sahen, über die Gegenstände philosophischer Erkenntnis sagten. Hier liegt eine *Wesensnotwendigkeit* vor, die die Möglichkeit einer Ausnahme absolut ausschließt, und wo das Allgemeine so potent ist, daß es in *lückenloser Allgemeinheit* jeden *Einzelfall* beherrscht. Die notwendigen Sinnzusammenhänge, die wir hier finden, leuchten unserem Geist ein, sind höchst intelligibel und wir können sie in ihrem Soseinmüssen von innen her verstehen, weshalb nicht Beschreibung oder Induktion, sondern *Einsicht* der solchen Gegenständen angemessene Erkenntnisweg ist. Daher ist hier und hier allein das Absehen von der Realkonstatierung möglich, ja erfordert. Nur das Kennenlernen des Soseins, evt. an einem bloß fiktiven Beispiel, nur „Soseinserfahrung" ist in diesen Fällen nötig, um zu gültiger Allgemeinerkenntnis zu gelangen. Während Husserls Ausdehnung der „epoché" auf den ersten und zweiten Typus der Soseinseinheiten unzulässig ist und fast unvermeidlich in den Idealismus führen mußte, ist bei notwendigen Wesenheiten das Absehen von der realen Existenz keinerlei sich Zurückziehen auf einen Idealismus. Erstens deshalb, weil hier der Unterschied zwischen „Erscheinungssosein" und verborgenem „konstitutivem" Sosein wegfällt, bzw. weil uns hier das konstitutive Sosein von Person, Freiheit, Wahrheit, Erkenntnis etc. zugänglich ist, und zweitens deshalb, weil hier das Allgemeine im Einzelfall schon mitgegeben und so potent ist, daß es jeden konkreten Fall, jedes wirklich existierende Seiende solchen Wesens in lückenloser Allgemeinheit beherrscht.

Durch die hier in ihren Konsequenzen bloß angedeutete Unterscheidung dreier verschiedener „Soseinsarten" wird sowohl die „Bedingung der Möglichkeit" als auch die Eigenart der Wesenseinsicht entscheidend geklärt. Diese setzt einen bestimmten Soseinstypus voraus, bei dem die Wesenseinsicht nicht nur ein möglicher, sondern evidenterweise der *einzige* mögliche und angemessene Erkenntnisweg ist. Nun hat aber D. v. Hildebrand einen weiteren Schritt von höchster Bedeutung getan. Er hat – wohl erstmalig in der Geschichte der Philosophie – diese notwendigen Soseinseinheiten als *den* Schlüssel zur Klärung des „wahren" Apriori-Problems erkannt, das in folgender Frage besteht: Ist es möglich, mit absoluter Gewißheit unabdingbar notwendige, lükkenlos allgemeine und für jedes einzelne Seiende (solchen Wesens) an sich gültige Wesensgesetze zu erkennen?

Indem D. v. Hildebrand zur Beantwortung dieser Urfrage der Erkenntnistheorie (und insbesondere der Phänomenologie) eine ganz bestimmte Soseinsart und deren besondere Merkmale heranzog, konnte er auch als erster klar diese klassische „Apriori"-Frage von zwei anderen Problemen trennen, die eine verhängnisvolle Belastung des „Apriori" darstellen:

Erstens von der Frage, ob es eine von *jeder* Erfahrung unabhängige Erkenntnis gibt, die uns entweder schon mit dem Vollzug des Bewußtseins mitgegeben („eingeboren") ist oder vor diesem Leben in einer „anderen Welt" stattfand, wie Platon annimmt. Dieses Problem ist deshalb sekundär, weil es keinerlei Antwort auf *die* „Schicksalsfrage" der Erkenntnistheorie enthält. Denn erstens würde weder eine vorgeburtliche Ideenschau noch eine „eingeborene Erkenntnis" den Unterschied zwischen „echten Typen", die keine Wesenseinsicht erlauben, und notwendigen Soseinseinheiten, die ausschließlich durch Wesenseinsicht erkannt werden können, erklären. Zweitens aber ist diese Frage deshalb sekundär, weil wir zweifellos bei vielen Wesenseinsichten (etwa denen, die das Wesen der Farben oder der Liebe betreffen) auf in diesem Leben gewonnene „Erfahrungen" angewiesen sind, die aber – auf Grund der Wesensnotwendigkeit der betreffenden Gegenstände – durchaus eine Grundlage für absolut gewisse, von Realkonstatierung und Induktion unabhängige Erkenntnisse darstellen. Drittens und vor allem ist jedoch eine angenommene „Eingeborenheit" von Ideen höchstens eine Erklärung dafür, daß diese Ideen von Realkonstatierung und Induktion unabhängig sind, aber keinerlei Beantwortung der „Urfrage" der Erkenntnistheorie. Denn die „eingeborenen Ideen" oder erst recht die Kantischen Anschauungs- und Denkformen könnten ja falsch sein. Es könnte sich ja um „unvermeidliche Irrtümer" handeln.

Doch v. Hildebrand hat im Anschluß an Scheler die entscheidende Urfrage nach absolut gewisser Erkenntnis notwendiger und allgemeingültiger – apriorischer – Zusammenhänge noch von einem anderen gänzlich unabhängigen Problem unterschieden, nämlich dem bei Kant ebenfalls als entscheidende „Apriori-Frage" auftretenden Problem der grundlegendsten Prinzipien, der formalsten Bedingungen der Möglichkeit aller Erfahrung. Dieses ursprünglich auf Aristoteles zurückgehende klassische „Strukturproblem" betrifft aber das Verhältnis, das bestimmte Sachverhalte für andere Sachverhalte als deren Voraussetzung haben. Die Wesensnotwendigkeit hingegen kommt Sachverhalten in sich selbst zu, unabhängig von ihrer formalen Funktion für andere Sachverhalte. Vor allem aber würde die strukturelle Vorausgesetztheit von Sachverhalten für alle übrigen Sachverhalte, bzw. für alle Erfahrung, als solche nichts für das wirkliche Bestehen dieser Sachverhalte, für die Wahrheitsfrage besagen. Ganz abgesehen von der dadurch erfolgenden verarmenden Beschränkung des „Apriori" auf die allgemeinsten Bedingungen der Erfahrung, wobei notwendigen Wesenheiten wie dem Wesen von Liebe u.a. der Apriori-Charakter abgesprochen wird, ist bei Kant vor allem *die entscheidende* Frage nach der Möglichkeit absolut gewisser Erkenntnis notwendiger, allgemeiner Zusammenhänge, die an sich bestehen und für jedes wirkliche einzelne Seiende gelten, nicht beantwortet bzw. negativ beantwortet worden. Denn Kant leugnet ja gerade, daß wir das an sich Bestehen notwendiger Wesenszusammenhänge, die für jedes von ihnen beherrschte Einzelseiende in jeder möglichen Welt Gültigkeit besitzen, erkennen können und verfällt damit, ebenso wie später Husserl, einem radikalen Immanentismus.

In der Erkenntnis wesensnotwendiger, höchst intelligibler Zusammenhänge, die das „konstitutive Sosein" des Wirklichen „regeln", liegt hingegen eine einzigartige Transzendenz, ein Triumph des Geistes. Hier enthüllt sich uns auch die innere Unhaltbarkeit, ja Unsinnigkeit des transzendentalen Idealismus am klarsten:

„These ‚necessary' intelligible unities are so filled with *ratio* and with intelligibility that their objective validity no longer depends upon the act in which we grasp them. We saw before that if in a dream the such-being of a triangle, of red or of willing were clearly and unequivocally given to me, the essence itself would not be merely dreamt... We must now advance still further. With respect to the evident states of fact, which are necessarily rooted in these essences, any possibility of an invalidation through a distortion, or insufficiency of our mind, is excluded. Here it would be senseless to say, ‚Perhaps all these states of facts are not valid, perhaps the insight that moral values presuppose a personal being as bearer is only due to a distortion of our intellect, such as craziness or idiocy'... For the luminous intelligibility and rationality of such insights precisely proves that we are neither crazy nor idiots. Indeed the extreme form of insanity would be to affirm that dogs are just, or that stones are charitable, or that Mars both exists and does not exist... The unities in which these necessary states of facts are grounded stand entirely on their own feet. All attempts to make these insights relative are dashed to pieces by the meaningfulness and power of the suchbeing in which they are rooted. If they are univocally and clearly given, they do not need any criterion for the integrity of the act that graps them, but, on the contrary, they themselves justify the grasping act as not contaminated by error"[27].

Haben wir einmal diese Einsicht gewonnen, dann erweist sich die These des transzendentalen Idealismus, der diese notwendigen Wesenszusammenhänge von unserem Bewußtsein abhängig machen will, als ebenso widersinnig wie die Behauptung eines viereckigen Kreises. Denn die These, solche wesensnotwendigen Zusammenhänge seien erzeugt oder auf mein Bewußtseinsleben in irgendeinem Sinn relativ, sprechen diesen Zusammenhängen ein Merkmal zu, das sie mindestens ebenso notwendig ausschließen wie der Kreis die Viereckigkeit. Hier sind wir aber nicht nur an einem „archimedischen Punkt" angelangt, der an der tiefsten Stelle den Transzendentalismus widerlegt, sondern haben auch mit den „Münchener Phänomenologen" die Möglichkeit einer Metaphysik als der Erkenntnis des Wesens der Wirklichkeit, wie sie an sich ist, erkannt. Ich möchte die skizzierten Beiträge der „Münchener Phänomenologen" (im Anschluß an den frühen Husserl), die m.E. in D. v. Hildebrands Untersuchungen der notwendigen Wesenheiten, des a priori und der Erfahrung ihren Höhepunkt erreichen, als ein philosophisches Ereignis bezeichnen, das m.E. in der ganzen Geschichte der Neueren Philosophie kein Gegenstück besitzt.

Erst die tragischen Wendungen, die viele Phänomenologen, vor allem Husserl selber und in ganz anderer Weise – (seit 1922) – Scheler, nahmen, und die allgemeine Skepsis der Zeit lassen mir die historische Verborgenheit dieses Ereignisses verständlich erscheinen. Freilich gibt es noch einen weiteren Umstand, der dieses „geistesgeschichtliche Ereignis" relativ unerkannt bleiben läßt:

[27] D. v. Hildebrand, *What is philosophy?*, S. 114–116.

ich meine die Folgen der prinzipiellen Verschiedenheit zwischen
einer grundsätzlichen Anerkennung von Wesensgesetzen einerseits und dem tatsächlichen Feststellen echter Wesensgesetze auf
den verschiedenen Gebieten andererseits. Innerhalb der „Münchener Phänomenologie" arbeiten manche Denker im Einfluß
der *Logischen Untersuchungen* Husserls meisterhaft Wesensgesetze auf einzelnen Gebieten heraus, ohne deren Eigenart erkenntnistheoretisch klar zu fassen[28].

Andere erkennen zwar prinzipiell Wesensgesetze klar an, sind
aber wenig sorgfältig in deren Feststellung auf einzelnen Gebieten[29]. Auch dadurch wurden die erörterten einschneidenden erkenntnistheoretischen Beiträge innerhalb der „Münchener Phänomenologie" – und auch die Fruchtbarkeit der Anwendung dieser Methode – noch viel zu wenig entdeckt.

Ein weiterer wesentlicher Punkt der Kritik des Transzendentalismus betrifft die Einklammerung der realen Existenz nicht nur
der Außenwelt, sondern auch des eigenen Ich, wie wir sie bei
Husserl bekanntlich finden. Ja, wie mit größter Deutlichkeit aus
einigen Stellen der *Cartesianischen Meditationen*[30] hervorgeht, hat
Husserl die Existenz des eigenen ego nicht nur eingeklammert,
sondern radikal ausgeklammert. Husserl erklärt nämlich ausdrücklich jede Behauptung des Ich als „Endchen der wirklichen
Welt", als an sich existierend – also die augustinisch-cartesische
Einsicht in das „si fallor, sum", die er als „transzendentalen
Realismus" bezeichnet, für widersinnig[31].

Wir können an dieser Stelle weder auf die Folgen der äquivoken
Verwendung des Terminus „transzendentales ego" bei Husserl
eingehen, noch auf das Problem des Solipsismus, wie es in den
Cartesianischen Meditationen auftritt und innerhalb der Münchener Phänomenologie eine ausführliche Behandlung erfuhr.

Uns kommt es hier auf die augustinisch-cartesischen Einsichten
an, in deren durchdringender philosophischer Herausarbeitung

---

[28] So stellt etwa A. Pfänders *Logik* einen geradezu unübertrefflichen Höhepunkt
sorgfältiger Wesensanalyse dar, während die Eigenart der Wesensgesetze in den thema-
tischen erkenntnistheoretischen Ausführungen Pfänders wenig herausgearbeitet wird.

[29] Das gilt z.B. für M. Scheler (auch vor 1922), der seine „Einfälle" wenig durch-
arbeitete und auch häufig „Wesensgesetze" dort „ansetzt", wo sie nicht existieren.

[30] Vgl. vor allem die §§ 8–14.

[31] Vgl. dazu eine viel ausführlichere Kritik in J. Seifert, Kritik am Relativismus
und Immanentismus in E. Husserls „Cartesianischen Meditationen", a.a.O., S. 91ff.,
104ff., 107ff.

in bisher unveröffentlichten Vorlesungen[32] ich ebenfalls einen besonders in der Auseinandersetzung mit Husserl wichtigen erkenntnistheoretisch-metaphysischen Beitrag D. v. Hildebrands und damit der Münchener Phänomenologie erblicke. Bei der eigenen Existenz ist der einzigartige Fall gegeben, in dem wir eine konkret existierende Tatsache (bzw. Person) unmittelbar erkennen können, ohne daß wir, wie bei der Gotteserkenntnis, auf eine indirekt-deduktive Erkenntnis, oder, wie bei der Außenwelterkenntnis, auf den dauernden bestätigenden Strom der Erfahrung angewiesen sind. Diese unmittelbare und unbezweifelbare Realkonstatierung wird im Licht der Wesenseinsicht vollzogen, daß jede ,,Ungültigkeit'' des Gegenstandes eines Aktes – etwa im Traum oder der Täuschung und dem Irrtum – die volle metaphysische Realität des Täuschungsaktes und des sich täuschenden Subjekts voraussetzt. Dieses Subjekt ist in keinerlei negativem Sinne ,,bloß subjektiv'', sondern es geht hier um die objektive Existenz einer über das gesamte physische und vegetativ-animalische Reich an Realitätsgewicht erhabenen Person; das si fallor, sum bzw. das cogito ist die Überwindung jedes ,,Subjektivismus'': *cogito, ergo sum, ergo esse est*, wie v. Hildebrand im Anschluß an S. J. Hamburger formuliert.

Für jeden Schein und jede Erscheinung ist die voll reale Existenz eines Subjektes vorausgesetzt, denn nur diesem und nicht wiederum einem Schein oder einer Erscheinung kann etwas scheinen bzw. erscheinen.

Es ist aber auch absolut evident, daß nicht das von Husserl ,,eingeklammerte ego'' (als ,,Phänomen'') irgendeinen Bewußtseinsakt vollziehen kann; ebenso setzt eine erst von Bewußtseinsakten ,,konstituierte Existenz'' ein Subjekt voraus, dessen Existenz nicht wiederum nur Konstitutum intentionaler Akte sein kann. Daher erweist sich die Einklammerung der eigenen Existenz bei Husserl als vollkommen ungerechtfertigte Einklammerung eines mit letzter Gewißheit erkennbaren Sachverhaltes. Husserls weit darüber hinausgehende Behauptung aber, das Festhalten Descartes' (und der Münchener Phänomenologen) an einer von keiner Relativität auf konstituierende Bewußtseinsakte antastbaren objektiven, an sich bestehenden Existenz der eigenen

---

[32] *Wesen und Wert menschlichen Erkennens*, 1964 an der Universität Salzburg gehalten. Es existieren Tonbandaufnahmen dieser Vorlesunngen.

Person sei widersinnig – diese Behauptung ist selber nicht bloß falsch, sondern widersinnig. Denn mit dieser Leugnung der an sich realen Existenz einer Person hebt Husserl die metaphysische Voraussetzung jedes Bewußtseins überhaupt auf und macht das Bewußtseinsleben, das die reale Existenz des individuellen Subjekts in Wirklichkeit notwendig voraussetzt, zum „Grund" für diese Existenz (als Phänomen)[33].

Doch nachdem Husserl durch die radikale Ausklammerung der Existenz gemäß einem Ausspruch Gabriel Marcels zu einem „phantomhaften" Bewußtseinsleben gekommen war, setzte wohl seine tiefste metaphysische Umdeutung des menschlichen Subjektes ein, indem er es gegenüber der Welt, ja gegenüber „Gott", für das „an sich erste", absolute Sein erklärt. M. Scheler hat die Einsicht, die dieser Behauptung widerspricht, als „die zweitevidente Einsicht" bezeichnet[34]. Ebenso gewiß, wie wir die reale Existenz der eigenen Person erfassen, können wir auch ihre Nichtabsolutheit erkennen. Rufen wir uns die, wie Scheler sagt, so oft verdrängte Einsicht Pascals von den unbegrenzten Zeiträumen in Vergangenheit und Zukunft, in die unser Sein nicht reicht, vor unser geistiges Auge, so ergreift uns tiefes Staunen, warum wir gerade zu dieser und nicht zu jener Zeit leben, wie wir auch darüber staunen sollten, daß unser Körper gerade an dieser Stelle im Raum und nicht an einem der unendlich vielen anderen Orte im Raum existiert, wo doch weder im Wesen unseres Körpers noch des Raumes irgendein Grund dafür ist. Wenn wir ferner innerhalb unseres so begrenzten Lebens an jene „Teile" denken, die nicht mehr (aktuell) sind sowie an jene, die noch nicht sind, wenn wir ferner unsere Begrenztheit in seelisch-geistiger Hinsicht bedenken, so erfaßt uns angesichts all dieser keineswegs notwendig aus unserem Sosein fließenden Grenzen der Schwindel des Staunens darüber, „*daß wir selber nicht nicht sind*", wie Scheler formuliert[35]; und wir sehen mit größter Gewißheit ein, daß wir überhaupt nicht notwendig existieren. Diese unsere Kontingenz ist eine letzte Urgegebenheit, die wir allerdings nur in einer bestimmten Haltung einsehen können: „Das Leuchten des Lichts

---

[33] Vgl. dazu die oben (S. 83, Anm. 8) zitierte Abhandlung.
[34] M. Scheler, „Vom Wesen der Philosophie und der moralischen Bedingung des philosophischen Erkennens", in: *Vom Ewigen im Menschen*, Bern [5]1954, S. 61–99.
[35] *Vom Wesen der Philosophie...*, S. 96.

dieser Wahrheit ist nicht an erster Stelle von logischer Akribie abhängig ..., (sondern) davon ..., daß man an allem relativen und abhängigen Sein (und hier an erster Stelle an sich selbst) nicht nur das Sein, sondern auch das relative *Nicht*-sein mitgewahrt, also nicht – ohne es recht zu merken und zu wissen – heimlich irgendein relatives Sein mit dem absoluten Sein identifiziert"[36]. Als Macht, die zur Verdrängung dieser Einsicht in die eigene Kontingenz führt, erwähnt Scheler den „Stolz"[37].

Mit der Tatsache, daß wir auch nicht existieren könnten, ist verbunden, daß der zureichende Grund für unsere Existenz nicht in uns selber, in unserem Wesen liegt. Bei einem Seienden, bei dem es, um mit Leibniz zu reden, „leichter ist, daß es nicht wäre, als daß es ist", muß der zureichende Grund außer ihm und zwar – auch dies vermögen wir einzusehen – in einem Sein liegen, das in sich selber den zureichenden Grund für seine Existenz besitzt, bzw. in einem uns selber durchaus transzendenten Sein, dessen Existenz in seinem Wesen notwendig gründet, das also notwendig existiert.

Zu dieser Einsicht zu gelangen, gehört wahrhaftig zu den ungeheuersten Dingen, die es gibt. Denn es ist uns hier bei der Betrachtung unseres eigenen Seins ein von uns selbst und der uns bekannten Welt völlig verschiedenes Sein „gegeben", ohne uns je unmittelbar in der Erfahrungswelt zugänglich zu sein – und doch ist das absolute Sein selbst (und sogar weitere in seiner unerfindbaren Wesenheit gründende Merkmale) eindeutig als notwendige Voraussetzung unseres Seins gegeben: Wir können z.B. einsehen, daß die wesenhaft mit unserer Kontingenz verknüpften Grenzen, die ein Ausdruck der metaphysischen „Nicht-Notwendigkeit" unseres Seins sind, dem absoluten Sein fehlen müssen bzw. daß es schlechthin vollkommen sein muß, daß es personal sein muß, da erstens jedes personale Sein unvergleichlich jedem apersonalen Sein überlegen ist und da zweitens wir als freie Personen nur von einer Person hervorgebracht und erhalten sein können. Wir vermögen auch die nicht nur große Macht, sondern die Allmacht dieses absoluten Wesens einzusehen; all dies gründet in der „Absolutheit" dieses Wesens, die wir trotz der Unvollständigkeit und

---

[36] Ebd. S. 95.
[37] Ebd. S. 96.

Begrenztheit unseres Erkennens als unerfindbar und notwendig erkennen können, was besonders klar wird, wenn wir versuchen, irgendeines dieser Merkmale wegzustreichen und uns ein notwendiges, aber ohnmächtiges, apersonales Wesen vorzustellen:

> „Sind wir aber einmal zu der Idee einer absoluten, allmächtigen Person gelangt, so können wir erfassen, daß diese Person die unendliche Weisheit, die unendliche Schönheit und die unendliche Güte sein *muß*. Es ist tatsächlich möglich, daß in einem erschaffenen Gut auch qualitative Unwerte[38] auftreten können; es ist ebenfalls möglich, daß das niedere Seiende in dieser Welt das edlere vernichtet und die Mächte des Bösen oftmals siegen... Aber unmöglich könnte das absolut Seiende die Personifizierung qualitativer Unwerte sein, Wir vermögen sogar zu begreifen, daß das höchste Seiende nichts anderes sein kann als die absolute Güte. Das ist keine tautologische Feststellung, die *e definitione* Wert und Seiendes für gleichbedeutend erklärt. Im Gegenteil, es ist eine überwältigende originäre Einsicht..., die den zwischen... natürlicher Theologie und metaphysischem Pessimismus klaffenden Abgrund erklärt... Bei dem absoluten Sein besteht eine notwendige Verbindung zwischen Wert und Seiendem... Diese Erkenntnis über die absolute Person bestätigt die Botschaft, die jeder an einem realen Seienden verwirklichte qualitative Wert enthält. Sie bestätigt die Verheißung, sie rechtfertigt den Anspruch auf die geheimnisvolle metaphysische Macht, die vor allem die sittlichen Werte für sich fordern ... die Botschaft der qualitativen Werte würde zu einer Lüge, wenn wir uns das absolute Sein als neutral oder schlecht vorstellten. Die wesenhafte Güte Gottes schließt notwendig die absolute, substanziale Existenz des erhabensten aller qualitativen Werte ein"[39].

Nicht durch die bloße Analyse eines Begriffes, sondern nur durch das tastende Eindringen in die erhabenste und unerfindbarste aller notwendigen Wesenheiten vermögen wir diese Erkenntnisse zu gewinnen. Und damit finden wir auf dem Hintergrund der Herausarbeitung der Eigenart notwendiger Wesenheiten in der „Münchener Phänomenologie" das tiefste Fundament nicht nur des philosophischen Kontingenzbeweises[40], sondern auch des anselmisch-cartesischen Gottesbeweises. Denn so lautet eigentlich dieses Argument: das Wesen des absoluten Seins, wie

---

[38] Die Bedeutung, die der Begriff „Wert" hier hat, geht aus dem Beitrag von B. Schwarz auf diesem Kongreß hervor und kann hier nicht näher behandelt werden. Vgl. dazu auch D. v. Hildebrand, *Die Idee der sittlichen Handlung* und *Sittlichkeit und ethische Werterkenntnis*, Neudr. d. Wiss. Buchgesellschaft, Darmstadt 1969. Vgl. vor allem D. v. Hildebrand, *Christliche Ethik*, Düsseldorf 1959, Kap. 1–14, 17, 18.

[39] *Chr. Ethik*, a.a.O., S. 193/94.

[40] Est ist uns in diesem Rahmen unmöglich, auf die tiefe Behandlung des Gottesbeweises aus der Sinnhaftigkeit und Zweckmäßigkeit der Welt und vor allem der Lebewesen einzugehen, die wir bei Hedwig Conrad-Martius finden. Vgl. etwa „Die ‚Seele' der Pflanze" in: *Schriften zur Philosophie*, Bd. I, München 1953, S. 356ff.

es uns schon die kontingente Welt unabweisbar „wie in einem Spiegel" erschließt, ist von unerfindbarer Notwendigkeit und kann daher unmöglich eine Fiktion und ebensowenig ein „Konstitutum" unseres Geistes sein. Es erweist sich auf Grund seiner inneren notwendigen Sinnfülle als völlig unabhängig von unserem Bewußtsein. In diesem Wesen des absoluten Seins gründet aber – im Gegensatz zu allen übrigen uns bekannten Wesenheiten der endlichen Dinge – die notwendige Existenz. Also existiert Gott. Aus der Antwort Anselms auf Gaunilos Einwurf von der „vollkommensten Insel" geht es klar hervor, daß nicht (wie bei einer Tautologie) ein willkürlich gemachter Begriff, eine sprachliche Konvention, sondern eine unserem Geist transzendente, unerfindbare Wesenheit der allein gültige Ausgangspunkt dieses eigentümlichsten und erhabensten aller Gottesbeweise sein kann. Die notwendigen Wesenheiten wurden aber in ihrer Eigenart innerhalb der Münchener Phänomenologie wie nie zuvor herausgearbeitet.

So sehen wir, wie innerhalb dessen, was als „Münchener Phänomenologie" bezeichnet wird – trotz all der in diesem Referat unberücksichtigten gegensätzlichen Standpunkte von „Münchener Phänomenologen"[41] – die Möglichkeit einer Metaphysik in einzigartiger philosophischer Kraft dargelegt worden ist: In dem Aufweis der inneren Widersprüchlichkeit jedes Transzendentalismus, der Herausarbeitung notwendiger, höchst intelligibler Wesensgesetze, die mit absoluter Gewißheit als jedem menschlichen Bewußtsein transzendent eingesehen werden können, in der unbezweifelbar gewissen Realerkenntnis und schließlich in der Erkenntnis unserer Kontingenz und der Existenz eines absolut voll-

---

[41] Wir haben im Lauf dieses Referats herauszuarbeiten gesucht, wie die Erkenntnisse innerhalb der „Münchener Phänomenologie" in äußerstem Gegensatz zur Philosophie des späten Husserls stehen, so daß der Ausdruck „Phänomenologie", auf beide angewendet, zu einem rein äquivoken Begriff wird, indem er denkbar entgegengesetzte philosophische Richtungen „zusammenfaßt". Aber auch innerhalb der „Münchener Phänomenologie" finden sich größte Gegensätze zu dem, was wir hier als die „gültigen Erkenntnisse" innerhalb der „Münchener Phänomenologie" bezeichnet haben. Ein m.E. grundlegendes neues Werk, das hier die nötige Klarheit schafft, ist das (noch nicht veröffentliche) Buch: *Untersuchungen zum Methodenproblem in der Philosophie* (Habilitationsschrift, Salzburg 1971), von Fritz Wenisch. In diesem Zusammenhang sei auch auf die Festschrift *Wahrheit, Wert und Sein*, hrsg. v. B. Schwarz, verwiesen (Regensburg 1970), wo sich wichtige Ergänzungen zu dem hier berührten Fragenkomplex finden.

Paul Ricoeur

PHÄNOMENOLOGIE DES WOLLENS UND ORDINARY LANGUAGE APPROACH

Ziel meines Referates soll eine Würdigung der beiden Abhandlungen Alexander Pfänders, *Phänomenologie des Wollens* (1900) und *Motive und Motivation* (1911), sein. Wie mir scheint, wird ihnen durch eine Wiederbelebung in der heutigen Zeit größeres Lob zuteil werden als durch eine archäologische Behandlungsweise. Wiederbelebung ihres Sinnes in der heutigen Zeit heißt, von einem anderen, der Phänomenologie entschieden äußerlichen philosophischen Horizont ausgehen und zeigen, auf welchen Wegen diese andere Betrachtungsweise zur Phänomenologie zurückführt. Der andere philosophische Horizont soll für uns heute die auf das Problem des Handelns angewandte Philosophie der normalen Sprache (Ordinary Language) sein. Tatsächlich haben die *Philosophischen Untersuchungen* (besonders die §§ 611 bis 660), Ludwig Wittgensteins zweites großes Werk, zu einer Fülle von Schriften über jene Formen des Sprechens Anlaß gegeben, in denen der Mensch sein *Tun sagt,* – sei es, um es zu beschreiben, – sei es, um es einem anderen mitzuteilen, – sei es, um einen Wunsch oder einen Befehl auszudrücken, – sei es, um es durch Motive und Gründe zu erhellen und zu rechtfertigen, oder schließlich, um eine unmittelbare Absicht oder ein fernes Ziel kundzutun.

Dieses *Sagen des Tuns* bildet das zentrale Thema dieser Philosophie der Handlungsäußerung. Nach einer zusammenfassenden Darstellung der Arbeiten dieser Schule möchte ich zeigen, daß die Sprachanalyse – ohne die Phänomenologie zu ersetzen oder ihr als Rivalin auf dem gleichen Gebiet entgegenzutreten – das *Erfordernis* einer Phänomenologie als Begründung der normalen Sprache deutlich macht. Sprachanalyse und Phänomenologie befinden sich meines Erachtens nicht auf der gleichen Ebene: die erste steht auf der Ebene der Aussagen, die zweite auf jener des

Erlebnisses oder, genauer, des Erlebnis*sinnes*. Jene stellt dieser
einen Ausdrucks- und Artikulationsbereich zur Verfügung, diese
hingegen liefert jener einen Konstitutions- und Fundierungs-
bereich. Am Ende dieses Nachweises werde ich auf einige Themen
Alexander Pfänders zurückkommen, um deren erstaunliche Aktualität sichtbar zu machen.

I. Teil

Die Schule der Ordinary Language-Philosophie scheint bei erster Überprüfung sehr anti-phänomenologisch eingestellt zu sein.
Für die Philosophen von Oxford und Cambridge fußt die Phänomenologie auf Anschauungen, die ein Subjekt aus seinem privaten
Erlebnisbereich schöpft. Nun können sich diese Anschauungen
nicht aussagen lassen, weil sie auf ostensive private Beschreibungen
zurückgreifen müßten, die in Wirklichkeit parasitäre Derivate der
öffentlichen Aussagen über öffentliche Gegenstände sind. Wie
man (private) Empfindungen lediglich anhand von (öffentlichen)
Gregenständen benennt, können (private) Absichten nur aufgrund
von Handlungen (die öffentlich sind) bezeichnet werden. Eine
Untersuchung der Aussagen hat, im Gegensatz zu einer vermeintlich beschreibenden Wissenschaft der Erlebnisse, den Vorteil, unmittelbar von solchen Formen der Rede auszugehen, in denen
die Erfahrung sich organisiert. Statt also der Wesensanschauung
des Erlebnisses zu vertrauen, beruft man sich auf die Kodifizie-
rung der Erfahrung in ihrem Sich-Äußern und verläßt sich auf
die bemerkenswerte Eigenschaft der normalen Sprache, sowohl
die Erfahrung zu artikulieren als auch die adäquatesten Ausdrücke, die feinsten Unterscheidungen, die für die verschieden-
artigsten Umstände menschlichen Tuns angebrachtesten Wendungen dank einer Art von natürlicher Selektion in sich aufzunehmen.
Als Behälter und Thesaurus des besten Sprechens eröffnet die normale Sprache den sichersten Zugang zum Problem des menschlichen Handlungssinnes.

Die Beiträge der Sprachphilosophie zur Untersuchung des
Handelns lassen sich in drei Gruppen unterteilen. Sie stellen alle,
obzwar unter jeweils verschiedenen Vorzeichen, eine Analyse der
Aussagen dar. In diesem Sinne können sie unter dem allgemein-
en Titel der *Linguistic Analysis* zusammengefaßt werden. Doch

ist es nicht einerlei, ob man die Begriffsanalyse der Ausdrücke „Absicht", „Motiv", „Ziel" usw. durchführt, – oder ob man die verschiedenen Formen der Sprechakte einer Beschreibung, eines Wunsches, eines Befehls, einer Absichtserklärung unterscheidet, – oder ob man schließlich die verschiedenen Formen der Argumente klassifiziert, die die verschiedenen Handlungsstrategien regeln. Die Stufe des Begriffes, des Satzes und der Äußerung bilden drei verschiedene operative Stufen einer Sprachanalyse des Handelns.

A) Die eigentliche Begriffsanalyse überwiegt bei E. Anscombe (*Intention*), Hampshire (*Thought and Action*) und A. I. Melden (*Free Action*). Nehmen wir als Beispiel den Begriff der Absicht bei E. Anscombe. Sein Sinn läßt sich auf drei Kontexte verteilen, in denen „*it makes sense*". Entweder sage ich „Ich habe die Absicht, dies oder jenes *zu* tun", – oder ich sage „Ich habe dies *absichtlich* getan", – oder ich sage schließlich „Ich tue dies *in* der Absicht zu ...". Diese drei kontextuellen Gebrauchsmöglichkeiten entsprechen genau bestimmten Äußerungssituationen, in denen diese Sätze gesprochen werden als sinnvolle Antworten auf Fragen wie „Was tun Sie da"? „Warum?", „Wozu?". Ein Ausdruck wird immer in einem „Sprachspiel" als sinnvoller ausgesprochen und als solcher aufgefaßt, in einem „Sprachspiel", in welchem die Form einer Antwort mit der Form einer Frage korrespondiert. In diesen verschiedenen Sprachspielen wird die Absicht nicht wie eine in der Seele verborgene *ens mentalis*, die die Rolle einer psychischen Ursache einer physischen Bewegung spielt, sondern als das Kennzeichen der Handlung selbst verstanden, wodurch sich diese letztere von der Bewegung als einfacher physischer Bewegung unterscheiden läßt. In den drei Ausdrücken „Die Absicht zu ...", „Absichtlich" und „In der Absicht zu ..." wird die Handlung genannt und gerade wegen ihres Bezuges *zur* Absicht verstanden. Folglich ist der Unterschied zwischen einer Handlung und einer Bewegung der normalen Sprache durchaus bekannt. Die Bewegung ist eine physikalische Wirklichkeit, deren Erklärung auf Begriffe wie „Energie", „Spannung", „Entladung" verweist. Der Begriff der Handlung hingegen steht in einem vielfältigen Bezug zu einem ganzen Begriffsnetz, in dem „Absicht" einen der Knotenpunkte bezeichnet und in dem bedeutsame Ausdrücke wie „Motiv", „Ziel", „Agens", „Mittel", „Zweck" usw.

auftreten. Nach der Bedeutung eines dieser Begriffe fragen, heißt, seinen Ort innerhalb dieses Netzes suchen und die Bedeutungsinterdependenz aller Begriffe dieses Netzes zueinander sichtbar machen. Wenn es um eine Handlung geht, dann geht es um eine Absicht, um ein Motiv und um einen Agens usw. Der Verweis einer Bedeutung auf eine andere konstituiert das „Sprachspiel" der Handlungsäußerung, im Gegensatz zum „Sprachspiel" der Bewegungsäußerung.

Unter allen internen Verknüpfungen dieses Netzes ist die bemerkenswerteste sicherlich jene, durch die Absicht und Motiv zueinander in Beziehung gebracht werden. Gerade sie hat Pfänder in seinem Aufsatz von 1911 betrachtet (wie ja auch der Versuch von 1900 in eine Parallele zur Analyse der Absicht bei Anscombe, Hampshire und Melden zu setzen wäre). Die Verknüpfung von Absicht und Motiv ist die engste aller in der normalen Sprache vorkommenden Verknüpfungen, weil die Frage „Was?" („Was tun Sie?"), die durch Äußerung einer Absicht beantwortet wird, anhand der Frage „Warum?" expliziert werden kann, die ja durch die Äußerung eines Motivs beantwortet wird. E. Anscombe schreibt: „Absichtshandlungen sind solche, auf die die Frage „Warum? paßt, sofern diese Frage in einem besonderen Sinn aufgefaßt wird, der folgendermaßen umschrieben werden kann: die Frage ist sinnlos, wenn die Antwort eine Evidenz angibt oder eine Ursache feststellt"; sinnvoll ist sie jedoch, wenn die Antwort ein Motiv im Sinne von „*reason for...*" geltend macht. Die Handlung hat folglich den Sinn einer Absicht, wenn ich eine Beziehung zu einem Motiv herstellen kann, das nicht als Ursache, sondern als Grund verstanden wird. So läßt sich das Begriffsnetz ergänzen: zum Gegensatzpaar Handlung/Bewegung tritt nun dasjenige von Motiv und Ursache hinzu. Eine Ursache ist tatsächlich[1] ein Ereignis ohne logische Beziehung zur Wirkung. Eine Ursache kann unabhängig von der Wirkung existieren; – ja, ihr Sinn setzt keinerlei Erwähnung ihrer Wirkung voraus. Anders steht es mit dem Motiv, das Motiv *dieser* Handlung *da* ist, also seiner Bedeutung gemäß zum Sinn der Handlung selbst gehört. Um genauer zu sein: es ist die Funktion einer wichtigen Gruppe von Motiven – nämlich jener, in denen weder ein vergangenes Ereignis noch etwas Zukünftiges erwähnt wird –, die Handlung

---

[1] Zumal in dem durch diese Philosophen immer vorausgesetzten Humeschen Sinne.

zu deuten, sie anderen und sich selber verständlich und klar zu machen. Diese Motive erlauben es, die Handlung *als* dieses oder *als* jenes zu betrachten; deswegen können sie einer Klasse oder einem Typus zugewiesen werden, von denen der Angesprochene ein vorgängiges Verständnis besitzt.

Eine andere Verknüpfung müßte eingehender behandelt werden: sie betrifft die Zuschreibung einer Handlung zu einem Handelnden, der identifiziert werden kann als derjenige, der andere Handlungen vollzogen hat und die Verantwortung dieser Handlung übernimmt. Die Sprache der Zuschreibung ist von größtem Interesse, und zwar nicht nur in der moralischen oder juristischen, sondern auch in der normalen Sprache, die die Beziehung der Handlungszeitwörter zum persönlichen Subjekt ohne weiteres versteht. Hier wiederum springt die Parallele zu A. Pfänder in die Augen, der „das Bewußtsein des Wollens im engeren Sinne" ausdrücklich durch den „Glauben an die Möglichkeit der Verwirklichung des Erstrebten durch eigenes Tun" bestimmt hat (77).

Doch will ich mich nicht länger bei dieser ersten Gruppe von Abhandlungen aufhalten, die unter jeweils anderen Vorzeichen dem Umkreis der Begriffsanalyse zugehören. Lediglich zwei Fragen möchten wir hervorheben, dank denen wir später die Autonomie und Selbstgenügsamkeit einer bloßen Analyse der normalen Sprache in Zweifel ziehen können. Was gestattet uns zu sagen, daß diese aus der normalen Sprache geschöpften Bedeutungen keine sprachlichen Zufälligkeiten oder Eigentümlichkeiten der englischen Sprache darstellen, und ferner, daß sie nicht zufällig, sondern notwendig und, wenn ich so sagen darf, unumgänglich sind? Andererseits: in welchem Sprachspiel spricht der Philosoph, wenn er die Alltagssprache analysiert? Beide Fragen hängen zusammen, denn um die Gewißheit zu erlangen, daß das sichtbar gemachte Netz wirklich das kategorische Netz menschlichen Tuns darstellt, müßte der Philosoph selber das *Transzendentale* der normalen Sprache aussprechen; – mit anderen Worten: er müßte dieses Transzendentale auf einer anderen Ebene als derjenigen der normalen Sprache konstituieren. Doch werden wir später auf diese Fragen zurückkommen.

B) Die zweite Gruppe von Untersuchungen betrifft die *speech-acts*, d.h. die Satzstruktur, in die Absichts- und Handlungsbegriffe eingeflochten werden. Die inzwischen berühmt gewordene

Deutung der performativen Aussagen durch Austin in *How to do Things with Words* ist kennzeichnend für diese zweite Gruppe von Untersuchungen über die Handlungsäußerung. Was der Psychologe „Wollen" nennt, drückt sich sprachlich nicht nur in einem Begriffsnetz, in dem Absicht und Motiv miteinander verknüpft sind, sondern auch durch Verbalformen wie „schätzen", „vorziehen", „wählen", „befehlen" aus, die an den Anfang der Handlungsausdrücke („wollen, daß...") gesetzt werden. Die Verbalformen hat Austin mit den performativen Aussagen, beispielsweise dem Versprechen, verglichen, in denen das Sprechen ein Tun ist. Diese Aussagen lassen sich durch besondere Kriterien identifizieren, wodurch sie sich von konstatierenden Aussagen abheben. Sie sind weder wahr noch falsch, sondern werden vielmehr unglücklichen Folgen (*infelicities*) unterworfen, wenn sie durch nichtqualifizierte Personen unter nichtautorisierten Umständen ausgesprochen werden: dann versagen oder mißlingen sie, oder sie sind leer und ungültig. Andererseits tun sie, was sie sagen: die Aussage „Ich verspreche" ist tatsächlich ein Versprechen. Schließlich haben sie den Sinn von performativen Aussagen nur in Wendungen in der ersten Person Singular des Indikativ Präsens. Die Aussage „Ich verspreche" ist das Ablegen eines Versprechens; die Aussage „Er verspricht" ist hingegen die Feststellung, daß jemand eine Handlung vollzieht, die ein Versprechen ist. Das Interesse dieser Untersuchung für unsere Ermittlungen der Handlungsäußerung ist evident, denn die Absicht, deren besondere begriffliche Eigenschaft in der vorherigen Analyse hervortrat, ist als Absicht nur sinnvoll in einer Absichtserklärung („Ich habe die Absicht zu..."), die alle Züge der Ausführung trägt. Obschon die Absicht scheitern kann, eignet ihr dennoch die Eigentümlichkeit einer Handlung. Sinnvoll ist sie lediglich in der ersten Person Singular des Indikativ Präsens.

Das Interesse an einer Theorie des *speech-act* wächst überdies, sobald erkannt wird, daß sich der Unterschied zwischen der Ausführung und der Feststellung einem anderen Unterschied unterordnet, der alle Aussagen – auch die konstativen Äußerungen – umspannt. Diesen zweiten Unterschied führt Austin in den letzten Vorlesungen von *How to do Things with Words* ein: es ist der Unterschied zwischen (1.) lokutionären Akten, die den Inhalt eines Satzes aussagen, zum Beispiel „Pierre öffnet die Türe"; dies ist der Akt *des* Sprechens (of saying); – (2.) illokutionären Akten, die das sind, was man im Sprechen tut (*in saying*), zum Beispiel „Ich stelle fest, ich befehle, ich wünsche, daß Pierre die Türe öffnet"; – (3.) schließlich perlokutionären Akten, die das sind, was man tut, indem man spricht (*by saying*), zum Beispiel „Indem ich befehle, jage ich einen Schrecken ein, schüchtere ich ein". Während der illokutionäre Akt durch Anerkennung seiner Bedeutung durch einen Mitmenschen wirksam ist, wirkt der perlokutionäre Akt hingegen wie ein Stimulus, der eine Verhaltensreaktion hervorruft. Diese durch Austin bloß entworfene Architektur wurde mit größerer Meisterschaft durch John Searle in *Speech-Acts* weiter ausgebaut. An den lokutionären Akt, den er „propositionalen Akt" zu nennen vorzieht, bindet Searle eine durch Strawson in *Individuals* aufgewiesene Doppelfunktion: einerseits den identifizierenden Bezug dessen, „worüber" gesprochen wird, andererseits den prädikativen Akt, der den eigentlichen Sinn trägt, also das „Was", das vom logischen Subjekt geäußert wird. Diese erste Schicht von *speech-acts* ist für die Theorie der Handlungsäußerung bereits von großer Tragweite, denn der identifizierende Bezug, und mehr noch die Prädikation, fungieren darin in spezifischer Weise: „Brutus hat Caesar getötet" besitzt die Funktion eines zweifachen Arguments, denn die Handlung kann von dem einen genausogut wie von dem anderen gesagt werden. Dieses Charakteristikum macht es erforderlich, die Handlung einer Satzkategorie einzugliedern, die mit derjenigen des Vergleiches („Pierre ist größer als Paul") verwandt ist, wie A. Kenny in *Emotion, Action and Will* nachgewiesen hat. Doch ist es besonders die Ebene der illokutionären Akte, auf der sich die Handlungsäußerung von jeder anderen Äußerung unterscheidet. Die Wollung in ihrer Ähnlichkeit mit dem Befehl an einen Mitmenschen oder mit dem Versprechen sich selber gegenüber scheint sicherlich den psychologischen Aspekt einer Reihe illokutionärer Akte darzustellen, denen eine genau umschriebene sprachliche Struktur eignet. Der Vorteil der Sprachanalyse liegt nun darin, daß sie diese psychologische Bedingung (etwa den Wunsch oder den Glauben) mit der Ehrlichkeitsbedingung des Versprechens vergleichen und sie zu einer Regel eines Sprachspiels machen kann, dessen übrige Regeln noch entfaltet werden müssen. So entspricht der illokutionäre Akt der Absichtsäußerung einer bestimmten Satzstruktur: in ihr muß ein Handlungsverbum (nicht ein Zustandsverbum) vorkommen, in der Zukunft (nicht in der Vergangenheit), in jener Person, in der jemand seine Absicht äußert (nicht in der zweiten oder dritten Person wie im Falle des Wunsches oder des Befehls).

Damit ist die Grundlage für den Vergleich mit der Phänomenologie des Wollens genügend ausgebaut. Doch werde ich den Umkreis dieser Analysen nicht verlassen, ohne wiederum jene Fragen aufzuwerfen, die eine Rückbeziehung der linguistischen zur phänomenologischen Analyse anzeigen. Welches Prinzip befolgt Austin, wenn er die illokutionären Akte in fünf, sieben, zehn oder mehr Klassen einteilt? Worin liegt die Notwendigkeit der sprachlichen Unterschiede? In welcher Sprache *stellt* der Philosoph die Theorie der Sprache *her*?

C) Doch betrachten wir, zumal nur kurz, den dritten Aspekt der die Handlungsäußerung betreffenden Analysen. Sie gehen die *Argumentation* an, in der sich die Handlungsäußerung artikuliert.

Man kann die Notwendigkeit dieser neuen Überlegungen aus einer früheren Bemerkung ableiten. Ein wichtiger Aspekt der Absichtlichkeit einer Handlung ist der, daß eine Handlung in der Absicht zu . . . vollzogen wird. Das war, wie erinnerlich, eine der drei Bedeutungen des Wortes ,,Absicht'' nach E. Anscombe. Die Absicht nämlich, mit der (*with which*) etwas getan wird, weist auf eine andere Handlung hin, die durch eine syntaktische Verbindung von der Art ,,p tun, *damit* q'' an die vorangehende Handlung geknüpft wird. Tatsächlich enthält jede entfaltete Absicht, neben einem semantischen Kern (,,p tun''), eine syntaktische Artikulationsverbindung, durch die sie mit einer anderen Handlung verbunden wird. Man wird in einer isolierten Handlung schwerlich das Kriterium der Absicht ausmachen können. Dagegen konstituiert eine Kette von Handlungen ganz gewiß eine Absicht. Die Absicht ist dann die teleologische Form einer Kette von Mitteln und Zwecken, deren syntaktische Verbindung durch den sprachlichen Ausdruck dargestellt wird. So läuft die grammatikalische Analyse unmittelbar auf eine Reaktivierung des ,,praktischen Syllogismus'' des Aristoteles hinaus, der den syntaktischen und nicht bloß semantischen Charakter der Absicht kodifiziert und formalisiert hat[2]. Doch wird auf diese Weise nicht nur der ,,prak-

---

[2] E. Anscombe unterstreicht in *Intention* die Tatsache, daß der praktische Syllogismus nicht zur Ethik, sondern zur Handlungstheorie im allgemeinen gehört: seine

tische Syllogismus" wiedergefunden, sondern auch der gesamte *strategische* Aspekt der Handlung. Hier tritt nun die Analyse der normalen Sprache hinter eine halb-formale, dann völlig formalisierte Analyse dieser Syntaxen zurück. Mit der halb-formalen Analyse befindet man sich noch im Bereiche der normalen Sprache; – doch mit der formalen Analyse verläßt man ihn. Unter halb-formaler Analyse mögen hier jene Theorien der *Argumentation* verstanden werden (wie etwa jene von Perelman), die der Rhetorik mehr zu danken haben als der Logik. In ihnen ist die Formalisierung notwendigermaßen unvollständig, weil die Entscheidung selbst ein in der Überlegung vorausgesetzter Faktor ist. Hier spielt also die Überzeugung die Rolle des logischen Zwanges; ferner vermischt sich das Bemühen, andere zu beeinflussen, mit der Bemühung um eine Rechtfertigung des Handlungszusammenhanges. Die Argumentation bleibt also mit der Motivation verwoben, wodurch die letztere einen diskursiven Leitfaden erhält. Der Ausdruck „Handlungsäußerung" findet hier seinen eigentlichen Sinn. Auch haben wir damit den Bereich der Analyse der normalen Sprache damit noch nicht vollauf verlassen. Anders steht es mit den mathematischen Entscheidungs- und Spieltheorien. Wohl untersucht man hier Strategien, die dem Ökonomen und Polemologen bekannt sind, doch werden keine wirklichen Situationen, keine wirklichen Konflikte und keine wirklichen Entscheidungen mehr betrachtet. Vielmehr geht man von „Modellen" aus, die aus der formalen Theorie im mathematischen Sinne des Wortes hervorgegangen sind, d.h. von einer Sammlung von Theoremen, die aus einer Gruppe von Axiomen abgeleitet wurden. Hier ist die Entscheidungstheorie eine Anwendung des Kalküls auf die Konjektur, nicht aber eine Reflexion auf tatsächliche Überlegungen, die einem tatsächlichen Verhalten eignen. Die Spieltheorie ist die bemerkenswerteste Form der Entscheidungstheorie, und zwar wegen der Funktion des durch die Strategie der Zufallsspiele zur Verfügung gestellten Modelles. Doch damit haben wir das Feld der Analyse der normalen Sprache verlassen.

Prämisse enthält nicht unbedingt die Aussage einer Norm, sondern lediglich den „Charakter der Wünschbarkeit", d.h. ein ὀρεκτόν; über solche Wünschbarkeitscharaktere argumentiert man.

II. Teil

Wir gehen nun – das ist das eigentliche Ziel unseres Referates –
an die Konfrontierung von Sprachanalyse und Phänomenologie
heran. Es handelt sich darum, die jeweilige Ebene der Konver-
genzen und Divergenzen auszumachen.

Wir haben eingangs die Gründe erwähnt, warum wir der linguistischen Betrachtungsweise den Vorzug gegenüber der phänomenologischen Betrachtungsweise gegeben haben: (1.) Die Sprachanalyse vermeidet alle Schwierigkeiten der Innenschau, mit anderen Worten, sie vermeidet die Berufung auf das lebendige Emp-
finden und auf die Intuition (wir haben die Kritik Wittgensteins
an den privaten ostensiven Beschreibungen und die mögliche Erweiterung dieser Kritik auf die Phänomenologie als einer Modali-
tät der ,,inneren Wahrnehmung'' in Erinnerung gerufen). All dem
stellt die Sprachanalyse die Untersuchung öffentlicher Aussagen
gegenüber, in denen sich die Erfahrung ausdrückt. (2.) Die Phänomenologie kommt, gerade weil sie glaubt, das Wesen auf der
Grundlage des singulären Beispiels erfassen zu können, zum zweiten
Male in die Verlegenheit eines Rückganges auf die Intuition,
denn es geht ihr darum, das ,,Wesen'' anhand eines ,,singulären
Beispiels'' zu *schauen*. Dem setzt die Sprachanalyse eine Untersuchung des Sinnes und der Bezüge zwischen Aussagen gegenüber.

Indes, sind mit diesen Einwänden die Quellen der Phänomenologie verschüttet?

Ich möchte zeigen, wie die Schwierigkeiten der Sprachanalyse
ihrerseits auf die Phänomenologie verweisen, jedoch auf eine solche, die durch die Kritik der Sprachanalyse bereits berichtigt
worden ist.

Wir erinnern zuerst an die Aporien der linguistischen Methode.
Sie rühren von der Ohnmacht dieser Methode, auf sich selbst
zu reflektieren und zu sagen, in welchem Sprachspiel nun über
die normale Sprache gesprochen wird. Diese Unfähigkeit zur
Selbstbesinnung demonstriert sich an der Unmöglichkeit eines
Aufweises, daß die beschriebene Sprache etwas anderes als eine
zufällige Sprachkonfiguration oder sogar eine idiomatische Be-
sonderheit des Englischen ist.

Diese Schwierigkeit lastet nun sowohl auf der Analyse des begrifflichen Ausdrucks gemäß der ersten Methode wie auch auf der Analyse der illokutionären Akte gemäß der zweiten Methode. Dennoch scheint diese letztere für die systematische Ordnung der illokutionären Akte geeigneter zu sein; indes scheitert sie letztlich an der durch Wittgenstein zum Dogma erhobenen Unmöglichkeit einer Klassifizierung. Für Wittgenstein schloß bekanntlich die Familienähnlichkeit von zwei verschiedenen Sprachspielen jede Relation von Gattung und Art aus. Diese Schwierigkeit ist nun gerade die eines Überganges zum Transzendentalen. Kann ein solcher Übergang, den Strawson in *Individuals* für die ,,ursprünglichen Individuen'' (das sind, wie er sagt, die Körper und Personen in unserer Begriffsorganisation) vollzogen hat, auch für die die Handlungsäußerungen regelnden sprachlichen Kategorien, also auch für die Absicht und das Motiv, die Verantwortung und die Zuschreibung, den Befehl, das Warnen, das Wünschen, das Beobachten usw. erfolgen? Wie kann man sich vergewissern, daß die Sprachanalyse tatsächlich eine Begriffsanalyse und das *de facto* Zwingende einer sprachlichen Form auch *de jure* zwingend ist?

Neben diesen Aporien weisen auch andere Eigenschaften der Sprachanalyse auf die Phänomenologie zurück. So auch gerade das, was ihre größte Wirksamkeit ausmacht. Tatsächlich weicht die in ihr vorausgesetzte Konzeption der Sprache grundlegend von derjenigen des philosophischen Strukturalismus ab. Die Klärung der normalen Sprache ist keineswegs die Ergründung eines geschlossenen Systems, in welchem Wörter nur auf andere Wörter verweisen. Nichts ist der Sprachanalyse fremder als der Wahn der Geschlossenheit eines Zeichenuniversums. Gemäß Austins ausgezeichnetem Versuch *A plea for excuses* (und gemäß dem, was er vor einigen Jahren in Royaumont wiederholte), klären wir die Sprache nur um einer besseren Analyse der Erfahrung willen auf. Die Methode führt also von der Analyse der Aussage zur Analyse der Erfahrung. Deshalb hat Austin einmal gewagt, seine Methode als ,,Sprachphänomenologie'' zu bezeichnen (*A plea*, S. 130).

Nun stellt sich aber die Frage, ob die *Erlebnisse der Phänomenologie nicht das implizite und nicht thematisierte Bezeichnete der Analyse der normalen Sprache ist.*

Diese Hypothese wird durch die Tatsache bestätigt, daß die Sprachanalyse aus einer Reaktion gegen den logischen Atomis-

mus Russels und die Bildtheorie des frühen Wittgensteins hervorgegangen ist. Für die Philosophie des Ordinary Language kommt
es nicht in Frage, die Sprache gemäß axiomatischen Erfordernis-
sen einer ,,vollkommenen Sprache" neu zu formulieren. Vielmehr
geht es ihr darum, sich in das Innere der normalen Sprache zu
versetzen, um aufzuweisen, was sie *als* normale Sprache wirklich
bedeutet und bezeichnet. Unter diesem Gesichtspunkt stellen
einerseits die *Philosophischen Untersuchungen* des späteren Wittgensteins, die Analysen von Austin, Hampshire und E. Anscombe
andererseits eine Revolution dar, die den Vergleich mit dem Werk
Husserls nicht zu scheuen braucht, der die beschreibende Wissenschaft des Erlebnisses gegen das Ideal mathematischer Definität
und Sättigung durchsetzte. Für meinen Teil möchte ich diese
entsprechenden Gegensätze – auf der Seite der analytischen Philosophie zwischen der ,,vollkommenen" und der normalen Sprache und auf derjenigen der Phänomenologie zwischen ,,exakten"
und ,,inexakten" Wesen – Punkt um Punkt gelten lassen.

Noch radikaler ähnelt die analytische Philosophie der Phänomenologie nicht nur in dem, was sie ablehnt, sondern auch in
dem, was sie vollbringt. In beiden Fällen geht es nämlich um
Klärung, – um die Klärung von Aussagen oder von Wesen der
Erlebnisse. Wir werden später auf den Unterschied des jeweiligen
Klärungsbegriffes zurückkommen. Zuerst müssen wir auf die Verwandtschaft des jeweiligen Klärungs-*Vollzuges* hinweisen. Klären
ist ein Unterscheiden, ein Feststellen, daß dies nicht jenes ist.
Klären ist das Aufstellen von Listen und Inventaren. Kurzum,
klären ist das Instituieren von Unterschieden. Die Phänomenologie ist insgesamt eine Kunst des Unterscheidens, also des Unterschiedes. Damit hebt sie sich von jeder dialektischen Konstruktion ab, die eine Kunst der Übergänge und Zusammenhänge ist.
In diesem Sinn sind die Engländer und die Phänomenologen
gleichermaßen Gegner der dialektischen Methode; das bringt sie
einander näher. Wir stehen hier also einer Kunst des Unterscheidens, einer Technik der Klärung gegenüber, womit beide Unter-
nehmungen auf der gleichen Ebene des Sprechens stehen.

Ich will den Abstand zwischen beiden Bedeutungstheorien
nicht verkennen: in der einen bestimmt sich die Bedeutung durch
den Gebrauch, in der anderen durch eine Anschauung des Sinnes.
Doch der Rekurs auf den Gebrauch einerseits, auf die Intuition

andererseits, darf als Warnung vor gleichen Prätentionen und
Illusionen aufgefaßt werden, die auf der einen Seite „logisch vollkommene Sprache", auf der anderen „*mathesis universalis*"
heißen.

Alle diese Umstände veranlassen uns, den Berührungspunkt
beider Methoden mit Genauigkeit aufzusuchen.

Auf den ersten Blick scheint dieses Vorhaben zum Scheitern
verurteilt zu sein: denn derjenige, der von der Sprachanalyse zur
Phänomenologie kommt, wird darüber erstaunt sein, daß in dieser
die linguistischen Fragen untergeordnet und scheinbar unwesentlich sind, gemessen an der Bedeutung der Erlebnisanalyse, die
sich mehr um wesentliche Anschaulichkeit als um einen richtigen
Sprachgebrauch kümmert.

Doch die prinzipielle Verschiedenheit – sofern sie richtig verstanden wird – bedeutet nicht, daß beide Strategien unvergleich-
bar sind. Wenn sich die Sprachanalyse nicht in der Geschlossenheit der Sprache einmauert, sondern für die Erfahrung empfäng-
lich bleibt, so hat umgekehrt die beschreibende Eidetik sprachliche Implikationen, gerade weil sie eine Eidetik, keineswegs aber
eine reflexive Koinzidenz ist, in welcher das bereits Erlebte bloß
nachzuerleben wäre, ohne daß es gedacht und geäußert werden
müßte.

Bemühen wir uns, das Schwergewicht des Unterschiedes zwischen der Phänomenologie und der Sprachanalyse richtig zu
setzen!

Wir sagen zuerst: auch wenn das Erlebnis die durch die Sprache
anderswo eingenommene Stellung beansprucht, so ist es dennoch
kein bloßes Erfahren. Damit es den Rang eines zum „phänomenologischen Feld" gehörenden Erlebnisses einnehmen kann, ist es
an den vorhergehenden philosophischen Akt der Reduktion der
natürlichen Einstellung gebunden. So ist das Erlebnis auch kein
natürliches oder vollkommen natürliches Erleben: was ist es aber,
wenn nicht das Reich des Sinnes, in welchem der Sinn auf einen
anderen Sinn und auf das Bewußtsein verweist, damit es überhaupt Sinn gibt? Nun ist die Verschiebung des Blickes von der
Weltthese zur These des Sinnes nicht ohne Bezug zu jener durch
die analytische Philosophie vollzogenen Bewegung. Denn die analytische Philosophie macht klar, daß sie nicht die Tatsachen,
sondern die Tatsachenerkenntnis bereichern will. Kann man sa-

gen, daß die Phänomenologie das thematisiert, was der Philosoph
der Sprache unbemerkt oder unwissentlich tut? Diese Anglei-
chung drängt sich noch mehr auf, wenn man die phänomenologische Reduktion – wie ich es glaube verantworten zu können –
nicht als Verlust von irgendetwas, als Beseitigung einer ontologischen Dichte, sondern als Einnahme einer Distanz, als einen Akt
der Differenz interpretiert, im Anschluß an den es nicht nur
Sachen, sondern auch bezeichnende Zeichen gibt. Kurzum, wenn
die phänomenologische Reduktion der Entstehung der symboli-
schen Funktion gleichkommt, so fundiert sie auch die Tätigkeit
des analytischen Philosophen, der sich von den Tatsachen ab-
wendet und den Aussagen zukehrt.

Man wird – nicht ohne Grund übrigens – sagen, daß die Wirkung hier und dort nicht die gleiche sei: der analytische Philosoph
betrachtet Aussagen, der Phänomenologe Erlebnisse. Gewiß, ist
aber das durch die phänomenologische Reduktion gewonnene
Erlebnis etwas anderes als ein in höchstem Maße sagbarer Sinn?
Es ist bemerkenswert, daß Husserl durch den Rückgriff auf das
Erlebnis nie dazu gebracht wurde, das Unsagbare herauszu-
streichen. Von vornherein gibt sich das sogenannte „Residuum"
der phänomenologischen Reduktion als ein strukturiertes Feld,
das sich durch eine eidetische Analyse, wie er sagte, erfassen läßt.
Das erste Axiom des Phänomenologen kann, nachdem die Schwel-
le der Reduktion überschritten wird, so formuliert werden: jedes
singuläre Ereignis hat sein Wesen, das in Wesensreinheit eingesehen werden kann und das als solches zum Anwendungsbereich
einer möglichen eidetischen Wissenschaft gehören muß. Der eidetische Gehalt soll nicht nacherlebt, sondern ausgesagt werden.
Die Distanznahme zur Welt ermöglicht die Aufgabe, die Wesen
und ihre Zusammenhänge zu unterscheiden. Dieser Begriff des
eidetischen Gehaltes veranlaßt die Phänomenologie zu sprachlichen Betrachtungen; – doch nur indem sie diese Betrachtung
zuerst durch einen Akt der Reduktion, anschließend durch einen
solchen der Wesenseinsicht begründet. Die ursprüngliche Sagbarkeit des Erlebnisses ist es, die eine Theorie der Aussagen ermöglicht. Meines Erachtens muß diese These hier an die Stelle der
unglücklichen Bildtheorie und der Definition der Bedeutung
durch den Gebrauch treten, die nie die Bestimmung der Richtig-
keit eines Gebrauches gestatten wird.

Deshalb operiert die Phänomenologie auf einer anderen strate-
gischen Ebene als die Sprachanalyse; diese will Aussagen klären,
jene will die Wesenserfassung selbst klären. Husserl verkennt die
Zweideutigkeiten der Sprache nicht, doch scheinen sie ihm weniger nachteilig zu erscheinen als der Mangel an Klarheit, der mit
dem „Wie der Gegebenheit" zusammenhängt. Es gäbe kein Wahr-
heitsproblem, wären die Sachen nicht durch verschiedene Stufen
der Nähe und Ferne gegeben, die auf ihre Gegebenheitsweisen
abfärben. So geht es Husserl nicht nur um eine Frage der Sprache,
sondern auch um eine solche des Blickes, wenn man so sagen darf.
Das Gewicht, das die Engländer der Sprache beimessen, wird hier
den Akten der Wesenserfassung gegeben. Die gesamte Taktik des
singulären Beispiels und der imaginativen Variation läuft auf
einen Kampf um die Nähe hinaus.

Schließlich nähert sich Husserl den Analytikern durch die oben
erwähnte Überzeugung, wonach die Klärung keine mathematischen Wesen im Sinne der Definitheit und Sättigung der Hilbert-
schen Mathematik hervorzubringen vermag. Die deskriptive Eidetik des Erlebnisses ist keine mathematische Eidetik. Sie ist eine
„strenge Eidetik", indem sie versucht, solche Einsichten zu gewinnen, die zum „inexakten Wesen" gehören. Gerade dadurch
ist die Husserlsche Disziplin einer deskriptiven Eidetik mit der
Analyse der normalen Sprache verwandt.

Doch ist das nicht alles; ich bin versucht, die Verwandtschaft
beider Betrachtungsweisen noch stärker hervorzuheben.

Warum sagt Husserl, daß das Erlebnis strukturiert, sinnvoll
und sagbar sei? Weil es ein intentionales ist und weil es fortzu die
Möglichkeit gibt, den Sinn eines Erlebnisses anhand der gegenständlichen Vermeintheit zu explizieren. Ich fände es gut, wenn
man das zentrale Thema der Phänomenologie – nämlich: daß
jedes Bewußtsein ein Bewußtsein von ... ist (und das ist eine
große Banalität) – und die Methode der Phänomenologie – nämlich: daß es eine eidetisch beschreibende Wissenschaft gibt – nicht
auseinanderreißen würde. Wenn es nämlich Äußerungen über die
Erlebnisse geben kann, dann nur deshalb, weil diese ein Bezieh-
ungsgefüge besitzen und sowohl die Differenz wie auch die Beziehung des Transzendenten zum Transzendentalen zum Vorschein bringen. Geht man davon aus, dann gibt es sowohl ein Erleben wie auch ein Denkbares. Die Sätze, daß die Phänomenologie

eine eidetisch beschreibende Wissenschaft ist, einerseits, und daß
sie von der Intentionalität handelt, andererseits, sagen das gleiche. Man kann nämlich nur sagen, was das Bewußtsein erlebt,
wenn man sagt, was es *vermeint*. So wird es möglich, das *cogito*
durch die *cogitatio* und die *cogitatio* durch das *cogitatum* zu äußern,
wobei Husserl das letzte auch Gegenständlichkeit oder Noema
nennt und der Noese als Bewußtseinsfeld, worin und wofür etwas
einen Sinn hat, gegenüberstellt.

Diese Konzeption bildet die Grundlage, auf der jede Auseinandersetzung mit der analytischen Sprachphilosophie gründet.
Was man nämlich den Aussagen, mit denen die linguistische Analyse arbeitet, gegenüberstellen muß, ist nicht das Erlebnis des
Phänomenologen; oder, um genauer zu sein, den Aussagen ist das
Erlebnis in seinem noematischen Gehalt (in seinem Gehalt als
Noema und als Objektität) gegenüberzustellen. So wäre es frucht-
los, eine Theorie des Erlebnisses gegen eine Theorie der Aussage
auszuspielen. Eine fruchtbare Konfrontation ist erst möglich,
wenn die eidetisch beschreibende Wissenschaft auf den Sachverhalt des Noema zentriert ist. Die Wissenschaft des Erlebnisses ist
eine Wissenschaft der Noemata. Nun bewirkt das Noema prinzipiell die Sagbarkeit des Erlebnisses; auch spricht ja Husserl
manchmal von ,,noematischen Aussagen". Am Ende einer Reihe
von Implikationen – Reduktion, Erlebnis, Wesen des Erlebnisses,
Intentionalität des Erlebnisses, Noema des Erlebnisses – erreicht
Husserl den Ausgangspunkt der analytischen Philosophie, nämlich die Ebene der Aussage. Husserl endet dort, wo Austin und
die anderen anfangen. Deshalb sind die Aussagen für ihn bloß
,,Ausdrücke", d.h. eine zusätzliche Schicht des an das Noema ge-
bundenen Sinnes.

III. Teil. *Pfänders Phänomenologie des Wollens*

Nun muß ich noch darlegen, wie diese Art von ,,Sprachphäno-
menologie", die aus der Verbindung zwischen der Aussagenana-
lyse der *linguistic analysis* und der eidetischen Analyse der ,,noe-
matischen Gehalte" hervorgeht, der Phänomenologie des Wollens
von Pfänder gerecht werden kann.

Pfänder hat seine Phänomenologie des Wollens verfaßt, bevor
Husserl die Grundlagen einer deskriptiven Forschung gelegt hat-

te. Man darf von ihm deshalb nicht das abverlangen, was man vom Husserl der *Logischen Untersuchungen* und besonders der *Ideen I* erwartet. Hingegen darf man von Pfänder gerade das erhoffen, was bei Husserl fehlt, nämlich: die Beschreibung des Wollens in einer unmittelbaren Erfassung des Wollensphänomens. Es ist übrigens bemerkenswert, daß Husserl die affektiven, axiologischen und Willensphänomene jeweils nur als „Schicht" von Erlebnissen behandelt hat, die auf der Grundlage von objektivierenden Akten aufgebaut sind. Seine, Husserls, Phänomenologie ist vornehmlich eine Phänomenologie der Wahrnehmung, des Sehens im engeren Sinne des sinnlichen oder im weiteren Sinne des intellektuellen Sehens. Pfänder hingegen zielt direkt auf das, was er „das Bewußtsein des Wollens im allgemeinen Sinn" genannt hat, das nichts anderes ist als ein „Wünschen, Hoffen, Sehen, Verlangen, Fürchten, Verabscheuen usw." umfassendes „Bewußtsein des Strebens". Pfänder analysiert dieses Bewußtsein des Strebens dadurch, daß er sich der Vorstellung des Korrelates desselben, dem „Erstrebten", zuwendet. Damit antizipiert er Husserls Noesis-Noema-Korrelation. Diese Untersuchung der gegenständlichen Bewußtseinsinhalte bringt ihn seinerseits dazu, die Beziehung des Ichs zu seinen Bewußtseinsinhalten zu enthüllen. Im Innern dieser Beziehung des Ich zu einem Etwas isoliert er das „Meinen" oder „die Beziehung des Ich auf etwas Nicht-Gegenwärtiges". Demgemäß wird das „Vorstellen" (das für Husserl ein vorgängiger objektivierender Akt ist) als ein Bestandteil des „Gemeinten des Strebens" erfaßt. Genauer: im „Gemeinten des Strebens" wird Pfänder zufolge das Vorgestellte erfaßt. Das Nicht-Gegenwärtige wird also von vornherein als ein Gegenüber des Strebens (und nicht nur der gegenständlichen Akte wie der Wahrnehmung und Vorstellung) in seiner ganzen Sinnesfülle erreicht, und auch die zeitlichen Aspekte der Vergangenheit und Zukunft können unmittelbar am Korrelat des Strebens abgelesen werden. Was nun die auf diese Weise im „Gemeinten des Strebens" eingehüllte Vorstellung angeht, so wird sie als „Zielvorstellung" auf der Grundlage des in ihr vermeinten Sinnes beschrieben. Die Relation zu Lust/Unlust wird ihrerseits aufgrund wesentlicher Momente ausgewiesen, durch die jene Zielvorstellung gebildet wird: Zielvorstellung und vorgestellte Lust stehen im Inneren des Meinens, welches das Streben kennzeichnet, in einem

gehen. Man kann heute folgende Definition Pfänders in einem implizit linguistischen Sinne verstehen: ,,Der Willensakt ist also ein mit einer bestimmten Willensmeinung erfüllter praktischer Vorsetzungsakt, der vom Ich-Zentrum ausgeht und bis zum Ich selbst vordringt, dieses selbst zu einem bestimmten zukünftigen Verhalten bestimmt". Alles, was durch die Analyse der illokutionären Akte belegt wurde, bestätigt genau die Definition Pfänders.

Auch wird die Beziehung von Wollen und Motiv in einem sprachanalytischen Ansatz thematisiert, der demjenigen E. Anscombes, Hampshires und A. I. Meldens gleicht. Der Bezug zwischen dem Wollen und dem, ,,was ihm vorangeht", teilt sich in zwei Momente auf: ,,Bestimmung durch Motive" einerseits, ,,Verleitung durch Strebungen" (S. 144) andererseits. Dem ersten entspricht die Idee eines ,,Willensgrundes"; dem zweiten die Idee einer ,,Ursache". Nun findet sich dieser Unterschied zuerst in der Sprache selbst. Unter diesem Gesichtspunkt ist das Vokabular Pfänders (,,das geistige Hinhören auf Forderungen", – ,,Anerkennung und Billigung", – ,,die Stützung auf den Grund", – ,,gründen", ,,stützen" und ,,eduzieren", – ,,sich darauf rückstützend", – ,,sich stützen auf etwas" [S. 141–142]) für die Sprachanalyse von größter Relevanz. Die Sprache zeigt sich hiermit als Wahrung des Unterschiedes zwischen der Motivation und den anderen Beziehungen: auf der einen Seite findet sich ,,die Stellung von praktischen Forderungen", auf der anderen ,,die Erregung von Strebungen". Das Vokabular der ersten deckt sich nicht mit demjenigen der zweiten. So steht den oben genannten Wendungen eine Reihe von anderen gegenüber: ,,wirken" vs. ,,hinweisen", – ,,erleiden" vs. ,,vernehmen", – ,,bewirken" vs. ,,motivieren", – ,,Seelenleib" vs. ,,Seelengeist", – ,,bezwungen" vs. ,,geistiges Gehör". Und so bleibt die Sprache ein Leitfaden, wenn behauptet wird, daß ,,durch Motive bestimmt sein" etwas ganz anderes sei als durch ,,Anreize" ,,angezogen" oder ,,abgestoßen" werden.

Während die Pfändersche Analyse unsere erste Arbeitshypothese stützt, wonach jede Phänomenologie sprachanalytisch ist, insofern als sie durch die Unterscheidungen der normalen Sprache geleitet wird, bestätigt sich auch die zweite Hypothese, wonach die Sprachanalyse nicht durch sich selbst, sondern nur durch eine Analyse der noematischen Gehalte des Bewußtseins begründet werden kann. Gewiß, Pfänder hat nicht die transzendentalen

Voraussetzungen dieser Analyse ausgearbeitet, doch hat er später die Epoché – als Außer-Aktion-Setzung des Glaubens – immerhin als einen wesentlichen Schritt der phänomenologischen Betrachtungsweise anerkannt (vgl. hierzu die Bemerkungen über die Stellung Pfänders in der phänomenologischen Bewegung in Spiegelbergs Einleitung zur englischen Übersetzung *Phenomenology of Willing and Motivation*, S. XIX).

Auch hat er die Tragweite der Husserlschen Phänomenologie zuerst nicht nur geahnt, sondern später auch anerkannt. Indem er direkt zum Streben und Wollen vordringt, ohne den Umweg über die „objektivierenden Akte" zu machen, hat er den Begriff des Aktes selbst thematisiert, den Husserl wegen des Primates der Wahrnehmung und des Sehens in der Theorie der Intentionalität nur schwer in seiner ganzen Breite erkennen konnte. Hier scheint mir der wichtigste Dienst zu liegen, den eine Lektüre dieser Art von Archäo-Phänomenologie in der heutigen Zeit der nachhusserlschen Phänomenologie zu leisten vermag: sie hilft, den durch das Modell der Wahrnehmung abgesteckten Rahmen zu sprengen. Tatsächlich kann die Erweiterung der phänomenologischen Methode auf das Fühlen und Wollen jene Entwicklung berichtigen, in der die Phänomenologie, geleitet vom Paradigma des Sehens und von der Metapher des Lichts, mehr und mehr zu einem Idealismus neukantianischer Prägung strebte. Wenn eine lichte Welt einer Welt ohne Widerständigkeit – und in diesem Sinne einer idealen Welt – gleichkommt, dann ist eine „schwere" Welt notwendigermaßen realer, wirklicher, von einer Wirklichkeit, für die Existieren Widerstehen ist. Es ist keineswegs paradox zu sagen, daß Pfänder einer Rechtfertigung einer „harten" Welt umso näher kommt, als er sich unmittelbar auf das Streben und Wollen des Bewußtseins richtet. Einem cogito, das „Sehen" ist, entspricht eine Welt, die sich in einem ungreifbaren Schauspiel zerstreut. Einem cogito aber, das Tun ist, entspricht eine Welt, die sowohl Hindernis wie auch Weg ist.

Wenn man heute Pfänder wieder liest, so entdeckt man, daß seine Größe darin lag, durch eine Phänomenologie des Wollens und der Motivation unmittelbar den Handlungskern erfaßt zu haben, durch den ein bewußtes Subjekt zu einem verantwortlichen wird.

Autorisierte Übersetzung von Alexandre Métraux

Balduin Schwarz

DIE WERTPHILOSOPHIE DIETRICH VON HILDEBRANDS

Wenn irgendwo das Wort Hegels von der ,,Eule der Minerva",
gilt, die erst fliegt, wenn die Dämmerung einbricht, so in der
Wertphilosophie. So lange es in der abendländischen Welt eine
mehr oder weniger feste und unangefochtene Wertordnung gab
und damit eine gewisse ,,Werthelle" des unmittelbaren Wissens
und der gelebten Vollzüge, war der Wertbegriff philosophisch un-
beachtet und unbehandelt geblieben. Aber, wie Alexander Pfänder in einer philosophischen Notiz, die Herbert Spiegelberg uns
zugänglich gemacht hat[1], schreibt, ,,ist die Menschheit in eine
Abenddämmerung der Werte eingetreten: Indem die Werte und
Unwerte überall unsichtbar werden, schwindet auch alle Achtung
vor dem Wertvollen und alle Scheu vor dem Unwertvollen. Die
Menschen ,finden gar nichts mehr dabei', wenn Wertvolles getan oder dargeboten wird, ebenso wie sie ,nichts dabei finden',
wenn Scheußliches getan wird, falls es nur sie selber nicht betrifft.
Mit dem Schwinden der Werte und Unwerte aus dem Blick und
mit der Gleichgültigkeit gegen Werte und Unwerte wird aber die
Welt und das Tun der Menschen sinnlos und öde".

Das späte Hervortreten einer eigentlichen Wertphilosophie ist
also geistesgeschichtlich mit dem Schwund des gelebten Wert-
bewußtseins aufs engste verbunden. Philosophiegeschichtlich vollzieht sich diese Wendung in Zusammenhang mit der Überwindung der Kantischen Ethik. Es ist sehr bemerkenswert, wie bei
Kant die philosophische Konstruktion der Fundierung des Sit-
tengesetzes in der Formalstruktur des Willens – oder wie wir besser sagen der ,,*praktischen Vernunft*", denn Kants ,,*Wille*" ist ja
ein gleichsam sein eigenes Gesetz ,,vernehmendes" Organ – noch

---

[1] H. Spiegelberg, *Alexander Pfänders Phänomenologie nebst einem Anhang: Texte
zur phänomenologischen Philosophie aus dem Nachlaß*, Den Haag 1963, S. 59.

Hand in Hand geht mit dem, was Pfänder den „naiven Wert-
glauben" genannt hat, nämlich mit einem völlig selbstverständlichen Gebrauch des Wertbegriffes, ohne Konfrontation mit der
einem solchen Gebrauch entgegenstehenden ausdrücklich vorge-
tragenen philosophischer Lehre. Die *Grundlegung zur Metaphysik
der Sitten* bietet dafür eine Fülle frappanter Beispiele. So schreibt
Kant vom „guten Willen" er würde „wie ein Juwel ... für sich
selbst glänzen, als etwas, das einen vollen Wert in sich selbst
hat"[2]. Und später sagt er von den „Sachen", sie hätten „nur
einen relativen Wert, als Mittel", während die Person niemals
als „subjektiver Zweck" fungieren dürfe, „deren Existenz als
Wirkung unserer Handlung *für uns* einen Wert hat"; vielmehr
sei sie etwas, dessen „Dasein an sich selbst Zweck ist ... weil
ohne dieses überall gar nichts von *absolutem Werte* würde angetrof-
fen werden"[3]. Dieser Gebrauch des Wertbegriffes (und er könnte
durch eine Fülle von Stellen weiter belegt werden) ist bei Kant
im strikten Sinne „naiv", d.h. einer Sphäre des vorphilosophischen,
noch durch nichts erschütterten und zur Reflexion veranlaßten
personalen Existenzvollzuges entstammend. Es ist Kants eigene
Philosophie, die wesentlich – wenn auch gegen Kants Intentionen – zur Verdunkelung der Wertewelt beigetragen hat, indem
sie durch die „transzendentale Wende" die menschliche Person auf
sich selbst zurückwirft und als ein Sinn gebendes, nicht ein Sinn
nehmendes Wesen interpretiert. Der Wert aber steht nun einmal
im Zentrum alles dessen, was wir „Sinn der menschlichen Existenz"
nennen und so hat Kant, ohne daß ihm diese Zusammenhänge bewußt gewesen wären, entscheidend dazu beigetragen, daß die
„Abenddämmerung über der Wertwelt", von der Pfänder schreibt[4],
hereingebrochen ist.

Im Kampf gegen den Kantischen Formalismus tritt bekanntlich die phänomenologische Wertethik in ihre entscheidende Phase. Ihr gegenüber sind die Reflexionen über „Wert", wie sie bei
Lotze sich finden, sozusagen Vorgeschichte. Wichtig ist natürlich Brentano, auf dessen Schrift *Vom Ursprung sittlicher Erkenntnis* (1899) Husserl hingewiesen hat. Wichtiger noch ist
Nietzsches Gebrauch des Wertbegriffes in entscheidenden Zu-

---

[2] S. 394 (Akademie-Ausgabe).
[3] S. 428.
[4] a.a.O. S. 61.

sammenhängen seines Werkes, wobei auf der positiven Seite vor allem der Hinweis auf eine Hierarchie der Werte oder besser der Wertfamilien zu buchen ist, wenn auch die Idee, man könnte Werte „umstürzen" und, „mit dem Hammer philosophierend", die vitalen Werte über die moralischen „setzen", jenen Hauch von Hybris und Wahn verspüren läßt, der das Spätwerk Nietzsches umwölkt. Um noch einmal Pfänder zu zitieren: „Die Wertbestimmtheiten der Gegenstände liegen jenseits jeder unmittelbaren menschlichen Macht. Das Wort „Werten" kann keine menschliche oder göttliche Wertschaffungstätigkeit bezeichnen, weil es diese nicht gibt"[4a]. Obwohl es nicht verkannt werden darf, daß Nietzsche dem Wertbegriff recht eigentlich philosophische Geltung verschafft hat, muß doch gesagt werden, daß seine Philosophie mehr ein Kampf gegen die Werte, vor allem die moralischen, darstellt, als eine Erhellung und Durchdringung ihres Wesens.

Max Scheler hat die phänomenologische Phase der Wertphilosophie durch den Doppelkampf gegen Kants Formalismus und Nietzsches Nihilismus eingeleitet. Sein umfangreiches Werk *Der Formalismus in der Ethik und die materiale Wertethik*, dessen erster Teil 1913 im *Jahrbuch für Philosophie und phänomenologische Forschung* erschien – der zweite ebendort 1916 – darf als ein Wendepunkt in der Geschichte der Ethik betrachtet werden. Es ist ein großer, ja genialer Wurf, trotz all der offenkundigen Schwächen, Ungenauigkeiten, Halbwahrheiten und auch schwerwiegenden Irrtümer, die dieses Werk enthält. Es verdient hervorgehoben zu werden, daß Scheler keineswegs einfach einen vorkantischen Zustand der Ethik wiederherzustellen versucht. Er sieht das Große in Kant. Der Kantische Kampf gegen den Eudaimonismus ist nicht vergeblich gekämpft und Kants Frage nach der Begründung der Verbindlichkeit bleibt als die entscheidende Frage aller philosophischen Ethik ausdrücklicher Ausgangspunkt auch der phänomenologischen Wertethik. Das „Kategorische" des ethischen Imperativs bleibt unverloren, und keine Ethik wird jemals wieder hinter die Ausdrücklichkeit der Problemstellung zurückgehen können, die wir Kant verdanken. Aber die Begründung des kategorischen Charakters, die Antwort auf die Frage „Warum sollen wir eigentlich das tun, was wir tun sollen", kann nicht in der Willensautonomie gefunden werden, wie Kant es versucht

[4a] ebd

hat. Auch im ethischen Verhalten erweist sich der Mensch als ein sich transzendierendes Wesen, auch hier überschreitet er sich, um sich selbst zu erfüllen

Dies tritt wohl nirgends so deutlich, so durchartikuliert, und mit so umfassender Begründung entwickelt hervor wie in der Wertphilosophie Dietrich von Hildebrands. Gerade auch in dieser Hinsicht stellen seine wertphilosophischen Untersuchungen einen entscheidenden Schritt über Scheler hinaus dar. Der von Hildebrand geprägte Begriff der „Wertantwort" kennzeichnet aufs deutlichste diesen Schritt.

Auf ihn wird später einzugehen sein.

Hildebrand ist in seiner Wertphilosophie eindeutig von Scheler ausgegangen. Er hat dies auch wiederholt in seinem Werk zum Ausdruck gebracht[5]. Aber er hat die Schelersche Wertphilosophie keineswegs nur ergänzt oder differenziert, er hat Scheler gegenüber eine sehr kritische, vollständig eigenständige Wertphilosophie entwickelt, die nach meinem Dafürhalten eine der großartigsten Leistungen der Münchener Phänomenologenschule darstellt – wenn auch eine der noch am wenigsten bekannten[6].

In dem folgenden Versuch eines kurzen Abrisses der Hildebrandschen Wertlehre kann davon abgesehen werden, auf die Entwicklung dieser Lehre einzugehen. Schon in der 1916 erschienenen Frühschrift *Die Idee der sittlichen Handlung*[7] ist der „Wert" im Wesentlichen so gefaßt, wie in jener Darstellung, die Hildebrand in dem Werk *Christliche Ethik* gegeben hat, die die wohl ausführlichste Behandlung darstellt, die Hildebrand diesem Thema bisher gewidmet hat[8].

[5] Wichtig sind hier vor allem die drei Max Scheler gewidmeten Aufsätze in dem Band *Zeitliches im Lichte des Ewigen*, Regensburg 1932. Im ersten dieser Aufsätze behandelt Hildebrand „Max Scheler als Ethiker" (S. 315–339).

[6] Auf das Thema, wie sich die Hildebrandsche Wertlehre zu der Schelers verhält, kann ich hier nicht eingehen. Ich möchte zu dieser Frage auf eine Dissertation verweisen, die unter meiner Anleitung entstanden ist: Bernhard Wenisch, *Der Wert – eine an D. von Hildebrand orientierte Auseinandersetzung mit M. Scheler*, Salzburg 1969 (ungedruckt).

[7] Neuausgabe der „Wissenschaftlichen Buchgesellschaft", Darmstadt 1969.

[8] Hingewiesen sei vor allem auch auf die folgenden Bücher und Aufsätze, wobei keinerlei Vollständigkeit angestrebt wird. Viele dieser Schriften sind heute schwer zugänglich, manche überhaupt noch nicht in deutscher Sprache erschienen, wie die besonders wichtige Schrift „*Graven Images*": *Substitutes for true Morality*, New York 1957. Es darf angemerkt werden, daß eine Ausgabe der Werke durch eine Verleger-Gemeinschaft in Vorbereitung ist.

Die wichtigsten Werke zur Werttheorie sind:

Die Idee der sittlichen Handlung, 1916; *Sittlichkeit und ethische Werterkenntnis*, 1921;

Der Einstieg in die Wertproblematik erfolgt im Zusammenhang mit dem Problem der Motivation, aber Hildebrand macht sehr deutlich, daß für ihn der „Wert" nicht aus seiner Funktion im Motivationszusammenhange in seinem tiefsten Wesen erfaßt werden kann. Immerhin gibt dieser Zusammenhang einen guten Ausgangspunkt, insofern er das Wertphänomen durch Abgrenzung von anderen „Bedeutsamkeitskategorien" in besonderer Weise zugänglich macht. „Bedeutsam" wird als ein terminus technicus eingeführt. In der Erfahrung gegeben ist uns das Faktum, daß es in unserem Weltbezug Dinge gibt, die vor uns als „indifferent" stehen. Von diesen hebt sich das ab, was uns auf irgendeine Weise zu motivieren vermag, wobei mit „Motivation" nicht nur das gemeint ist, was uns durch seinen positiven oder negativen Charakter in konkreter Situation zum Handeln Anlaß gibt, sondern alles, was uns personal „bewegt", mit Einschluß dessen, was in uns eine emotionale Stellungnahme motiviert, sofern sie nur einen personal-geistigen Charakter hat, d.h. „sinnvoll antwortend" geartet ist. Dieser Bereich wird also zunächst von seiner Beziehung zum Subjekt her ins Auge gefaßt, ohne daß damit präjudiziert werden soll, daß eine solche Beziehung konstitutiv ist für „Bedeutsamkeit". Mit anderen Worten: Der Einstieg in die Wertproblematik von der Seite des Motivationsproblems aus soll nichts präjudizieren bezüglich des „subjektiven" Charakters des „Bedeutsamen".

Denn obgleich „Werte "in Motivationszusammenhängen vorkommen, liegt das Entscheidende der Hildebrandschen Wertlehre darin, daß „Wert" als das gefaßt und als Phänomen herausgestellt wird, was sich durch seine Bedeutsamkeitsfunktion, durch sein „Motivationspotential" (um es einmal so auszudrücken) nicht erst konstituiert. In Herausarbeitung dieses besonderen Charakters des Wertes unterscheidet Hildebrand drei Bedeutsamkeitskategorien, wobei das Unterscheidungsmerkmal jeweils die Natur des „Für" ist – d.h. der Beziehung zum erlebenden und stellungnehmenden Subjekt.

Das erste ist das „subjektiv Befriedigende", das sich konstituiert auf Grund seiner faktischen Beziehung zum Subjekt – alles

„Max Scheler als Ethiker", in: *Zeitliches im Lichte des Ewigen*, 1932; „Die Rolle des ‚objektiven Gutes' für die Person innerhalb des Sittlichen", in: *Philosophia perennis. Abhandlungen zu ihrer Vergangenheit und Gegenwart*. Festgabe Josef Geyser zum 60. Geburtstag, hrsg. v. F. J. Rintelen, Regensburg 1930, S, 973–996. Die ausführlichste Darstellung findet sich in *Christliche Ethik*, 1959.

das, was die Funktion hat, zu befriedigen bzw. das Subjekt negativ zu beeindrucken: das was Lust oder Unlust schafft, angenehm
oder unangenehm ist, befriedigend oder bedrückend und widrig.

Der Gesichtspunkt des positiven oder negativen qualitativen
Gehaltes für ein Subjekt, das Lust oder Unlust bewirkende Poten-
tial, ist für diese Bedeutsamkeitskategorie entscheidend, wobei die
Frage der Gründung dieser Funktion im „an sich", im Sein eines
Dinges zunächst ausgeklammert wird.

Dem steht gegenüber der „Wert", der zwar auch das Subjekt
„anspricht" und zu motivieren vermag, der sich aber durch dieses
„Für" nicht konstituiert. Er gehört zum „an sich" des Seienden.
Das wird besonders deutlich dort, wo die faktische Motivierungs-
kraft eindeutig sekundär ist, nämlich wo das Subjekt etwa ein
moralisch wertvolles Verhalten nur zur Kenntnis nimmt, nicht
aber selbst handelt. Wenn ich z.B. Zuschauer eines heroischen
Einsatzes bin, mit dem ein Mensch einen anderen rettet, so ist es
klar, daß in der Funktion, meine Bewunderung zu erregen, zu
„motivieren", sich das, was dieses Verhalten heraushebt aus den
vielen mehr oder weniger gleichgültigen – gleich-geltenden – Ver-
haltungsweisen meiner Umwelt nicht erschöpft. Der heroische
Einsatz ist zwar „bewunderungs*würdig*", aber er konstituiert sich
nicht durch diese Funktion als bedeutsam – er ist nicht „heroisch
für ein Subjekt", so wie eine Zigarette „befriedigend *für* ein Subjekt" ist.

Der Nichtraucher läßt die Zigarette, dadurch, daß er von
ihr nicht angezogen – motiviert – wird, in die Nichtigkeit
der Neutralität sinken. Aber der Gleichgültige macht die
heroische Tat, der er beiwohnt, nicht zu etwas, was nun wirklich gleichgültig wäre. Dies drückt sich aus in der Verschiedenheit
des „Für" in den beiden Fällen: Die Zigarette mag mich, wenn
ich entsprechend disponiert bin, dazu „verlocken", sie durch
Rauchen zu genießen. Die heroische Tat „verlockt" mich nicht,
sie zu bewundern. Man kann eher sagen: Sie „fordert" von mir
Bewunderung. Aber auch wenn ich sie ihr verweigere, wenn ich
gleichgültig an ihr vorübergehe, sinkt sie dadurch nicht in die
Neutralität. Sie bleibt, was sie ist, denn sie ist „bedeutsam" nicht
von Gnaden meines Interesses für diese Bedeutsamkeit. Die Zigarette ist „für" den Raucher bedeutsam; nur wenn und insofern
jemand „etwas davon hat", gewinnt sie Bedeutsamkeit. Es wäre

absurd zu behaupten, die heroische Tat würde durch die subjektive Befriedigung oder etwas ihr Analoges – also etwa meine Bewunderung – das, was sie aus der Neutralität heraushebt. ,,Ich habe nichts davon'', daß sie geschieht – das ist gemeint, wenn gesagt wird, sie habe ,,einen Wert in sich selber''.

Es ist, das muß unterstrichen werden, vorläufig noch vom Gesichtspunkt der Zuwendung die Rede und die beiden Bedeutsamkeitskategorien unterscheiden sich durch die Natur des ,,Für''. Die erste Bedeutsamkeitskategorie, das subjektiv Befriedigende, lebt von diesem ,,Für'', denn erst durch das Vorhandensein eines solchen ,,Für'' konstituiert sich diese Qualität (wenn sie auch ein Fundament in der Sache hat). Bei der zweiten Bedeutsamkeitskategorie, dem Wert, ist dieses ,,Für'' insofern sekundär, als es als etwas Neues zum Gehalt, den wir mit ,,Wert'' bezeichnen, hinzukommt, sich aus ihm ergibt – z.B. als eine Forderung, die von ihm an das Subjekt ausgeht. Von der tiefen Beziehung, die der Wert zur Person hat, muß noch gesprochen werden, bzw. von den vielfältigen Beziehungen, die hier im Wesen der Sache liegen. Sie ergeben sich aus der Wesensnatur des Wertes, aus der in dieser Wesensnatur gründenden Beziehung zur Realität, aus dem, was die Person zur Person macht usw. Aber alle diese Beziehungen konstituieren nicht den Wert. Das ist gemeint mit dem in sich ruhenden Charakter des Wertes, der nichts zu tun hat mit Personferne oder – wie so oft irrtümlich gesagt wird – mit dem ,,An sich'', das platonischen Ideen zukommt. Es muß noch das naheliegende ,,rigoristische'' Mißverständnis ausgeräumt werden, als ob mit der Unterscheidung dieser beiden Bedeutsamkeitskategorien die moralische Frage sozusagen bereits entschieden wäre. Sich für etwas unter dem Gesichtspunkt des subjektiv Befriedigenden zu interessieren, ist an sich moralisch neutral. Hildebrand unterscheidet legitim und illegitim Befriedigendes – das Zweite ist immer sittlich negativ, wie etwa die Lust, die darin liegt, die Rache zu kühlen. Die Zuwendung zum in sich neutralen subjektiv Befriedigenden kann durch Umstände sittlich negativ werden, etwa wenn das subjektiv Befriedigende (Gelderwerb) unter Mißachtung eines Wertes (der Rechte eines anderen) gesucht wird. Natürlich erschöpft dieser Hinweis nicht die Problematik. Er soll nur dienen, einen vielleicht naheliegenden Kurzschluß zu vermeiden.

Gerade in der Verschiedenheit der jeweiligen Beziehung des

Wertes und des subjektiv Befriedigenden zur Person zeigt sich, daß es sich hier um Wesensunterschiede handelt – auch schon unter dem Aspekt der Bedeutsamkeitskategorien im Zusammenhang mit möglicher Motivation personalen Verhaltens. Dies ist besonders wichtig. Scheler hat hier nur Gradunterschiede gesehen. Er verwendet das Wort „Wert" für beide Kategorien, wobei allerdings, wie Hildebrand hervorhebt, er sich von der Nivellierung der Hedonisten, die auch nur *eine* Kategorie kennen, darin unterscheidet, daß er das Befriedigende dem Wertvollen angleicht, während die Hedonisten umgekehrt im Wertvollen nur eine Abart, oder besser, eine Intensitätsstufe des Befriedigenden sehen. Der Hedonist kennt nur Konflikte zwischen verschiedenen Arten des Lust – bzw. Unlustvollen. Scheler kennt *Wert*konflikte. Damit ist die hedonistische Stufe sicherlich überholt.

Aber Scheler gegenüber, sagt Hildebrand, muß darauf hingewiesen werden, daß nicht alle Konflikte Wertkonflikte sind und nicht jeder, der sich für etwas entscheidet, einen Wert einem anderen vorzieht. Das „Vorziehen" ist keineswegs ein univoker Begriff. „Der Dieb hält die Tatsache, daß er zu Geld kommt, nicht für einen höheren Wert als das Eigentum seines Mitmenschen"[9] – er kümmert sich nicht um den Wertgesichtspunkt. Das „Vorziehen" geschieht nicht innerhalb einer Kategorie (das gibt es natürlich auch), sondern zwischen zwei wesensmäßig verschiedenen Kategorien. Unser personales Verhalten ermöglicht gerade die Wahl zwischen verschiedenen Bedeutsamkeitskategorien, nicht nur, wie Aristoteles meinte, zwischen „Mitteln".

Die Mittel-Zweck-Relation darf nicht mit den Bedeutungskategorien verwechselt werden. Sie kehrt bei jeder Kategorie wieder. Zwar kann man sagen, daß das Angenehme (etwa die Zigarette) wesentlich Mittel ist für den „Zweck", subjektive Befriedigung herbeizuführen, aber der „Wert" kann nicht mit dem „Zweck" gleichgesetzt werden, wozu Kant tendiert. Das charakteristische „Um-seiner-selbst-willen" des Wertes ist nicht das „Um-seiner-selbst-willen" des Zweckes. Auch die Lust wird um ihrer selbst willen angestrebt. Das Genußmittel hat eben den Genuß zum Zweck. Das Mittel partizipiert an dem Charakter dessen, wofür es Mittel ist, wenn auch in jeweils sehr verschiedener Weise.

Unter dem Gesichtspunkt der Bedeutsamkeit spricht Hilde-

[9] *Christliche Ethik*, S. 60.

brand in diesem Zusammenhange von „direkter" und „indirekter Bedeutsamkeit". Dieser kurze Hinweis muß hier genügen.

Hildebrand unterscheidet nun von beiden Bedeutsamkeitskategorien des Subjektiv-Befriedigenden und des Wertes eine dritte, die er das „objektive Gut für die Person" nennt. Hier erscheint eine neue Art des „Für". Um es zunächst am Beispiel zu erläutern: Die eigene Freiheit, die eigene Gesundheit und vieles andere sind für die jeweilige Person aus der Neutralität nicht nur deswegen herausgehoben, weil sie „befriedigend" sind (sie mögen diesen Charakter gleichzeitig besitzen oder auch nicht), sondern weil sie mit dem Sein der Person wesenhaft verknüpft sind.

Es handelt sich auch hier um eine Bedeutsamkeitskategorie, d.h. um einen Gesichtspunkt, unter dem ich etwas betrachte in einem konkreten Motivations-Zusammenhang, aber um einen in ganz neuer Weise in der „Sache" gegründeten, in diesem Sinne „objektiven" Zusammenhang. Ein Beispiel mag das illustrieren: Ein Geschenk kann ich etwa unter dem Gesichtspunkt der Befriedigung, die es mir zu verschaffen verspricht, betrachten. Ich kann es aber auch als Ausdruck, Vehikel, Erweis einer freundschaftlich-liebevollen Zuwendung zu meiner Person erfassen. Die liebende Bejahung meiner eigenen Person durch einen anderen Menschen ist nicht unter der Kategorie des subjektiv Befriedigenden zu betrachten, bzw. sie ist mißverstanden und entstellt, wenn sie ausschließlich unter diesem Gesichtspunkt „genommen" wird. Sie ist ein „objektives Gut für die eigene Person". Das „Für" ist hier zwar auch konstitutiv, aber in einer vom Befriedigenden wesentlich verschiedenen Weise. Man könnte sagen: Das, was in der Person durch das „Für" jeweils angesprochen ist, ist grundverschieden.

Das wird besonders deutlich, wenn es sich um die indirekte Bedeutsamkeit des Nützlichen handelt. Eine Droge ist dem Süchtigen nützlich für die Herbeiführung des als lustvoll erlebten Zustandes, das Penicillin ist indirekt bedeutsam in der Förderung der Gesundung. Wenn ich einem Süchtigen sein Suchtmittel verschaffe, habe ich nicht ein „objektives Gut für seine Person" im Auge, wohl aber, wenn ich ihm ein Heil-mittel verschaffe.

Ein Schmerz, der mir unangenehm ist, kann verbunden sein mit einem objektiven Gut für mich, aber auch mit einem objektiven Übel für mich, letzteres etwa, wenn er gleichzeitig Ausdruck der

Feindseligkeit ist. Wir erleben ja auch beides: Das Übel des physischen Schmerzes und die die eigene Person treffende, vernein-
ende Intention des anderen. Der Arzt und der Feind können mir
den gleichen Schmerz zufügen – beides ist unter dem Gesichtspunkt des subjektiv Befriedigenden negativ, aber eines unter dem
des objektiven Gutes für die Person positiv, das andere negativ.
Etwas subjektiv Negatives kann ich unter Umständen freiwillig
auf mich nehmen, aber nur um eines Gutes willen oder um der
Bejahung eines Wertes willen (u.U. auch um der Erlangumg eines
als intensiver erlebten subjektiv Befriedigenden willen, wofür die
Sexualpsychologie Beispiele aufführen kann.)

Zusammenfassend möchte ich hier einen Passus aus der ,,*Christliche Ethik*" auszugsweise zitieren: ,,In unserer Motivation finden
sich drei fundamental verschiedene Bedeutsamkeitskategorien.
Sie sind nicht nur empirische Realitäten, die de facto in menschlichen Motivationen auftauchen; sie sind drei mögliche rationes,
die die Bedeutsamkeit eines Objektes begründen können, drei
wesentliche Gesichtspunkte für jede mögliche Motivation... So
verschieden auch ihr Rang sein mag, so besitzen sie doch ohne jeden Zweifel alle drei ihr eidos, ihre intelligible Wesenheit[10].

Der Gesichtspunkt der Motivationsbedeutsamkeit führt zu der
Frage nach der Verankerung der motivierenden Qualitäten im
Sein. Hildebrand stellt diese Frage, wie es sich aus dem bisherigen
bereits als notwendig ergibt, gesondert für jede der drei Bedeutsamkeitskategorien. Die Qualität ,,angenehm" oder ,,unangenehm"
konstituiert sich durch die tatsächliche Wirkung auf ein Subjekt;
sie kann fernerhin nur mit Hinblick auf mögliche Subjekte von
von einer ,,Sache" prädiziert werden. Aber indem sie Vehikel der
Bejahung oder Verneinung, der Liebe oder des Hasses zwischen
Personen werden können, beginnt mit ihnen das, was Hildebrand
,,den niedrigsten Rang in der Hierarchie des objektiven Gutes für die
Person" nennt. Das bedeutet: Das legitim Angenehme *kann* unter
dem Gesichtspunkt des objektiven Gutes für mich genommen werden, zumal im intermenschlichen Zusammenhang – sonst wohl
nur in einem religiösen Kontext.

Deutlich tritt der Unterschied der ,,objektive Bedeutung" eines
Ereignisses von seiner Wirkung als etwas subjektiv Befriedigendes hervor im Falle des Illegitimen. Das Unglück des Nächsten,

[10] S. 79f.

das den Neider befriedigt, ist objektiv ein Übel. Oder: eine einflußreiche Stellung, die ein objektives Gut für die betreffende Person darstellt, dient ihm, um seinen Hochmut, seine Machtgier zu befriedigen. Hier klaffen „objektiver Sinn" und subjektive Motivationsbedeutsamkeit auseinander.

Damit wird schon deutlich: Dem „objektiven Gut für die Person" kommt in der Tat ein objektiver Charakter zu, d.h. es konstituiert sich nicht durch seine faktische Wirkung als das, was es ist. Es besteht eine Beziehung zur eigenen Person: Jeder hat zu seiner eigenen Gesundheit, Freiheit, seinem guten Ruf, der Bejahung durch andere – oder im negativen Falle – zur Verneinung im Gehaßtwerden, eine einzigartige Beziehung. Ferner: Es gibt verschiedene Schichten im Menschen und etwas Negatives in einer Schicht, etwa ein schweres Schicksal, mag sich positiv auswirken in einer anderen, tieferen Schicht, zu der wir kaum selber einen direkten Zugang haben mögen.

Zentral wichtig ist die Frage der „Objektivität der Werte". Sie ist durch die andeutungsweise hier vorgelegten Untersuchungen Hildebrands gereinigt von vielen oft verwirrend wirkenden Gesichtspunkten.

Sprechen wir von der Würde der Person, der Intelligenz eines Menschen, der sittlichen Gutheit einer Tat selbstloser Liebe, so meinen wir offenbar im unmittelbaren Verständnis, daß diese Qualitäten dem Wesen des Menschen, der besonderen Begabung dieses Menschen, der konkreten Natur dieser Tat wirklich zukommen. Wir mögen Zweifel haben, ob eine spezifische Tat wirklich durch Güte motiviert gewesen ist, aber schon diese Frage läßt uns den Fall unter dem Wertgesichtspunkt ins Auge fassen und wir haben keinen Zweifel, daß Güte als solche (welche Mühe wir immer haben mögen, ihr konkretes Gegebensein festzustellen oder gar zu beweisen) wertvoll ist. Das Personsein impliziert als solches etwas Bestimmtes, das wir „Würde" nennen. Es ist selbstverständlich, daß diese Qualität nicht auf derselben Ebene sich findet wie andere Eigenschaften – nicht meßbar, feststellbar ist – nämlich durch eine Kausalwirkung auf etwas anderes registrierbar wie spezifisches Gewicht oder der Salzgehalt einer chemischen Substanz. Wir sind so gewohnt, Eigenschaften durch ihre Wirkungen festzustellen und oft auch quantitativ zu registrieren, daß die unmittelbare Gegebenheit einer echten, objektiven Eigenschaft, wie

die Werthaftigkeit, unserem forschenden Blick sich entzieht. Jede
Art des Seienden hat ihre spezifische Weise, in der sie zur Kenntnis genommen wird und allein zur Kenntnis genommen werden
kann.

Zum Wesen des Wertes gehört seine ,,Gesolltheit". Eine Beziehung zur Realität, die dem Wert zukommt, ist, daß er (ceteris
paribus) besser ist, wenn er realisiert, als wenn er nicht realisiert
ist, oder wenn er vernichtet wird, bzw. mit der Vernichtung seines
realen Trägers aus der Wirklichkeit im konkreten Fall verschwin-
det. Diese ,,Gesolltheit" involviert nur eine indirekte Beziehung
zur Person. Auch in der reinen Kontemplation eines Wertes, in
der Versenkung in ein Gut, in dem der Wert realisiert ist in einer
spezifischen konkreten Auszeugung, erfasse ich sein Gesolltsein.
Nur wo er auf dem Spiele steht, mag sich dieses Gesolltsein in ein
,,Du sollst" gleichsam verdichten. Ich kann mich am Erblühen
und Wohlergehen eines Kindes erfreuen, an seiner Unschuld und
Unberührtheit. Nun wird dies Kind bedroht und ich bin aufge-
rufen, diese Werte zu schützen.

Hier tritt die Person nicht nur als das werterfassende Wesen
auf, das auch das ,,Gesolltsein" des Wertes miterfaßt, sondern
auch als das Wesen, dem die Werte in ihrem Realsein in besonderer Weise zugeordnet sind. Die tiefere Dimension unserer Freiheit
hängt aufs engste zusammen mit dem, was man die ,,Aspiration
der Werte auf ihre Realisierung" nennen könnte. Gerade in der
Möglichkeit der Wertverwirklichung, des Wertschutzes erfüllt
sich das Personsein in einer besonderen Weise.

Wenn mir das Wohlergehen eines Kindes, die Würde einer Person, das Leben eines Mitmenschen durch die Umstände gleichsam
in die Hand gegeben sind, dann entstehen spezifische Verpflich-
tungen, die ganz und gar in jenen erkannten Werten gründen. Es
wird hier aktuell, was Hildebrand die ,,Gebührensbeziehung"
nennt. Zwischen Wert und Person besteht eine spezifische Beziehung, die über die Werterkenntnis hinausgeht. Der Wert ,,soll-
te" nicht nur sein, ihm sollte auch das ihm gebührende Wort, als
Ant-wort von der werterfassenden Person zuerteilt werden. Dem
Wert gebührt es, anerkannt zu werden und – je nach dem Umständen – die ihm entsprechende Antwort zu finden. Hildebrand
hat den Begriff der ,,Wertantwort" geprägt, der von Nicolai
Hartmann in seine Ethik übernommen wurde und inzwischen

eine weite Verbreitung gefunden hat. Er erscheint nicht erst im Bereich des Sittlichen. Eine jeweils spezifische ,,Wertantwort" ist auch einem Kunstwerk, der Genialität eines Menschen, der Scharfsinnigkeit einer Argumentation gegenüber gebührend. Der Ausfall stellt eine eigenartige Disharmonie dar.

Die Wertantwort findet aber ihren eigentlichen Höhepunkt im Bereich des Sittlichen. Hildebrand sieht in ihr geradezu die Seele des Sittlichen. Ihr geht selbstverständlich das Werterfassen voraus. Ich muß den Wert der Würde der Person erfaßt haben – oder sie mag mich in einem konkreten Falle, etwa dem eines Erniedrigten und Beleidigten, besonders berühren und ergreifen, um eine entsprechende Wertantwort setzen zu können, die in vielen Fällen einen voluntativen Charakter haben mag, d.h. zu einer Handlung führt, in anderen aber nur den einer emotionalen Stellungnahme, wie Empörung oder Mitleid.

In den Fällen einer moralischen Wertantwort handelt es sich um Stellungnahmen zu sittlich-relevanten Werten (nicht alle Werte haben diesen Charakter). Der sittliche Wert ,,entsteht", wo einem sittlich relevanten Wert die ihm gebührende Wertantwort zuteil wird, der sittliche Unwert, wo die dem Wert gebührende Antwort verweigert wird, wo er mißachtet wird, wo etwas, was für Hochmut und Begierlichkeit befriedigend ist, gesucht wird unter Nichtachtung von Werten. Jemand, der einen Menschen aus Rachedurst ersticht, befriedigt seine Rachelust unter Mißachtung, geradezu durch die gewollte Vernichtung des Werthaften – des Lebens der Person, die er haßt.

Verpflichtung und Verantwortung entstehen durch die Zuordnung der Person zum Reich der Werte, soweit sie der Freiheit des Menschen gleichsam ,,anvertraut" sind. Werterkenntnis ist die Basis des sittlichen Verhaltens (aller Wertantwort). Aber sie hängt nicht, wie etwa künstlerische Werterkenntnis, von besonderen Begabungen ab. Sie variiert zwar in Umfang und Tiefe von Person zu Person, oft ohne Schuld durch Umstände, Schicksal, Erfahrung, Reife der Person, aber sie ist ,,an sich" dem Menschen gegeben und sie kann sich verdunkeln durch seine eigene Schuld. Diesem umfassenden Thema gilt die frühe Schrift Hildebrands über ,,*Sittlichkeit und ethische Werterkenntnis*" (1921).

Von der Werterkenntnis in allgemeinen, vor allem aber auch von der Abschätzung der Werthaftigkeit oder Unwerthaftigkeit dessen, was der Mensch realisiert, hängt sein sittliches Vermögen ab, wenn es auch nicht (wie Sokrates meinte) von ihm determiniert wird. Oft werden wir in der konkreten Beurteilung einer Situation in inneren Konflikt geraten. Zwar ist die Gesinnung und Motivation entscheidend für den sittlichen oder unsittlichen Charakter eines Verhaltens. Aber insofern gerade das Handeln auf Wertrealisierung in der Zukunft gerichtet ist, tritt der Gesichtspunkt des „Erfolges" – der Folgen meines Verhaltens – ganz entscheidend ins Gewicht. Die Handlung kann zwar nicht nach ihrem tatsächlichen Erfolg beurteilt werden – darin hat Kant durchaus recht– wohl aber gehört die Bemühung um die Erkenntnis der voraussehbaren Folgen unter dem Wertgesichtspunkt und ein Abwägen dieser Folgen zum Ganzen des sittlichen Verhaltens. Nicht nur gibt es hier Konflikte, es gibt auch durch die Veränderungen in der Realität de facto Änderungen bezüglich des sittlich Relevanten. Gerade durch die klar durchgeführte Unterscheidung des Sittlichen vom sittlich Relevanten hat Hildebrand für die heute so akuten Diskussionen über das Erlaubte und das Gebotene grundsätzlich klärende Unterscheidungen geliefert.

Weit darüber hinaus wird seine Wertlehre, die hier nur in einigen ihrer Aspekte und auch dies nur in Andeutungen vorgelegt wurde, als einer der wichtigsten Beiträge zur Klärung der Wertproblematik gelten dürfen.

Alexandre Métraux

EDMUND HUSSERL UND MORITZ GEIGER

Karl Schumann gewidmet

I

In der phänomenologischen Bewegung, von der Merleau-Ponty nicht ohne Grund meinte, sie sei eher ein „Stil" als ein verfestigtes und gegen äußere Einwirkungen abgeschirmtes System[1], nimmt Moritz Geiger eine kaum beachtete Stellung ein. Diesem Denker fehlt der – oft trügerische – Glanz jener, die mit der Geschichte groß wurden oder umgekehrt in einem Aufruhr gegen die Zeit sich einen Namen zu machen vermochten. Seine Schriften ermangeln der – paradox formuliert – geschichtlichen Überzeitlichkeit, dank welcher das Werk eines anderen mächtig weiterwirkt. Doch ist das nur *ein* Aspekt der Werkgeschichte Geigers, und es ist vielleicht der vordergründigste. Manchen seiner Darlegungen auf den Gebieten der deskriptiven Psychologie (die bei ihm nicht Widersacher, sondern notwendige Ergänzung der empirischen oder Experimental psychologie ist) und der Ästhetik gebührten mehr Aufmerksamkeit, – und schon deshalb, weil sie – wie weiter unten gezeigt werden soll – indirekt, nämlich über Husserl, ein Gewicht erhalten haben, das man ihnen unmittelbar abzusprechen geneigt ist.

Ich nehme mir vor, in den nachstehenden Ausführungen die Bedeutung Geigers etwas zu klären, indem ich den persönlichen und geistigen Beziehungen zwischen ihm und Husserl nachgehe. Freilich kann es sich hier nur um einen Zwischenbericht handeln. Ein Großteil der Quellen bleibt weiterhin verschlossen, so daß die in diesem Text vorgelegten Untersuchungsergebnisse nicht genügend nachgeprüft werden können. Damit also keine Unklarheit über

---

[1] M. Merleau-Ponty, *Phänomenologie der Wahrnehmung*, dt. von R. Boehm, Berlin 1966, S. 4.

die Absicht dieses Berichtes besteht, betone ich, daß die folgenden
Ausführungen nicht mehr als Pinselstriche auf dem noch unvoll-
ständigen Bild, das man sich nach und nach von der phänomenologischen Bewegung gemacht hat, sein können, die dieses, wenn
überhaupt, nur sehr geringfügig ergänzen werden.

II

Husserl ist an der heutigen Beurteilung Geigers (zum Teil wenigstens) selbst mitverantwortlich. Seine Einstellung zum Schaffen und Wirken Geigers ist jedoch – genauer besehen – zwiespältig:
der positiven vor der Veröffentlichung der *Ideen I* steht die eher
negative nach 1913 gegenüber. Es drängt sich also die Frage auf:
wie kam es zu dieser ganz offenkundigen Wandlung? Einer ihrer
Gründe ist gewiß Geigers Weigerung, den Schritt in die Transzen-
dentalphänomenologie der *Ideen I* zu tun. Er war beileibe nicht
der einzige, der dieses Wagnis einzugehen nicht bereit war. So
erklärt es sich, warum etwa Pfänder und Scheler durch Husserl
nicht weniger kritisiert wurden als er selber. Es scheinen also primär *sachliche* Gründe gewesen zu sein, die Husserl zu einer Berichtigung seiner Haltung der gesamten Münchener Schule gegenüber bewogen haben. Oder anders gewendet: weil Geiger in diesem
einen – jedoch entscheidenden – Punkte es vorzog, auf der Grundlage der *Logischen Untersuchungen* weiterzuarbeiten und die pro-
blematische Sphäre der Transzendentalphilosophie zu meiden,
veranlaßte er Husserl zu einer Neubeurteilung der zuerst positiven und ungetrübten Einstellung. Das Jahr 1913 scheint die erste
rupture – um einen Terminus der jüngeren französischen Episte-
mologie zu verwenden – der phänomenologischen Bewegung gewesen zu sein. Um sie verständlich zu machen, sei die Zeit sowohl
vor wie auch nach ihr am Beispiel Husserl/Geiger kurz analysiert.

Am 6. Januar 1906 sprach der junge Geiger Husserl gegenüber
den Wunsch aus, das Sommersemester desselben Jahres in Göttingen zu verbringen und vor allem die Übungen des „Meisters"
zu besuchen. Großen Wert legte er auf Gespräche außerhalb des
akademischen Betriebes: von ihnen erhoffte er sich vielfache
Belehrung und eine gründlichere Einsicht in die Intentionen
Husserls. In dessen Philosophie (und Psychologie) erblickte Geiger
damals jene reiche Quelle, die sein eigenes Schaffen befruchten

und anregen könnte. Wie aus späteren Äußerungen gegenüber
Husserl deutlich wird, übernahm er vornehmlich die methodischen
Leitsätze der *Logischen Untersuchungen,* um sie auf die Probleme
der Psychologie (Gefühl, Wille, ästhetischer und sinnlicher Genuß, das Unbewußte usw.) anzuwenden. Die Vorliebe für die deskriptive Psychologie scheint mit ein Grund gewesen zu sein, daß
Geiger von der Vorlesung Husserls im Sommersemester 1906
nicht allzu viel erwartete: dieser las wieder seine „Geschichte der
Philosophie"[2], die mit den Fragen, denen Geiger sich gerade widmete, reichlich wenig zu tun hatte.

Nach seinem Göttinger Aufenthalt nahm Geiger wiederholt die
Gelegenheit wahr, den Standpunkt Husserls – obzwar keineswegs
unkritisch und unreflektiert – zu verteidigen. So in verschiedenen
Arbeitssitzungen des Münchener Kreises, so auch in seiner Vorlesung vom Sommersemester 1910, in der er eigens den Band II
der *Logischen Untersuchungen* als Thema gewählt hatte. Doch
auch außerhalb Deutschlands focht Geiger für eine Anerkennung
der Phänomenologie: während einer Vortragsreise in den Ver-
einigten Staaten (Anfang 1908) versuchte er am Kongreß der
Philosophen und Psychologen der Südstaaten in Washington über
den „Status of Logical Theory", einen stürmischen Angriff Bald-
wins auf Husserls Lehre abzuwehren.

In die Zeit einer weiteren Begegnung der beiden (Juli 1909) fällt
vermutlich der Beginn der Auseinandersetzung Husserls mit den
Schriften und Anschauungen seines jüngeren Kollegen. Die ersten
Spuren dieser Arbeit und des Gedankenaustausches finden sich in
Husserls unveröffentlichem Manuskript „Beilagen zu den Grund-
problemen der Ethik"[3]. Ein Einzelblatt dieses Manuskripts, das
in der Transkription die Seiten 5–10 umfaßt, trägt den Titel „Note
zur Ethik 1909 Juli"[4] und wurde so gut wie sicher unmittelbar
nach dem Besuch Geigers verfaßt[5]. Auf diesem Einzelblatt hält
Husserl einige Gedanken zum Problem der Summationstheorie in
ziemlich unsystematischer Weise fest und schreibt unter anderem

---

[2] Vgl. R. Boehm, Einleitung des Herausgebers, in: E. Husserl, *Erste Philosophie* I,
Den Haag 1956 (Husserliana VII), S. XXVII.

[3] Ms. orig. F I 21.

[4] Ms. transcr. F I 21/5–10. An dieser Stelle darf der Verfasser Pater Prof. Dr.
H. L. Van Breda seinen Dank aussprechen, ohne dessen großzügiges Entgegenkommen
dieser Aufsatz nicht hätte zustande kommen können.

[5] Der erste Satz des Husserlschen Textes lautet: „Geigers Einwand gegen den Sum-
mationsimperativ." (Ms. transcr. F I 21/5).

– hierin Brentano folgend –: ,,Ich habe es als ein Axiom hinge-
stellt, daß von je zwei Werten Vergleichung gilt, daß
jeder Wert in Relation zu jedem anderen entweder
mehr wert oder weniger wert oder gleichwertig ist"[6].
Dann läßt er einen Einwand Geigers in seine Argumentation einfließen: ,,Das aber ist bestreitbar. Man könnte sagen (und z.B.
auch Geiger vertritt diese Ansicht), daß nicht alle Werte miteinander vergleichbar sind. Demnach könnte dann auch das ,höch-
ste praktische Gut' im Brentanoschen Sinne keine
Idee sein, als das nach Summation als höchsten Wert zu bestimmende"[7]. Offenbar hält er diese Entgegnung aber letzlich für un-
zutreffend und belanglos. Einerseits ist zu vermuten, daß er Geigers Einwand nicht völlig verstanden hat: ,,Er [Geiger] scheint
wohl anzunehmen, daß wo bei solchen Werten Vergleichung möglich ist, etwa der größere Wert der unbedingt zu realisierende ist!
Doch fragt es sich, was er da eigentlich meint"[8]. Andererseits ist
bekannt, daß Husserl sowohl die Summationstheorie[9] verteidigt
wie auch die Idee eines höchsten Gutes[10] vertreten hat[11].

Zwei Jahre später sandte Geiger zwei Aufsätze[12] an Husserl,
die dieser eingehend gelesen und – obschon in je anderer Weise –
gewürdigt hat. Den ersten zitierte er in seinem Aufsatz *Philosophie als strenge Wissenschaft*, wo er nun seinerseits Geiger vor den
Angriffen der einem naiven und plumpen Positivismus verschrie-
benen Psychologen in Schutz nahm:

---

6 Ms. transcr. F I 21/5.

7 Ms. transcr. F I 21/5.

8 Ms. transcr. F I 21/6. Aus den Ausführungen Husserls geht *nicht* hervor, ob das
,,was er da eigentlich meint" sich auf eine Abhandlung Geigers – nämlich ,,Methodo-
logische und experimentelle Beiträge zur Qualitätslehre", in: *Psychologische Untersuchungen* 1 (1907), S. 325–552 – oder auf das Gespräch während des Besuches im
Juli 1909 bezieht. Für letzteres spräche Husserls Bemerkung in Ms. transcr. F I 21/6:
,,ich weiß nicht seine [Geigers] Ausdrücke".

9 Vgl. A. Roth, *Edmund Husserls ethische Untersuchungen*, Den Haag 1960, § 30,
S. 90 ff.

10 Vgl. A. Roth, a.a.O., § 33, S. 101 ff.

11 Die Annahme der Wertsummation ergibt sich bei Husserl schon aus der Analogie
von formaler Logik und formaler Axiologie. Zur Bedeutung dieser Konzeption für die
neuere deontische Logik, vgl. Georges Kalinowski, *La Logique des normes*, Paris 1972,
S. 40–41; ferner ders., ,,La Logique des normes d'Edmund Husserl", in: *Archives de
Philosophie du Droit*, 10 (1965), S. 107–116.

12 a) ,,Über das Wesen und die Bedeutung der Einfühlung", in: *Bericht über den IV.
Kongress für experimentelle Psychologie in Innsbruck*, Leipzig 1911, S. 1–45. Husserl
bedankte sich brieflich bei Geiger für die Zusendung des Vortrages.

b) ,,Über das Bewußtsein von Gefühlen", in: *Münchener Philosophische Abhandlungen*, 1911, S. 125–162.

„Zufällig kommt mir, während ich diesen Aufsatz niederschreibe, das vortreffliche Referat ‚Über das Wesen und die Bedeutung der Einfühlung‘ von Dr. M. Geiger [...] zur Hand. In sehr lehrreicher Weise bemüht sich der Verfasser, die echten psychologischen Probleme, die in den bisherigen Versuchen um eine Deskription und Theorie der Einfühlung teils klar zu Tage getreten sind, teils sich unklar in einander mengten, zu scheiden und bespricht das, was in Hinsicht auf ihre Lösung versucht und geleistet worden ist. Das wurde ihm von der Versammlung, wie aus dem Bericht über die Diskussion [...] zu ersehen [ist], übel verdankt. Unter lautem Beifall sagte Fräulein *Martin*: ‚Als ich hierherkam, habe ich erwartet etwas zu hören über die Experimente in dem Gebiet der Einfühlung. Aber was habe ich eigentlich gehört – lauter alte, uralte Theorie. Nichts von Experimenten auf diesem Gebiet. D a s   i s t   k e i n e   p h i l o s o p h i s c h e G e s e l l s c h a f t. Es scheint mir, daß die Zeit gekommen ist, daß derjenige, welcher solche Theorien hierherbringen will, zeigen sollte, ob sie durch Experimente bestätigt sind. [...]‘ Ferner M a r b e ‘sieht die Bedeutung der Lehre von der Einfühlung in der Anregung zu experimentellen Untersuchungen, wie solche übrigens in diesem Gebiete auch schon angestellt wurden. Die Methode der Vertreter der Lehre von der Einfühlung verhält sich zur experimentall-psychologischen vielfach wie die Methode der Vorsokratiker zu der der modernen Naturwissenschaft‘. Ich habe zu diesen Tatsachen nichts weiter zu sagen"[13].

In seinem Handexemplar[14] des an zweiter Stelle erwähnten Aufsatzes (vgl. Fußnote 12b, S. 142) hat Husserl insgesamt elf Randbemerkungen, davon eine in Kurrentschrift, sowie etliche Unterstreichungen und Lesezeichen eingetragen. Dies geschah wohl im Hinblick auf eine ausführliche Diskussion der Geigerschen Ansichten in einer Vorlesung oder in einer Schrift. Für diese Annahme spricht auch die Tatsache, daß Husserl seine Gedanken in einem Manuskriptabschnitt „Lektüre von Geigers Abhandlung in der Lipps-Festschrift"[15] festgehalten hat. Auf diese Auseinandersetzung soll weiter unten eingegangen werden.

Wie früher vermerkt, wirkte sich die Veröffentlichung der *Ideen I* störend auf die Beziehungen Husserls zu Geiger aus[16]. So schrieb Husserl im Brief vom 24. Dezember 1921 an Ingarden:

[13] E. Husserl, *Philosophie als strenge Wissenschaft*, herausgegeben von W. Szilasi, Frankfurt am Main 1965, S. 47–48 (Fußnote).

[14] Ms.-Archiv; Signatur: SP 85.

[15] Ms. orig. A VI 8 I/60–65. Der Randtitel auf dem ersten Blatt lautet: „ad Geiger, ob eine analysierende Beobachtung von ‚emotionalen Gefühlen‘ möglich sei" (Ms. orig. A VI 8 I/60a).

[16] Geiger wird zwar noch in den *Ideen III* Husserls erwähnt, doch stammt diese Erwähnung aus dem Ende 1912 redigierten Bleistiftmanuskript und dürfte wohl durch die Lektüre von Geigers Manuskript „Beiträge zur Phänomenologie des ästhetischen Genusses", das 1913 im ersten Band des *Jahrbuches für Philosophie und phänomenologischen Forschung* (S. 567–684) erschien, angeregt worden sein. Vgl. E. Husserl, *Ideen III*, Den Haag 1952 (Husserliana V), S. 53, Fußnote.

,,Selbst Pfänders Phän[omenologie] ist eigentlich etwas wesentlich Anderes als die meine, u. da ihm die const[itutiven] Probleme nie voll aufgegangen sind, gehört er, der übrigens Grundehrliche und Solide, in eine dogm[atische] Metaph[ysik]. Schon Geiger ist nur 1/4 Phänom[enologe]''[17]. Ganz abwegig wäre Husserls Äußerung nicht gewesen, wenn man sie anders denn als eine nicht der Person, sondern dem Schaffen Geigers geltende Wertung auffassen könnte. Spätestens seit den *Ideen I* beanspruchte die Phänomenologie in Husserls Selbstverständnis den Rang einer πρώτη φιλοσοφία als der tragenden Grundlage der auf ihr fußenden, in Disziplinen aufgefächerten Wissenschaften, während sie für Geiger gleichwertig *neben* den Naturwissenschaften, der Existenzphilosophie und schließlich der Metaphysik Bestand haben konnte[18]. Herbert Spiegelbergs Meinung[19], wonach Geiger die Phänomenologie *nur* auf die Psychologie und die Ästhetik zur Anwendung gebracht habe, ist zwar überspitzt formuliert, trifft dem Sinne nach aber durchaus den Kern der Sache. Die bei Geiger gleichgeordneten Arbeitsgebiete sind also keineswegs durch ,,Abgründe des Sinnes" (um einen Ausdruck Husserls zu verwenden) getrennt gewesen. Doch war dieses einschränkende Verständnis der Phänomenologie für Husserl Anlaß genug, Geiger – und sinngemäß auch Pfänder – der *dogmatischen* Metaphysik zu bezichtigen, die ja bekanntlich in seinem Selbstverständnis von der wahren Metaphysik reinlich zu sondern war.

Die Divergenz der Auffassungen brachte endlich auch Geiger in seinem Aufsatz von 1933 für die Festschrift Pfänders klar zum Ausdruck. Hier wird gesagt: ,,Für die Phänomenologie existiert

---

[17] E. Husserl, *Briefe am Roman Ingarden*, Den Haag 1968, S. 23. Zu Boyce Gibson sagte Husserl einige Jahre später in einem Gespräch, das die im Brief an Ingarden enthaltene Beurteilung nicht im mindesten entschärft: ,,Neither Scheler nor Geiger nor anyone of the *Münchener* School have understood that ,transcendental reduction'." (W. R. Boyce Gibson, ,,From Husserl to Heidegger. Excerpts from a 1928 Freiburg Diary", in: *Journal of the British Society for Phenomenology* 2 (1971), S. 67).

[18] Ähnlich ist bei Pfänder das einschränkende Verständnis der Phänomenologie in den ,,Fragmenten einer Einleitung in die Philosophie'" (Pfänderiana 1), wo es unter anderem heißt: ,,Unter Phänomenologie versteht man heute noch Verschiedenes. Es wird sich im Laufe der Darlegungen ein bestimmter Begriff der Phänomenologie als der selbstverständlichen Grundlage der Philosophie herausstellen". (Vgl. Spiegelberg, *Alexander Pfänders Phänomenologie*, Den Haag 1963, Anhang, S. 52).

[19] Vgl. Spiegelberg, *The Phenomenological Movement*, I, Den Haag 1960, S. 212. Dies sei zur Richtigstellung der in meinem Aufsatz ,,Zur phänomenologischen Ästhetik Moritz Geigers", in: *Studia philosophica* 27 (1968), aufgestellten Behauptung gesagt.

kein Gegensatz zwischen ‚Wesenheit' und ‚Gegebensein' [...] die
Phänomenologie ist der Überzeugung, daß das Wesen ebensogut
gegeben sei wie die unmittelbare Konkretion"[20]. Diese Formulierung ist derart vage und vieldeutig, daß sie auslegungsbedürftig
ist. Parallelisiert man die beiden Teilsätze und setzt man „Wesenheit" mit „Wesen" einerseits, „Gegebenheit" mit „unmittelbarer
Konkretion" andererseits gleich, dann resultiert daraus eine
Gleichgegebenheit von Wesen und Dasein (= unmittelbarer Konkretion). Nun fragt es sich indes, was der Ausdruck „ebensogut"
im Zitat bedeutet. Entweder wird ein faktisches Gegebensein
ohne Rücksicht auf den Grad desselben bezeichnet, – oder Geiger
meint ein gleichwertiges oder -rangiges Gegebensein von Wesen
und Dasein, wogegen Husserl die ärgsten Bedenken gehabt haben
müßte, da er ja zum einen eine Art von Seinshierarchie (Bewußtsein als Urregion des Seins; die vom Bewußtsein konstituierten
und ihm *untergeordneten* Seinsregionen) annahm und zum anderen – etwa im § 143 der *Ideen I* – deutlich zwischen der Gegebenheitsweise eines Wesens (in diesem Falle der Idee des Dinges) und
derjenigen des transzendenten realen Daseins (des prinzipiell nur
inadäquat gegebenen Dinges) unterschied.

Im gleichen Aufsatz unterstreicht Geiger ferner auch: „Die
Phänomenologie ist zunächst reine Deskription. Das zeigt sich
auch darin, daß sie in ihrer Grundstellung am Problem der Realität uninteressiert ist. Nur das Was der Phänomene, ihre Phänomenalität, ist ihr von Wichtigkeit. [...] Bei dieser Auffassung
der Phänomenologie ist demgemäß noch keine ausdrückliche
ἐποχή gegenüber der Realität vonnöten; wo die Frage nach der
Realität nicht gestellt wird, bedarf es auch keiner besonderen
Einklammerung"[21]. Ohne irgendwie in die Diskussion einzugreifen, ob nun die eidetische oder die transzendentale Phänomenologie – oder gar eine andere Bestimmung dieser Philosophie – die
richtige bzw. die richtigere sei, könnte man an dieser Aussage die
spezifische Auffassung der Phänomenologie bei Geiger erkennen.
Wenn *die* Phänomenologie, wie behauptet wird, prinzipiell an der
Realität *kein* Interesse zeigt, dann bleibt ihr natürlich der Sinn

---

[20] Geiger, „Alexander Pfänders methodische Stellung", in: *Neue Münchener Abhandlungen*, 1933, S. 3 ff. Der Titel der Abhandlung könnte den Anschein erwecken,
als ob Geiger lediglich Pfänders Konzeption analysierte. Dem ist keineswegs so: er
spricht im Aufsatz ebenso für sich wie für Pfänder.
[21] Geiger, a.a.O., S. 12.

der transzendentalphänomenologischen Fragestellung und – *a fortiori* – der Problemlösungsversuche unverständlich. Eine ἐποχή wird zwar als methodisches Hilfsmittel logisch gefordert, um das Was der Phänomene zu erfassen und zu erkennen; diese ἐποχή jedoch läßt die Wirklichkeit, um die es Husserl dann im besonderen immer wieder gegangen ist, unberührt.

Daraus ließ sich folgern: Funktion und Tragweite der Einklammerung, die ja sowohl bei Geiger wie auch bei Husserl die Lösung eines bestimmten Problems herbeiführen soll, erscheinen hier als das entscheidende Moment einer Trennung der Konzeptionen: sie spalten die aus den gleichen Wurzeln gewachsene Phänomenologie in zwei verschiedene Zweige.

Mit diesen wenigen Hinweisen sind Divergenz und Differenz der beiden Auffassungen – durch die *rupture* von 1913 hervorgerufen – zur Genüge umschrieben. So bleibt denn die letzte Phase der Beziehung Husserl/Geiger zu skizzieren. Seit 1923 lastete ein Mißverständnis wegen der Besetzung des Göttinger Lehrstuhls auf ihr, so daß ein ungezwungener Gedankenaustausch kaum mehr aufrechterhalten werden konnte. Zudem fühlten sich die Münchener Phänomenologen durch die Art und Weise, wie Heidegger die Festschrift zum 70. Geburtstag Husserls vorbereitete, ziemlich brüskiert, wie aus dem von Geiger verfaßten und während der Feier im Jahre 1929 von Edith Stein vorgelesenen Brief deutlich wurde[22]. Das letzte mir bekannt gewordene Zeichen der hier dargestellten Freundschaft ist Geigers Bitte an Husserl im Oktober 1933, er möge eine Berufung an eine schweizerische Universität unterstützen, wozu Husserl in der Notzeit auch bereit war. Wegen der unrühmlichen Verhältnisse in der Schweiz konnte Geigers Wunsch nicht in Erfüllung gehen, was die Emigration in die USA notwendig machte.

III

Die obige historische Darstellung der eben nicht ganz eindeutigen Beziehungen Husserl/Geiger darf nun nicht darüber hinwegtäuschen, daß die Jahre vor 1913 der weitgehenden Übereinstimmung ihrer Ansichten wegen ungetrübt waren. Es fand ein,

[22] Vgl. Ingarden, „Erläuterungen zu den Briefen [Husserls]", in: Husserl, *Briefe an Roman Ingarden*, S. 162.

wenn nicht reger, so doch *belegbarer Austausch* statt, der sich bei
Geiger zwar in stärkerem Maße bemerkbar machte als bei Husserl,
bei diesem aber ebenso real wie diskret zur Wirkung kam. Dies
zu belegen ist der Zweck der folgenden Analysen. Es wird hierbei
die folgende Arbeitshypothese zugrundegelegt: Geigers Aufsatz
„Das Bewußtsein von Gefühlen" hat Husserl im Erscheinungsjahr selbst (1911) gelesen[23]. Während der (ein- oder mehrmaligen)
Lektüre unterstrich er die ihm wichtig erscheinenden Ausführungen Geigers und fügte seine Randbemerkungen hinzu. Wohl erst
nach der Lektüre verfaßte er seine oben erwähnten Notizen[24] zum
Aufsatz, die – in welcher Form auch immer – in einzelne Stellen
der *Ideen I* und *II* eingebaut worden sind. An diesen Stellen wird
Geigers Name zwar nicht erwähnt, was aber nicht ausschließt,
daß deren Inhalt durch den Aufsatz von 1911 wenigstens angeregt wurde.

Es geht in diesem Aufsatz darum, die Daseinsweise der Gefühle
während ihres Erlebtseins bzw. in ihrer Aktualität zu bestimmen[25]. Die Kernfrage Geigers lautet: „Kann man Gefühle beachten, während sie erlebt sind?"[26] Es wird dabei betont,
daß auf die Gegebenheitsweise erinnerter Gefühle kein Bedacht
genommen werden soll: einzig die Art und Weise ihres gegen-
wärtigen Erlebtwerdens ist Gegenstand der Untersuchung. Gefühle – ob emotionale oder sinnliche Gefühle, das kommt hier auf
dasselbe heraus – sind dadurch ausgezeichnet, daß sie auf der

---

[23] Das heute im Besitz Heideggers befindliche Handexemplar Husserls der *Logisch-
en Untersuchungen* (1. Auflage) enthält unter vielen anderen, 1911 eingetragenen
Randbemerkungen auch diejenige auf S. 238 des *zweiten* Bandes (III. Untersuchung,
§ 8): „Vgl. Geiger in der Lipps-Festschrifft [S.] 131, der meine alte Ansicht vertritt."
Der Ausdruck „meine alte Ansicht" bedeutet: die in den *Logischen Untersuchungen*
vertretene Ansicht.

[24] Sie enthalten unter anderem auch Zitate aus den (im Handexemplar vielfach
durch Unterstreichungen hervorgehobenen) Seiten 131–142 von Geigers Artikel.

[25] Ergänzungshalber wird hier Husserls Gedankengang in Ms. orig. A VI 8 I/60–65
zusammengefaßt, selbst wenn dadurch Wiederholungen in Kauf genommen werden
müssen: Nach Geiger ist lediglich Beachtung, jedoch keine Beobachtung emotionaler
Gefühle möglich. Demgegenüber wird behauptet, daß auch Beobachtung von Gefühlen möglich ist, sofern – wie in jeder Reflexion auf ein Erlebnis – die frische Erinnerung mitberücksichtigt wird. Geiger hält allerdings eine Analyse der Gefühle bei
einer Ichspaltung für vollziebar. Man muß ihm zugestehen, daß Gefühle in verschiedener Weise objektiviert werden können; jeder Objektivationsform entspricht eine
besondere Form der Stellungnahme. Wie in den *Logischen Untersuchungen* spricht
Geiger davon, daß Gefühle eine „gegenständliche Richtung" haben; genau dies werde
mit dem Begriff der Intentionalität zum Ausdruck gebracht.

[26] Geiger, „Das Bewußtsein von Gefühlen", S. 126.

„Erlebnisseite des Bewußtseins"[27] stehen; sie sind somit eine Eigenschaft der *cogitatio*, deren Gegenstand (*cogitatum*) nicht näher bestimmt zu sein braucht[28]. Folglich sind sie nicht *Gegenstand für* das Bewußtsein, obwohl sie nachträglich in einer reflektiven Blickwendung zu einem solchen gemacht werden können.

Mit diesen ersten Angaben ist freilich Geigers Fragestellung noch keineswegs erschöpft und hinreichend bestimmt. Die Berücksichtigung der attentionalen Bewußtseinsmodi drängt sich nämlich geradezu auf, ist es doch nicht einerlei, ob Gefühle beachtet oder beobachtet werden. Erst damit läßt sich die Frage nach der Daseinsweise erlebter Gefühle angemessen beantworten. Folgende Fälle sind auseinanderzuhalten:

(a) In der schlichten Beachtung richtet sich ein Aufmerksamkeitsstrahl auf ein für das Bewußtsein gegebenes Ganzes. Diese Art von Beachtung bezieht sich primär auf ein ganzheitliches Etwas, ohne dessen besondere Momente herauszuheben.

(b) Sekundär kann die Beachtung ins Qualitative umschlagen, d.h. bestimmten Gefühlsqualitäten (Lust oder Unlust z.B.) zugewandt sein.

(c) Eine dritte Art der Beachtung schließlich ist die analysierende oder zergliedernde Beobachtung, die mit einer Steigerung der Aufmerksamkeit einhergeht.

Geigers Hauptthese, die er wiederholt und unter ständiger Berichtigung und Ergänzung vorbringt, ist die: während *alle* Gefühle *schlicht* und *viele qualitativ* beachtet werden können, *entziehen* sie sich dann (und nur dann), wenn sie unmittelbar erlebt werden, der analysierenden *Beobachtung*. Die Frage aber, warum sie während ihres Erlebt-seins nicht beobachtet werden können, sondern höchstens qualitativ dem Ich zugänglich sind, hängt aufs engste mit dem übergeordneten Problem zusammen, inwiefern Erlebnisse schlechthin durch die Reflexion *modifiziert* werden. Geiger stellt hinsichtlich der Gefühle den Tatbestand – überspitzt formuliert – in der Form einer Gegensätzlichkeit dar: durch die Reflexion werden Gefühle dergestalt modifiziert, daß sie ihres *erlebnis*mäßigen Moments verlustig gehen. Anders gewendet: im

---

[27] M. Geiger, a.a.O., s. 128.

[28] So kann man eine *Freude* an einem wirklichen, raum-zeitlich bestimmten Gegenstand oder an einer bloßen Vorstellung, an einer bildlichen Darstellung von Etwas oder an einer ungewohnten musikalischen Akkordverbindung haben – jeweils aber geht es um dieselbe Gefühls*qualität*.

emotionalen Bereich schließen sich *erlebnismäßiges* und *reflektiertes* Sein prinzipiell aus.

Husserl hat nun seinerseits in den *Ideen I* einen *ähnlichen* Gedanken im Zusammenhang der spezifischen Unterschiede zwischen der äußeren Wahrnehmung und der Reflexion auf ein Gefühl entwickelt. Es ist anzunehmen, daß seine Ausführungen auch durch die Abhandlung Geigers angeregt worden sind: zum einen wählt Husserl zur Veranschaulichung ein Beispiel, das in der Abhandlung von 1911 ausdrücklich erläutert wird; zum anderen vertritt er eine Anschauung, die sich nicht ohne weiteres mit anderen einschlägigen Stellen der *Ideen I* zum gleichen Thema in Einklang bringen läßt, was ein Indiz für einen mehr oder weniger direkten Einfluß Geigers sein könnte. Husserl schreibt: ,,Äußere Wahrnehmung hat ihre vollkommene Klarheit für alle gegenständlichen Momente, die wirklich in ihr im Modus der Originarität zur Gegebenheit gekommen sind und entsprechend der Vollkommenheit, in der sie es sind. Sie bietet aber auch, ev. unter Mitwirkung der auf sie zurückbezogenen Reflexion, klare und standhaltende Vereinzelung für allgemeine Wesensanalysen phänomenologischer Art, des näheren sogar für Aktanalysen. Der Zorn mag durch Reflexion verrauchen, sich inhaltlich schnell modifizieren. Er ist auch nicht immer bereit wie die Wahrnehmung, nicht durch bequeme experimentelle Veranstaltungen jederzeit zu erzeugen. Ihn in seiner Originarität reflektiv studieren, heißt einen verrauchenden Zorn studieren; was zwar keineswegs bedeutungslos ist, aber vielleicht nicht das, was studiert werden sollte. Die äußere Wahrnehmung hingegen, die so viel zugänglichere, ,verraucht' nicht durch Reflexion, ihr allgemeines Wesen und das Wesen der ihr allgemein zugehörigen Komponenten und Wesenskorrelate können wir im Rahmen der Originarität studieren ohne besondere Bemühung um Herstellung der Klarheit''[29]. Aus dieser Stelle wird zweierlei ersichtlich: zum einen unterstreicht Husserl den methodischen Vorteil der äußeren Wahr-

---

[29] E. Husserl, *Ideen I*, Den Haag 1950 (Huss. III), § 70, S. 161. Neben den bereits erwähnten Gründen *für* einen Einfluß Geigers auf Husserls *Ideen I* spricht ferner auch die Chronologie: die Lektüre der Abhandlung von 1911 fällt in die Zeit der diversen Vorbereitungsarbeiten zu den *Ideen*. *Gegen* eine direkte Übernahme von Gedanken aus dem ,,Bewußtsein von Gefühlen'' kann jedoch die Tatsache geltend gemacht werden, daß Geigers Name *nicht* genannt wird. Die hier vertretene These kann somit nur durch einen ,,Indizienbeweis'' untermauert werden!

nehmung gegenüber der Gefühlsreflexion, die „experimenteller Veranstaltungen" viel weniger fähig ist als jene; und zum anderen behauptet er – darin mit Geiger übereinstimmend – daß etwa der Zorn (gleiches gilt freilich für sämtliche Gefühle) durch die Reflexion *modifiziert* wird. Diese richtet sich somit auf einen vergehenden oder bereits vergangenen Bewußtseinsvorgang, der sich demgemäß durch mangelnde Originarität auszeichnet. Beachtenswert scheint in diesem Zusammenhang ferner zu sein, daß Husserl die Analyse eines Gefühls zwar nicht für unwichtig, aber für unwesentlich hält; – unwesentlich jedenfalls angesichts der defizienten Selbstgegebenheit von Gefühlen innerhalb der Reflexion.

Anhand dieser einzelnen Punkte läßt sich nun nicht ermitteln, worin der Unterschied zwischen der Auffassung Geigers und derjenigen Husserls zur Modifizierung von Gefühlserlebnissen durch die reflexive Blickwendung bestehen soll. Zwar behauptet Husserl *expressis verbis* nicht in gleichem Maße wie Geiger die Gegensätzlichkeit von *erlebnis*mäßigem und *reflexivem* Sein, tendiert aber durch den Gebrauch des Bildes vom „verrauchenden Zorn" in eine ähnliche Richtung: der Affekt, die Emotion, das Angemutetsein usw., in denen das Bewußtsein sich erlebt, tritt im Vollzug der Reflexion zurück, was auch heißen mag: die Beobachtung von Gefühlen erfolgt lediglich auf Kosten einer Vergegenständlichung, die die spezifische Qualität von Gefühlen in den Hintergrund treten läßt.

Aus dem Zusammenhang der *Ideen I* und *II*, aus den Randbemerkungen zur Abhandlung Geigers sowie aus *Ms. orig.* A VI 8 I kann jedoch geschlossen werden, daß Husserl Geigers phänomenologische Beschreibung *nicht* akzeptiert bzw. in einem wesentlichen Punkte nicht übernommen hat. Es ist deshalb nötig, hier etwas weiter auszuholen, um die Differenz zwischen den beiden Denkern genauer zu erfassen und die eben skizzierte Übereinstimmung angesichts des Zornbeispieles zu berichtigen.

In den *Ideen I* hält Husserl fest: „Reflexion ist [. . .] ein Titel für Akte, in denen der Erlebnisstrom mit all seinen mannigfaltigen Vorkommnissen (Erlebnismomenten, Intentionalien) *evident faßbar* und *analysierbar* [u.H.] wird. Sie ist, so können wir es auch ausdrücken, der Titel der Bewußtseinsmethode für die Erkenntnis von Bewußtsein überhaupt"[30]. Diese Definition ist mit der

---

[30] Husserl, a.a.O., S. 181.

„universellen methodologischen Funktion"[31] der Reflexion in Beziehung zu setzen. Stellt man nun die Elemente dieser Erkenntnis des Erlebnisstromes durch das Bewußtsein bzw. durch die Reflexion zusammen, dann wird eine erste Abweichung zum oben Dargelegten sichtbar: universell ist die Funktion der Reflexion insofern, als sie eine Analyse und ein evidentes Erfassen auch von Gefühlsakten *prinzipiell* möglich macht. Ganz in diesem Sinne wird in den *Ideen I* gesagt: „Die Seinsart des Erlebnisses ist es, in der Weise der Reflexion prinzipiell wahrnehmbar zu sein"[32].

Diese allgemeine Wahrnehmbarkeit von Erlebnissen wird durch den § 6 der *Ideen II* bestätigt. Hier führt Husserl in der Auseinandersetzung um die Grundsätze der Naturkonstitution den Unterschied zwischen der (doxisch-)theoretischen Einstellung und der „immanenten Wahrnehmung"[33] ein. Die eigentliche theoretische Einstellung wird durch den folgenden Vergleich umrissen: „Es ist eines zu sehen, nämlich überhaupt zu erleben, zu erfahren, im Wahrnehmungsfeld zu haben und das Sehen im speziellen Sinne gewahrend zu vollziehen, im Sehen in vorzüglicher Weise zu ‚leben', sich als Ich im speziellen Sinne ‚glaubend', urteilend betätigen, einen Akt des Urteilens als ein cogito vollziehen, mit tätigem Blick auf das Gegenständliche gerichtet sein, das spezifisch meinende Gerichtet-sein; ein anderes, es überhaupt bewußt zu haben, daß blauer Himmel ist, und im Vollzug des Urteils, der Himmel sei jetzt blau, gewahrend, erfassend, spezifisch meinend zu leben. Doxische Erlebnisse in dieser Einstellung, in dieser Weise des Vollzugs (ich denke, ich vollziehe einen Akt im spezifischen Sinne, ich setze das Subjekt und setze darauf ein Prädikat usw.) nennen wir theoretische Akte. In ihnen ist für das Ich ein Gegenstand nicht nur überhaupt da, sondern das Ich ist als Ich darauf gewahrend (dann denkend, tätig setzend), damit zugleich also erfassend gerichtet, es ist als ‚theoretisches' im aktuellen Sinne objektivierend"[34]. Daß die unterste gegenständliche Schicht dieses theoretischen Objektivationsvollzuges die bloße Sache bar aller axiologischen und Wert-

[31] Husserl, a.a.O., S. 177.
[32] Husserl, a.a.O., S. 105.
[33] Husserl, *Ideen II*, Den Haag 1952 (Huss. IV), S. 14.
[34] Husserl, a.a.O., S. 3–4.

prädikate ist, steht außer Zweifel[35]. Aber es können sekundär
auch die axiologischen und praktischen Gegenstandseigenschaf-
ten selbst der objektivierenden Einstellung unterworfen werden.
So heißt es etwa: ,,Im bloß sinnlichen Anschauen, dem
unterster Stufe lebend, es theoretisch vollziehend, haben wir eine
bloße Sache in der schlichtesten Weise theoretisch erfaßt. In
die ästhetische Werterfassung und Wertbeurteilung übergehend,
haben wir mehr als eine bloße Sache, wir haben die Sache mit
dem Soseinscharakter (bzw. dem ausdrücklichen Prädikat) des
Wertes, wir haben eine werte Sache. Dieses Wertobjekt, das in
seinem gegenständlichen Sinn den Soseinscharakter der Wertheit
mitbeschließt, ist das Korrelat der theoretischen Werterfassung.
Es ist also ein Objekt höherer Stufe"[36]. Husserls Intention geht
in diesem Zusammenhang darauf hinaus, ein phänomenologisches
Wesensmerkmal aller Akte zu beschreiben, nämlich die durch
die theoretische Einstellung mitbedingte Modifikation, die das
Bewußtsein dadurch erfährt: ,,Dabei ist die ganze Bewußtseins-
intention eine wesentlich geänderte, und auch die für die
anderen Sinngebungen verantwortlichen Akte haben eine phänomenologische Modifikation erfahren"[37]. Am Beispiel des
Gefühls veranschaulicht: die ursprüngliche vortheoretische ,,ge-
nießende Hingabe des fühlenden Ichsubjekts" in der sog. ,,Wert-
nehmung"[38] wird sekundär überlagert durch die theoretische geprägte, rein auf die ,,Wertheit" des Gegenstandes gerichtete
Werterfassung und -beurteilung.

Dieser durch die theoretische Blickwendung auf vortheoretisch
Vorkonstituiertes hervorgerufenen Modifikation des Bewußtseins steht gegenüber jene andere Modifikation des Bewußtseins
im Übergang in die *Reflexion*, die Husserl – verwirrend genug –
auch eine theoretische[39] nennt. Wiederum exemplifiziert Husserl
die Tatsache, daß wir ,,in der sogenannten immanenten Reflexion auf den Akt"[40] eine modifizierende Objektivation vollziehen, am Beispiel der Gemüts- bzw. Gefühlssphäre: ,,Im ästhe-

---

[35] Deutlich wird dies etwa auch in der *Phänomenologischen Psychologie*, Den Haag
1968 (Huss. IX), §§ 26ff. sowie in den weitreichende Überlegungen zu dem aus dieser
Auffassung resultierenden Konstitutionszirkel in den *Ideen II*.
[36] Husserl, *Ideen II*, S. 9.
[37] Husserl, a.a.O., S. 5.
[38] Husserl, a.a.O., S. 9.
[39] Husserl, a.a.O., s. 14.
[40] *Ibid.*

tischen Gefallen ist uns etwas als ästhetisch gefällig, als schön
bewußt. Die Ausgangstatsache sei, daß wir im ästhetischen Gefallen leben, uns also gefallend an das erscheinende Objekt hin-
geben. Wir können auf das Gefallen reflektieren, wie dann,
wenn wir aussagen: ich habe Gefallen daran. Das Urteil ist ja
Urteil über meinen Akt des Gefallens"[41]. Gerade diese zweite Art
der Modifikation hat Husserl im Auge, wenn er in den *Ideen I*
ergänzend zur prinzipiellen Wahrnehmbarkeit von Erlebnissen
sagt: „Von Modifikation ist hier insofern die Rede, als jede Reflexion wesensmäßig aus Einstellungsänderung hervorgeht, wodurch ein vorgegebenes Erlebnis [Zorn, Freude oder ein anderes
Gefühl oder das perzeptive, judikative usw. Erlebnis], bzw. Er-
lebnisdatum (das unreflektierte) eine gewisse Umwandlung erfährt, eben in den Modus des reflektierten Bewußtseins (bzw.
Bewußten)"[42]. Damit ist nun hinlänglich gesichert, daß eine Be-
wußtseinsanalyse ohne diese „gewisse" Modifikation gar nicht
stattfinden kann. Husserl läßt aber vermutlich mit Absicht den
Grad dieser Modifikation offen; – dies im Unterschied zu Geiger,
der, wie früher schon angedeutet, eine Verschiebung des Bewußtseins insgesamt vertreten zu müssen glaubt: „Aber wenn ich auf
das Gefühl achte, so ist nicht nur ein neuer Gegenstand, ‚Gefühl'
genannt, für meine Aufmerksamkeit an Stelle eines anderen
[Gegenstandes] getreten, sondern die gesamte Bewußtseinsanord-
nung ist verschoben"[43]. Man könnte nun meinen, der Unterschied
zwischen der Auffassung Geigers und jener Husserls spiegele eine
bloße Divergenz des besagten Modifikationsgrades wider. Eine
derart vereinfachende Deutung wird aber den eigentlichen Tat-
beständen kaum gerecht. Vielmehr liegen hier Unterschiede in
der grundsätzlichen Deutung der Phänomenologie als solcher vor.

Husserl notiert in einer Randbemerkung zur eben zitierten
Aussage Geigers: „Aber gilt das nicht für jede Reflexion?"[44] Gemeint ist hier ganz allgemein die Reflexion auf alle möglichen
Erlebnisse, also auch auf die äußere Wahrnehmung, auf eine Vorstellung, auf ein Urteil usw. Verdeutlicht wird der Einwurf Husserls durch eine längere Ausführung in Ms. orig. A VI 8 I: „Die

[41] *Ibid.*
[42] Husserl, *Ideen I*, S. 181.
[43] Geiger, a.a.O., S. 139.
[44] Siehe „Anhang", S. 156 [5].

Schwierigkeiten sind hier im allgemeinen dieselben, wie wenn ich das Wesen der Apperzeption studieren will, das Wesen eines ‚Erlebnisses‘, einer Phansis beliebiger Art ... Freilich, das theoretische Interesse, die Intention forschender Betätigung, haben ihren Einfluß. Die ‚Höhe‘, der ‚Grad‘ der Gefühlslebendigkeit wird geändert ... Ja, nun wird man aber sagen: Das Gefühl, das ich analysieren und beobachten wollte, ist nicht mehr, das ist abgelaufen und hat nicht standgehalten. Aber macht das so prinzipielle Unterschiede gegenüber äußeren Vorgängen? Auch die laufen ab, wenn ich sie beobachten will, so kann ich nur das Neue analysieren und in frischer Erinnerung der Einheit der neuen Phasen und der alten nachgehen. Das wesentlich Neue ist nur die Reflexion, und überall, wo ich Reflexion übe, habe ich andere Beobachtungsweise. Ferner der unleugbare Einfluß des theoretisch beobachtenden Interesses auf andere Gefühle‘‘[45].

Wenn Husserl darauf besteht, daß zwar Gefühle in ihrer Intensität geschwächt, aber nicht weniger und nicht mehr als alle anderen Erlebnisse durch die theoretische Reflexion verändert werden, dann fällt bei ihm – und dies im Gegensatz zu Geiger – die Sonderstellung des Gefühls innerhalb des Bewußtseinslebens dahin. Oder anders: es ist als solches nicht weniger und nicht mehr analysierbar als die übrigen *cogitationes*. Daran läßt sich die Tragweite auch des folgenden Einwandes gegen Geigers Lösung des Problems aller Gefühlsbeobachtung ermessen. Geiger meint, solange wir es mit einem *einheitlichen* Ich zu tun haben, entziehen sich Gefühle der Beobachtung (vgl. oben). Sobald aber das Ich gleichzeitig in einer (Gefühls-)zuständlichen und in einer objektivierend-gegenständlichen Einstellung lebt, vermag es seine Emotionen und Affekte zu analysieren. ,,Und während das ‚eine Ich‘ das alles erlebt, sieht das ‚andere Ich‘ dem ruhig zu; nimmt Stellung dazu, ist erstaunt darüber oder freut sich darüber – oder fragt sich, was wohl andere bei einem solchen Gefühlsausbruch denken mögen‘‘[46]. Erst im günstigen Falle einer Ich-Spaltung wird somit die Kluft zwischen dem (beinahe tautologisch zu verstehenden) Erleben und Beachten einerseits und dem analysierenden Beobachten andererseits überbrückt. Husserl hat diesen Satz Geigers in seinem Handexemplar mehrmals unterstrichen,

---

[45] Husserl, Ms. orig. A VI 8 I/60b.
[46] Geiger, a.a.O., S. 137.

um ihn dann in seinem erwähnten Manuskript zu widerlegen: „Das Ich kann beobachten und anderseits zusehen, daß es beobachtet und somit sein Beobachten beobachten, oder nicht? Wo ist hier bei dieser Rede van ‚Spaltung' die Grenze. Die ganze Sache ist mir nicht recht klar"[47]. Un weiter: „Die Frage ist, ob es sich hier wirklich um radikale Unterschiede handelt. Es gibt sicherlich Fälle einer Spaltung des Ich in dem Sinn, daß Ich als Subjekt zu mir selbst (ich als Objekt) [...] Stellung nehme. [...] Andererseits: Reflektierend finde ich mich, den Vorstellenden, Urteilenden ... etc. bezogen auf mich als Objekt. Und nun rückt all das in Objektstellung, oder das erlebende Ich, das stellungnehmende gegenüber dem soeben objektivierten, wird selbst zum Objekt und wird doch mit diesem ‚identifiziert', und alsbald steht dahinter als ideale Möglichkeit einer neuen Reflexion das erlebende und nicht objektivierte Ich"[48]. Und schließlich: „Ich verstehe nicht recht, warum diese Beobachtung von Gefühlen so radikal verschieden sein soll und warum sie eigentlich von G[eiger] ausgeschlossen wird. Die Apperzeptionsweise ist verschieden, aber ‚indirekt' ist die Beobachtung des Gefühls doch nicht. Nur daß das Gefühl apperzipiert ist als Gefühl des ‚lebendigen' Ich [...]. Und es ist nicht abzusehen, warum in der Ichteilung Beobachtung des Gefühls möglich sein soll und ohne Ichteilung nicht. Da bleibt doch sehr viel Ungeklärtes übrig"[49].

Die Divergenzen zwischen der Gefühlstheorie Husserls und derjenigen Geigers sind soweit offengelegt worden, daß nunmehr die Schlußfolgerungen gezogen werden können:

1.) Während Geiger auf einer ausgeprägten Heteronomie von Denken und Fühlen aufzubauen scheint, die er mit den Mitteln der Phänomenologie untermauert bzw. durch die nicht unbedingt vertretbare Ichspaltung in den Griff bekommt, statt sie phänomenologisch zu hinterfragen, geht Husserl, gestützt auf die Identität des zeitlich kontinuierlichen Bewußtseinsstromes, von seinem Subjektbegriff her an die Analyse des Gefühlslebens heran.

2.) Daß die Phänomenologie des inneren Zeitbewußtseins in der Auseinandersetzung mit der Abhandlung Geigers eine gewisse berichtigende Rolle spielt, wird durch den obigen Hinweis Husserls

---

[47] Husserl, Ms. orig. A VI 8 I/61 b.
[48] *Ibid.*
[49] Husserl, a.a.O., 63 b.

auf die ,,frische Erinnerung'' (= Retention) erhärtet. Zwar be-
dingt die Reflexion eine Modifikation des Bewußtseins dadurch,
daß sie etwa Höhe und Grad eines Gefühls verändert wie auch
dieses selbst objektiviert. Daraus folgert Husserl: ,,Auch ein Erlebnis ist nicht, und niemals, vollständig wahrgenommen, in seiner vollen Einheit ist es adäquat nicht faßbar''[50]. Dies gilt aber
nicht einzig für das Gefühlserlebnis, sondern für jedes Erlebnis
schlechthin, was Geiger in dieser Weise nicht behauptet.

3.) Dieser Mangel an Adäquatheit ändert freilich nichts daran,
daß in der immanenten Wahrnehmung Wahrnehmung und Wahrgenommenes eine ,,unvermittelte Einheit''[51] bilden. Auch wenn
die Reflexion im nachhinein erfolgt und als solche nicht jenseits
dieser Einheit stattfindet, bleibt gerade dank dieser letzteren eine
direkte – und nicht nur die von Geiger behauptete ,,indirekte'' –
Analyse von Gefühlen innerhalb der Perspektive des identischen
Ich möglich.

4.) Es zeigt sich damit, daß der Husserlsche Reflexionsbegriff
in wesentlichen Punkten von demjenigen Geigers divergiert.

ANHANG: *Husserls Randbemerkungen zu Geiger, ,,Das Bewußtsein von Gefühlen''.**

[1] (zu S. 135, Z. 2–6) Ist ,,vergangen'' dasselbe wie nicht mehr ,,erlebt'' (erlebt im G'schen Sinn)

[2] (zu S. 135, Z. 19–21) Der objektivierenden Vorstellung?
[3] (zu S. 135, Z. 34 ff.: ,,Wenn also früher...'') Nur erhalten können sie sich nicht auf der Höhe
[4] (zu S. 136, Z. 3–4) Verschwunden ist nicht das Motiv, sondern eine objektivierende Vorstellung desselben?

[5] (zu S. 139, Z. 3–6) Aber gilt das nicht für jede Reflexion?

[6] (zu S. 139, Z. 10–11: ,,Erlebnis des Zweifels...'') Zweifel ist kein Gefühl

[50] Husserl, *Ideen I*, S. 103.
[51] Husserl, a.a.O., S. 85.
* Husserls Randbemerkungen werden der Reihe nach angeführt. Die nach der Numerierung stehenden Angaben stellen den Bezug zwischen der Bemerkung Husserls und dem Text Geigers her.

[7] (zu S. 139, Z. 20: ,,erfaßt")   erfaßt?**

[8] (zu S. 140, Z. 32ff.: ,,Wie ist   Da reproduziert G. meine Lehre.
bei dieser...")   Und sieht er nicht, daß es im Wider-
                                           spruch steht mit dem, was vorige
                                           Seite als Lehre Br[entanos] und
                                           seiner Schüler (ich inbegriffen) hin-
                                           gestellt wird?!

[9] (zu S. 142, Z. 3ff.: ,,Es   1) Was ist der Gegenstand des äs-
gibt...")   thetischen Genusses? Doch nicht der
                                           abgebildete Gegenstand schlecht-
                                           hin. Seine Darstellung trägt darge-
                                           stellte Gefühle und Stimmungen und
                                           die Darstellung derselben fundiert
                                           erst das ästhetische Gefühl

(zu S. 142, Z. 8–9: ,,Einstel-   2) Hier ist der Fall wieder anders.
lungweise")   Da bedürfte es doch genauer Ana-
                                           lyse

[10] (zu S. 150, Z. 29–32)   Das kann ich nicht sehen

[11] (zu S. 155, Z. 29–31)   Was heißt da Reproduktion

** Die Randbemerkung [7] ist in Kurrentschrift verfaßt.

Guido Küng

ZUM LEBENSWERK VON ROMAN INGARDEN
ONTOLOGIE, ERKENNTNISTHEORIE UND METAPHYSIK

Roman Ingarden hat ein großes Lebenswerk hinterlassen. Die Bibliografie der bisher veröffentlichen Schriften umfaßt nicht weniger als 221 Titel[1]. Leider ist die internationale Anerkennung erst mit einiger Verspätung erfolgt, was sowohl politischen Umständen (Naziherrschaft und Krieg) als auch der damaligen philosophischen Lage (Husserls Übergang zum transzendentalen Idealismus und Heideggers Existenzialismus; die Vorherrschaft der Logischen Schule in Polen) zuzuschreiben ist. Erst durch Ingardens Teilnahme an den internationalen Kongressen der Nachkriegszeit und durch die seit 1960 vom Verlag Niemeyer wieder aufgenommene Veröffentlichung seiner Werke in deutscher Sprache hat sich die Kenntnis seiner Untersuchungen verbreitet. Dabei ist Ingarden vor allem als eine Autorität auf dem Gebiete der Ästhetik und als Verfasser von kritischen Bemerkungen gegen Husserls transzendentalen Idealismus bekannt geworden.

Von den breit ausgeführten ontologischen Analysen in dem mehrbändigen Werk *Der Streit um die Existenz der Welt* hat man zwar auch Notiz genommen, doch sieht man in ihnen vielfach das Werk eines unkritischen Realismus, das keines eingehenderen Studiums wert sei. Dies ist natürlich ein grobes Fehlurteil, und ich möchte in meinem Referat darauf hinweisen, daß Ingarden eine wohldurchdachte und keineswegs unkritische Gesamtkonzeption der Philosophie ausgearbeitet hat.

Der Hauptakzent liegt in Ingardens Schriften immer auf der Ontologie, und in der Tat hat er auf diesem Gebiet Pionierarbeit von bleibendem Wert geleistet. Ich nenne hier nur die klare Her-

---

[1] Ich verdanke diese Angabe Ingardens langjähriger Mitarbeiterin Frl. Prof. Danuta Gierulanka (Kraków). Man vergleiche auch die Bibliographie am Ende dieses Referates.

ausarbeitung der Unterscheidung von existenzialer, formaler und materialer Ontologie; die Aufweisung der verschiedenen existenzialen Momente, welche erstmals eine genauere Bestimmung der verschiedenen Seinsweisen erlaubt hat; sowie die Beschreibung der eigenartigen Doppelseitigkeit der formalen Struktur der Ideen und der rein intentionalen Gegenstände, welche es ermöglicht, daß im Gehalte dieser Gegenstände nicht nur Konstanten sondern auch Variable vorkommen können, und welche in betontem Gegensatz zur „einseitigen" Struktur der individuellen Gegenstände der realen Welt steht.

Es wird aber oft übersehen, daß für Ingarden die Rolle der Ontologie eng mit derjenigen von zwei anderen grundlegenden philosophischen Disziplinen, nämlich der Metaphysik und der Erkenntnistheorie zusammenhängt. Dieser Fehler ist wohl hauptsächlich dem Umstand zuzuschreiben, daß Ingarden seine Ansichten über das Zusammenwirken von Ontologie, Erkenntnistheorie und Metaphysik in den heute kaum mehr gelesenen Schriften der Vorkriegszeit entwickelt hat, und zwar vor allem in dem *nicht* im *Jahrbuch* enthaltenen Habilitationsvortrag von 1925 „Über die Stellung der Erkenntnistheorie im System der Philosophie"[2]. Die einleitenden Paragraphen des *Streites um die Existenz der Welt* sind dagegen allzu knapp gehalten, besonders was die Erkenntnistheorie betrifft[3]. Metaphysische und erkenntnistheoretische Fragen hätten wohl in den abschließenden Bänden des *Streites* ausführlich zur Sprache kommen sollen, doch blieben diese Bände leider ungeschrieben[4].

In der polnische Ausgabe der Werke von Ingarden befindet sich zur Zeit ein nicht zum *Streit* gehöriger Band mit Untersuchungen zur Grundlegung der Erkenntnistheorie im Druck[5], und im

---

[2] [1921a] (inbesondere S. 426–437), [1921b], [1925b], [1927], [1929,] [1930], [1936a]. In [1947b], [1962c], [1967] werden speziellere erkenntnistheoretische Fragen behandelt. Vgl. auch [1972a]. (Die Jahrzahlen in eckiger Klammer verweisen auf die entsprechenden Titel in der Bibliographie).

[3] Diese Einleitung ist zudem nicht aus einem Guß geschrieben, sondern aus verschiedenen früheren Texten zusammengestückt. § 5 und § 6 sind z.B. großenteils eine erweiterte Fassung von [1936b].

[4] Ingarden hat neben den schon veröffentlichten Bänden noch das Manuskript eines dritten Bandes über das Kausalproblem fertigstellen können [1974a]. Doch bildet auch dieser Band noch nicht den Abschluß des *Streites*.

[5] [1971]. Ingarden hatte verschiedentlich auf eine unveröffentliche, aber schon in den 30er Jahren begonnene „Methodologische Einleitung in die Erkenntnistheorie" hingewiesen, vgl. [1964a] S. VIII, S. 54; [1963] S. 589, S. 592; [1948].

Nachlaß ist überdies noch Material für zwei weitere Bände zur Erkenntnistheorie vorhanden[6]. Ferner hat Danuta Gierulanka einen wertvollen Aufsatz über die Ingardensche Erkenntnistheorie geschrieben, der sich auch auf die Vorlesungen stützt, die Ingarden 1945–1948 an der Universität Krakau diesem Thema gewidmet hat[7].

Nach der Ansicht von Ingarden ist die neuzeitliche Philosophie vielfach in den Fehler verfallen, die gesamte Philosophie mit der Erkenntnistheorie zu identifizieren[8]. Auch Husserl, der im Bemühen, die Philosophie als strenge Wissenschaft auf ein unbezweifelbares Fundament zu stellen, deren Gegenstandsgebiet in der phänomenologischen Reduktion auf das reine Bewußtsein eingeschränkt hatte, konnte aus dieser Reduktion nicht mehr hinausgelangen, da er die metaphysischen und die erkenntnistheoretischen Fragen nicht klar genug unterschied[9].

Demgegenüber will Ingarden die Erkenntnistheorie als ein genau umgrenztes Teilgebiet der Philosophie aufgefaßt wissen. Sie steht für ihn nicht am Anfang aller Wissenschaft und Philosophie, sondern sie hat die Aufgabe, schon erworbene Ergebnisse, bzw. die dabei angewandten Erkenntnismittel[10], einer kritischen Bewertung zu unterziehen. Dadurch kann sie auch den zukünftigen Gang der von ihr untersuchten Wissenschaften und philosophischen Disziplinen richtunggebend beeinflussen, da nun negativ bewertete Erkenntnismittel ausgeschaltet und eventuell durch solche ersetzt werden können, die einer Kritik standhalten. Es handelt sich je-

---

[6] Ingarden hat in den letzten Wochen seines Lebens die ersten zwei Kapitel eines zweiten Bandes fertiggestellt. Von den folgenden 7 Kapiteln sind die Titel vorhanden, und Frl. Gierulanka hofft, daß der Inhalt wenigstens zum Teil nach älteren Manuskripten ergänzt werden könne. Es ist sehr zu bedauern, daß Ingarden diesen Band nicht mehr vollenden konnte, denn hier hätte u.a. „das Problem der Natur und Funktion einer intersubjektiv verständlichen ‚gemeinsamen' Sprache und deren Rolle im Erkennen und in der Erkenntnis" behandelt werden sollen (Vorwort von [1971] S. 6–7). – Ferner sind nach Angabe von Frl. Gierulanka im Nachlaß wichtige Untersuchungen über sinnliche Wahrnehmung vorhanden, die in einem weiteren Bande gesammelt werden könnten.

[7] D. Gierulanka „Teoria poznania bez kompromisów" (Erkenntnistheorie ohne Kompromisse) Życie i Myśl 18, 1968, S. 47–64. Auch A. Stępień „Ingardenowska koncepcja teorii poznania" (Die Ingardensche Auffassung der Erkenntnistheorie) Roczniki Filozoficzne 12, Lublin 1964, S. 77–92, verdient hier Erwähnung.

[8] [1963] S. 591.

[9] [1929] S. 183.

[10] Die erkenntnistheoretische Bewertung der Erkenntnismittel der erkennende Subjekte ist natürlich von der logischen Bewertung der Gültigkeit der in den Begründungen verwendeten Schlußregeln zu unterscheiden.

doch stets um die Erkenntnismittel der betreffenden Wissenschaften und (außer im speziellen Fall der Selbstkritik der Erkenntnistheorie) nicht um diejenigen der Erkenntnistheorie. Wie Ingarden betont, kann die Erkenntnistheorie nie zusätzliche Gründe für die Begründung der Ergebnisse der von ihr kritisierten Wissenschaften beisteuern[11], sondern eben nur eine erkenntniskritische Bewertung der von den betreffenden Wissenschaften selbst aufgestellten Begründungen geben.

Das Gesagte gilt auch für das Verhältnis der Erkenntnistheorie zur Metaphysik der realen Welt. Das von Realismus und Idealismus umstrittene Problem der Existenz der sogenannten Außenwelt ist für Ingarden ein metapysisches und *nicht* ein erkenntnistheoretisches Problem[12]. Ich werde hierauf noch zurückkommen.

Obwohl die Erkenntnistheorie nicht den Anfang der Philosophie bildet, so muß sie doch für sich selbst einen absoluten Anfang setzen. Denn bei der erkenntnistheoretischen Begutachtung von schon gewonnen Ergebnissen darf von der Gültigkeit dieser Ergebnisse kein Gebrauch gemacht werden: die Erkenntnistheorie muß sich davor hüten, eine Petitio Principii zu begehen[13]. So darf zum Beispiel äußerlich Wahrgenommenes (wie z.B. physiologische Tatsachen) bei der erkenntnistheoretischen Untersuchung der äußeren Wahrnehmung nicht in Betracht gezogen werden, Ingarden gibt eine ausführliche Kritik der sogenannten „psychophysiologischen Erkenntnistheorie", welche diesen Fehler begeht[14]. Die Erkenntnistheorie muß demnach zunächst der sogenannten transzendentalen Methode folgen und in phänomenologischer Reduktion alle Ergebnisse der äußeren und inneren Wahrnehmung neutralisieren, d.h. sie muß von der immanenten Wahrnehmung des transzendentalen reinen Bewußtseins ausgehen[15].

Doch muß die Gültigkeit dieser von ihr zu verwendenden immanenten Wahrnehmung nicht ihrerseits dogmatisch vorausge-

---

[11] [1912a] S. 427; [1925b] S. 36.

[12] [1929] S. 183–185. Vgl. Anmerkung 38.

[13] [1921a] S. 426; [1921b].

[14] [1930]; [1971]; vgl. auch den in Anmerkung 7 zitierten Aufsatz von D. Gierulanka.

[15] [1929] S. 183; [1964a] S. 55; [1971] S. 232. Nach [1963] S. 589 entsprechen verschiedenen Gegenständen der Erkenntnis verschiedene Reduktionen, und es ist nicht notwendig, daß immer alle diese Reduktionen durchgeführt werden. Ich werde unten (S. 165f.) auf die entsprechenden Abstufungen zu sprechen kommen.

setzt werden? Führt der Versuch, auch sie reflektiv begutachten
zu wollen, nicht zu einem unendlichen Regreß, indem bei jeder solchen kritischen Begutachtung eine neue Wahrnehmung verwendet
werden muß, die ihrerseits noch keiner kritischen Reflexion unterworfen worden ist? Leonard Nelson, der seit 1909 neben Husserl
in Göttingen lehrte, hatte behauptet, daß eine Petitio Principii
unvermeidbar und somit eine absolute Erkenntnistheorie unmöglich sei[16].

Ingarden suchte demgegenüber in seinem Aufsatz ,,Über die
Gefahr einer Petitio Principii in der Erkenntnistheorie", den er
Husserl zu dessen 60. Geburtstag widmete, zu zeigen, daß eine
zirkelfreie und undogmatische absolute Erkenntnistheorie sehr
wohl möglich sei[17]. Er verweist zu diesem Zweck auf das Phänomen des ,,Durchlebens", d.h. der unmittelbaren und nicht reflektierenden Selbstbewußtheit der Bewußtseinsakte[18]. Dieses Durch-
leben kann zu höchster intuitiver Klarheit gebracht werden und
so sich selbst erkenntnistheoretisch rechtfertigen. Der Erkennt-
nistheoretiker braucht also nicht in einen unendlichen Regreß von
kritischen Reflexionen zu verfallen.

Ingarden unterscheidet zwischen der sogenannten reinen Erkenntnistheorie, der Kriteriologie und den angewandten Erkenntnislehren[19]. Die reine Erkenntnistheorie befaßt sich mit der Frage:
,,Welche Bedingungen müssen ein Gegenstand und ein Erkenntnisakt erfüllen, wenn die in dem betreffenden Akte vollzogene
Erkenntnis dieses Gegenstandes den oder jenen Erkenntniswert
besitzen soll"[20]? Dies ist eine rein prinzipielle Frage nach den
Bedingungen von Möglichkeiten, d.h. nach Wesensgesetzen, und

---

[16] L. Nelson, ,,Über das sogenannte Erkenntnisproblem", *Abhandlungen der
Fries'schen Schule* Bd. 2, Göttingen 1908, und ,,Die Unmöglichkeit der Erkenntnistheorie", ebda., Bd. 3, Göttingen 1911.

[17] [1921b]; Ingarden erwähnt hier Nelsons Namen nicht. Husserl selbst scheint nie
direkt mit Nelson in Diskussion getreten zu sein. Ingarden kommt in [1963] S. 560
und [1971] S. 11 auf ihn zu sprechen. Vgl. auch Edith Steins studentische Erinnerung
an die ,,Guillotine" von Nelson, in: *Werke*, Bd. 7, Louvain-Freiburg 1965, S. 185–186.

[18] [1921b] S. 553; Ingarden sagte schon in [1921a] S. 427, daß ein Fall, wo erkennen-
der Erkenntnisakt und erkannter Erkenntnisakt ,,ihrem Wesen nach absolut identisch" seien, ,,wohl möglich" sei, und daß eine solche Art absoluter Erkennntis ,,die
letzte Stütze, die *letzte* Begründung der Erkenntnistheorie" abgeben würde. Vgl. auch
[1970c]. Zum Begriff des Durchlebens vgl. ferner Brentanos ,,Bewußtsein nebenbei"
(*Psychologie vom empirischen Standpunkt*, Bd. 1. Leipzig 1924, S. 179 ff.).

[19] [1925b] S. 5; [1964a] S. 54. Vgl. [1971] S. 348.

[20] Vgl. [1925b] S. 30–31.

nicht eine Frage nach faktischen Tatsächlichkeiten[21]. In Ingardenscher Terminologie ausgedrückt: sie ist ontologischer und nicht metaphysischer Natur[22].

Die reine Erkenntnistheorie ist für ihre Zwecke nicht nur an einer Analyse der verschiedenen denkbaren Bewußtseinsformen, sondern auch an einer Analyse der verschiedenen denkbaren Arten von Gegenständen interessiert. Sie ist also nicht nur mit der Ontologie des Bewußtseins, sondern auch mit allen andern Zweigen der Ontologie verwandt. Ingarden betont jedoch, daß trotz dieser Verwandtschaft die reine Erkenntnistheorie und die Ontologie als solche formell voneinander unabhängig sind, und zwar aus zwei Gründen: 1) die Ontologie als die Disziplin der philosophischen Analyse der Wesenszusammenhänge besteht schon *vor* jeder Erkenntnistheorie und braucht sich von sich aus (außer natürlich im Spezialfall der Ontologie des reinen Bewußtseins) nicht um die phänomenologische Reduktion zu kümmern[23]; ferner ist das Interesse der von der Erkenntnistheorie unabhängigen Ontologie weiter, umfassender und nicht wie in der reinen Erkenntnistheorie ausschließlich auf das Ziel ausgerichtet, Kriterien für die Bewertung von Erkenntnisergebnissen zu gewinnen. 2) Die reine Erkenntnistheorie muß ihrerseits unabhängig sein; wie wir oben gesehen haben, muß sie autark sein und sich nicht unkritisch auf die Gültigkeit von Ergebnissen anderer Wissenschaften berufen; sie muß alle von ihr verwendeten Erkenntnisse ontologischer Natur mit ihren eigenen Erkenntnismitteln, also unter Beachtung der phänomenologischen Reduktion, gewinnen[24].

[21] Die reine Erkenntnistheorie hat die Aufgabe, ,,den Gehalt der allgemeinen regionalen Idee der Erkenntnis überhaupt zu erforschen", und des weiteren auch ,,die weniger allgemeinen Ideen, die unter die regionale Idee der Erkenntnis überhaupt fallen, zu analysieren und die Beziehungen herauszustellen, die zwischen diesen Ideen bestehen" [1925b] S. 4 und 5.

[22] Ingarden definiert die Ontologie als die Wissenschaft ,,der apriorischen Ideengehalte" [1964a] S. 33. In [1929] S. 162 schreibt Ingarden: ,,Dabei fasse ich hier der Einfachheit halber den Begriff der Ontologie etwas weiter als dies E. Husserl in seinen ,,*Ideen*" tut. Ich verstehe nämlich darunter *jede* apriorische Untersuchung der Gehalte von Ideen". In Husserls Handexemplar des *Jahrbuches* findet sich zu dieser Stelle die Randbemerkung: ,,wie früher in meinen Vorlesungen" (Ich verdanke die Transkription dieser Bemerkung Herrn Dr. Iso Kern). Ingarden sagt, sein Begriff der Ontologie sei weiter, weil er die als Ontologie des reinen Bewußtseins verstandene Phänomenologie mitumfaßt. Auch in [1925b] S. 21 wird die Phänomenologie ,,Wesensanalyse des reinen Bewußtseins" genannt.

[23] Vgl. [1963] S. 590.

[24] Ontologische Untersuchungen von Gegenständen sind auch auf transzendentaler Ebene sehr wohl möglich. Es scheint zum Beispiel, daß eine Ideation der Ideen von

Das Resultat der reinen Erkenntnistheorie besteht in einer sogenannten Kriteriologie, d.h. in einem ,,System von Sätzen ..., die uns als *Kriterien* dienen werden, wenn wir ... an die Bearbeitung einer *angewandten* Erkenntnislehre herantreten werden[52]''. Das folgende ist ein Beispiel eines solchen Kriteriums: ,,Eine Erkenntnis ist objektiv, wenn ihr Ergebnis in allen Momenten, die es dem Gegenstand zuschreibt, mit den entsprechenden Momenten des *korrekt* konstituierten gegenständlichen Sinnes übereinstimmt''[26] (hier ist natürlich eine genaue Bestimmung der Korrektheit einer Konstitution vorausgesetzt). Die Objektivität ist jedoch nicht etwa der einzige erkenntnistheoretische Wert. Es gibt zum Beispiel auch den Wert der Adäquatheit, welcher nur der immanenten, aber nicht der äußeren Wahrnehmung zukommt, oder die besondern Werte des ,,Getreuseins'' und der ,,Anpassung'' an die Intentionen des Künstlers, die beim Erkennen von Kunstwerken eine Rolle spielen[27].

materiellen Gegenständen nicht nur auf Grund der unreduzierten äußeren Wahrnehmung dieser Gegenstände, sondern auch auf Grund einer immanenten Reflexion auf den gegenständlichen Sinn (das Noema) dieser Gegenstände erfolgen kann.

Da Ingarden die Ontologie als die Wissenschaft der Ideengehalte definiert, so fragt es sich, ob ontologische Untersuchungen im allgemeinen und ontologische Untersuchungen im Rahmen der reinen Erkenntnistheorie im besonderen nicht wenigstens die metaphysische Behauptung beinhalten, daß es tatsächlich Ideen gebe. In [1925b] S. 31 sagt Ingarden: ,,Jeder Ontologie liegen nämlich Existenzialurteile zugrunde, die die Existenz der in Frage kommenden Ideen feststellen, den Inhalt der Ontologien aber bilden kategorische Urteile über den Gehalt der betreffenden Ideen. Aber gerade diese kategorische, *bedingungslose* Feststellung der Existenz der betreffenden Ideen (die Idee der Erkenntnis natürlich ausgenommen) ist etwas, was die Erkenntnistheorie gar nicht braucht...'' Ingarden nimmt hier also selbst für die ontologischen Untersuchungen im Rahmen der reinen Erkenntnisstheorie an, daß sie wenigstens die kategorische Feststellung der Existenz der Idee der Erkenntnis ,,brauchen''. Es scheint mir jedoch, daß eine solche kategorische metaphysische Voraussetzung mit dem von Ingarden verteidigten undogmatischen Charakter der Erkenntnistheorie nicht vereinbar ist, und daß alle Existenzbehauptungen von tranzendenten Gegenstandlichkeiten anfänglich eingeklammert werden müssen. Ist es übrigens nicht ganz natürlich, daß die metaphysische Behauptung der Existenz einer bestimmten Idee erst *nach* den betreffenden ontologischen Untersuchungen erfolgt? Denn *während* der ontologischen Untersuchungen ist es immer möglich, daß im Gehalt der angeblichen Idee eine Widersinnigkeit sichtbar wird, welche beweist, daß diese Idee überhaupt nicht bestehen kann. Vielleicht vertritt auch Ingarden diese Ansicht, wenn er in [1929] S. 179 die Anmerkung macht: ,,Es ist zwar nicht zu leugnen, daß auch in der Seinssphäre der Ideen und auch in derjenigen der Wesenheiten gewisse letzte Tatsachen metaphysisch festzustellen sind. Aber dabei handelt es sich um Ideen qua Ideen, nicht aber um eine Analyse ihrer Gehalte, die wir im Hinblick auf mögliche Vereinzelungen der Ideen durchführen. Es ist also eine Metaphysik der Ideen von ihrer Ontologie scharf zu scheiden''. Vgl. auch [1963] S. 591.

[25] [1925b] S. 5.

[26] Nach dem in Anmerkung 7 zitierten Aufsatz von D. Gierulanka S. 60. Vgl. auch [1967].

[27] Vgl. [1968a] § 31; [1969] S. 24 f.

Die *angewandten* Erkenntnislehren sind keine reinen Wesens-
wissenschaften merh, da sie den Wert von Erkenntnissen beurteilen wollen, die von *tatsächlich* existierenden erkennenden Sub-
jekten *tatsächlich* gewonnen worden sind. Dies verlangt die Feststellung, welches das tatsächliche Wesen der in Frage stehenden
Erkenntnissubjekte und das tatsächliche Wesen der produzierten
Erkenntnisergebnisse sei. Solche Feststellungen von Wesen*tatsachen* sind nicht mehr ontologischer Natur, sondern bilden den
Aufgabenbereich der Metaphysik[28]. ,,Einen wesentlichen Teil der
Erkenntniskritik, d.h. der angewandten Erkenntnislehren, bildet
somit eine Metaphysik der Erkenntnis''[29].

Doch wie steht es hier mit der phänomenologischen Reduktion?
Sind die angewandten Erkenntnislehren ihr im gleichen Maße
unterworfen wie die reine Erkenntnistheorie? Kann es sich also
bei der von ihnen verwendeten Metaphysik der Erkenntnis nur
um eine Metaphysik des transzendentalen Bewußtseins handeln?
Dies würde heißen, daß es keine angewandte Erkenntnislehre des
mundanen Bewußtseins im realistischen Sinne geben könnte.

Ingarden hat in den bisher veröffentlichten Schriften die Natur
der *angewandten* Erkenntnislehren nie ausführlich behandelt[30],
aber es scheint, daß man in bezug auf sie drei Stufen unterscheiden muß: eine erste Stufe, wo wir den Wert unserer Intuition des
Durchlebens und unserer immanenten Wahrnehmung erfassen;
eine zweite Stufe, wo wir unter Verwendung der Intuition des
Durchlebens und der immanenten Wahrnehmung den Wert unserer äußeren und inneren Wahrnehmung bestimmen; und eine
dritte Stufe, wo unter Verwendung der äußeren und inneren
Wahrnehmung die Erkenntnis des tatsächlichen, in der Welt vorkommenden Lebewesens ,,Mensch'' einer kritischen Bewertung
unterzogen wird. Die angewandten Erkenntnislehren der zwei ersten Stufen unterstehen der phänomenologischen Reduktion, doch
dann hat diese ihren erkenntnistheoretischen Dienst getan und
kann fallengelassen werden[31]. Die angewandten Erkenntnislehren
der dritten Stufe sind ihr nicht mehr unterstellt, sie können meta-

---

[28] [1929] S. 162–163; [1964a] S, 31, S. 33, S. 48.
[29] [1964a] S. 54.
[30] In [1925b] S. 8, S. 35 hat Ingarden die Behandlung der Frage der Stellung der
angewandten Erkenntnislehren noch zurückgestellt.
[31] Vgl. [1963] S. 590–591.

physische Ergebnisse über die Existenz und das tatsächliche Sosein der realen Welt und schließlich sogar auch faktische Ergebnisse der empirischen Einzelwissenschaften verwenden[32]. Eine Petitio Principii tritt nicht auf, da stets nur solche Ergebnisse, bzw. nur solche Erkenntnismittel verwendet werden, deren Wert schon bestimmt worden ist.

Natürlich haben die angewandten Erkenntnislehren der drei Stufen nicht alle denselben Erkenntniswert[33], sondern der Wert ihrer Ergebnisse muß, je nach dem Wert der von ihnen verwendeten Erkenntnismittel, verschieden sein. So sind die auf den ersten zwei Stufen verwendeten Erkenntnismittel der Intuition des Durchlebens und der immanenten Wahrnehmung ,,adäquat" und (in einem gewissen Sinne) ,,unbezweifelbar", während die auf der dritten Stufe verwendeten Erkenntnismittel der äußeren und inneren Wahrnehmung sich zwar als ,,objektiv" aber auch als ,,inadäquat" und ,,wesensmäßig bezweifelbar" erweisen[34]. Diejenigen angewandten Erkenntnislehren der dritten Stufe, welche Ergebnisse von empirischen Wissenschaften verwenden, haben sogar selbst nur den Wert von empirischen Erfahrungswissenschaften. Eine solcherart empirische ,,Theorie der menschlichen Erkenntnis" ist übrigens das einzige Beispiel einer angewandten Erkenntnislehre, das Ingarden in seinem Habilitationsvortrag erwähnt[35]. Sie entspricht dem guten Kern, der in der von Ingarden kritisierten sogenannten psychophysiologischen Erkenntnistheorie enthalten ist, und erforscht z.B. die Abhängigkeit der menschlichen Erkenntnis vom Zustand des Nervensystems und der Sinnesorgane oder von den äußeren physischen Umständen; auch von der empirischen Psychologie entdeckte Gesetzmäßigkeiten können hier berücksichtigt werden.

---

[32] [1925b] S. 5–6.

[33] Vgl. hierzu das in [1921a] S. 427 über das in der ,,absoluten Erkenntnis" gipfelnde ,,steigerungsfähige Recht" Gesagte.

[34] [1925b] S. 24–26. Der genaue Sinn der hier in Frage stehenden Bezweifelbarkeit, bzw. Unbezweifelbarkeit wäre natürlich noch genauer zu bestimmen.

[35] [1925b] S. 8. S. 21, S. 5–6, – Diese empirische Theorie der menschlichen Erkenntnis ist nicht nur von der *angewandten* Erkenntnislehre unseres tatsächlichen reinen Bewußtseins, sondern auch von dem Teil der *reinen* Erkenntnistheorie zu unterscheiden, welcher die Erkenntnis des Lebewesens ,,Mensch" rein apriori als eine mögliche Spezifizierung von Erkenntnis überhaupt untersucht. In [1929] S. 182–183 bezeichnet Ingarden die apriorische Theorie der menschlichen Erkenntnis verwirrenderweise auch als eine ,,angewandte Erkenntnislehre".

Nachdem ich das Verhältnis von Metaphysik, Ontologie und Erkenntnistheorie bisher vom Gesichtspunkte der Erkenntnistheorie aus beschrieben hatte, will ich nun dazu übergehen, dieses Verhältnis auch vom Gesichtspunkte der Metaphysik, welche für Ingarden die philosophische Hauptdisziplin ist, kurz zu skizzieren.

Die Metaphysik als die Wissenschaft, welche das tatsächliche *Wesen* der Wirklichkeit zu bestimmen sucht, ist von der Ontologie, d.h. der Wissenschaft, welche sich mit der Analyse der Wesenszusammenhänge befaßt, abhängig. Zum Beispiel kommt es im Falle des Realismus-Idealismus-Streites der Ontologie zu, die prinzipiell denkbaren Lösungen zusammenzustellen, d.h. anhand von existenzial-, formal- und materialontologischen Analysen die verschiedenen Möglichkeiten bezüglich des Verhältnisses von Welt und Bewußtsein zu bestimmen und so eine metaphysische Entscheidung im Lichte von klar durchdachten Alternativen zu ermöglichen.

Eine naive Ontologie und Metaphysik existieren schon vor der Erkenntnistheorie. Aber heute müssen Ontologie und Metaphysik ihre Methoden und Erkenntnismittel erkenntnistheoretisch nachprüfen lassen[36]. Wie oben gesagt wurde, heißt dies noch nicht, daß sie ihre eigene Arbeit der Erkenntnistheorie überlassen und in der Erkenntnistheorie aufgehen sollen.

Die erkenntnistheoretische Kritik der Ontologie ist angesichts der zeitgenössischen Zweifel an der Möglichkeit von Wesensanalysen ein Gebiet, wo eingehendere Studien dringend nötig sind. Doch wenden wir uns nun der erkenntnistheoretischen Kritik der Metaphysik der realen Welt zu, mit der sich Ingarden in erster Linie beschäftigt hat. Eine metaphysische Stellungnahme zugunsten einer realistischen Lösung muß sich auf das Zeugnis der äußeren und inneren Wahrnehmung stützen, denn diese ist es ja, welche augenfällig zu bezeugen scheint, daß wir in einer raumzeitlichen Welt von seinsautonomen Gegenständen leben[37]. Die

---

[36] Vgl. [1963] S. 590.

[37] Die Seinsautonomie dieser Gegenstände zeigt sich darin, daß sie nicht wie die rein intentionalen Gegenstände in ihrem Dasein und Sosein durch bloße Akte des gegenständlichen Vermeinens beeinflußt werden können (vgl. [1929] S. 160; Ingarden verweist in der Anmerkung auf H. Conrad-Martius), daß sie aber ihrerseits sehr wohl sowohl positive als auch störende Einflüsse auf unsere Erkenntnisprozesse auszuüben scheinen. In den konstitutiven Analysen läßt sich das Vorhandensein von etwas von den Bewußtseinakten Unabhängigem bis auf den zwar immanenten aber ichfremden Strom der Daten zurückverfolgen.

erkenntnistheoretische Kritik hat also hier die schwierige Aufgabe
zu untersuchen, ob überhaupt, und wenn ja, inwieweit die äußere
und innere Wahrnehmung die ihnen vom Realismus zugeschriebene metaphysische Tragweite haben. Diese Untersuchung kann
sich sowohl auf der Ebene der reinen Erkenntnistheorie als auch
auf der Ebene der angewandten Erkenntnislehren der zweiten
Stufe bewegen. In der reinen Erkenntnistheorie ist rein ontologisch zu untersuchen, ob für ein so-und-so beschaffenes Subjekt
in bezug auf eine so-und-so beschaffene Welt eine Erkenntnis
von dem-und-dem metaphysischen Wert prinzipiell möglich ist.
In einer angewandten Erkenntnislehre der zweiten Stufe ist sodann im Lichte der in der reinen Erkenntnislehre analysierten
Möglichkeiten eine Bewertung der metaphysischen Tragweite der
tatsächlichen, immanent gegebenen äußeren und inneren Wahrnehmung vorzunehmen.

Sowohl die reine Erkenntnistheorie als auch die angewandten
Erkenntnislehren der zweiten Stufe unterstehen, wie wir oben
gesehen haben, der phänomenologischen Reduktion. Die erkenntnistheoretische Kritik der Metaphysik der realen Welt darf sich
deshalb nur mit dem reinen Bewußtsein und dem ,,Sinn'' der realen Welt, nicht aber mit dem tatsächlichen Sein der realen Welt
befassen. Sie kann das tatsächliche Sein des Aktes (der Noesis)
und das tatsächliche Sein des gegenständlichen Sinnes (des Noemas) der äußeren Wahrnehmung untersuchen, doch das tatsächliche Sein des wahrgenommenen Gegenstandes (des ,,referent'',
um einen geläufigen englischen Ausdruck der zeitgenössischen
Semantik zu verwenden) liegt außerhalb ihres Gegenstandsbereiches[38]. Daraus folgt, daß das von Realismus und Idealismus

---

[38] ,,In der transzendentalen Betrachtung haben wir prinzipiell nur mit einem *ein-*
zigen Seienden, das in ihr als S*eiendes* gesetzt werden darf, zu tun, d.h. mit dem gerade
im Vollzug begriffenen reinen Bewußtsein selbst. Dagegen ist uns jedes andere, bei
einer nicht transzendentalen Untersuchung eventuell zu setzende, Seiende in einer
transzendentalen Untersuchung nicht als Seiendes zugänglich: was von ihm – wenn
man so unpassend sagen darf – in diesem letzteren Fall noch zugänglich ist, das ist
der sich in entsprechenden Bewußtseinsmannigfaltigkeiten konstituierende *Sinn* von
ihm . . .'' [1929] S. 183–184.

,,Weder bei der Aufstellung noch bei der Anwendung (des Kriteriums der Objektivität der äußeren Wahrnehmung) wird die faktische Existenz des wahrgenommenen
Gegenstandes zugrunde gelegt . . .'' [1927] S. 305.

Vgl. auch meine Artikel ,,The world as noema and as referent'' in: *Journal of the*
British Society for Phenomenology 3, 1972 no. 1, S. 15–26; ,,Nowe spojrzenie na rozwój
filozoficzne Husserla'' (ein neuer Blick auf Husserls philosophische Entwicklung) in:
Fenomenologia Romana Ingardena (Studia Filozoficzne), Warszawa 1972, S. 145–156;

umstrittene Problem der Existenz der realen Welt kein erkenntnistheoretisches, sondern ein außerhalb der Erkenntnistheorie
liegendes metaphysisches Problem ist. Hier liegt also die Begründung der wichtigen Ingardenschen These von der wesentlichen
Begrenztheit der Erkenntnistheorie.

Das Hauptproblem bei der Bewertung der äußeren Wahrnehmung besteht darin, zu entscheiden, ob der Wert der Objektivität,
den man ihr im Hinblick auf die sich in ihr manifestierende Auf-
nahmebereitschaft und Offenheit[39] (das heißt im Hinblick auf die
spezifische Passivität der sich in ihr vollziehenden Synthesen) zu-
schreiben kann, genügt, um ihr auch einen gewissen metaphysischen Wert zuzuerkennen. Es stellen sich hier nicht nur die
skeptischen Einwände, welche das Bestehen einer Erfahrung von
metaphysischer Tragweite überhaupt bezweifeln, sondern auch
die Einwände, welche das Bestehen einer besonderen („mysti-
schen") metaphysischen Erfahrung behaupten, die zu der gewöhnlichen äußeren Wahrnehmung im Gegensatz steht[40]; man denke
z.B. an die Lehre von der sogenannten „Intuition" bei Bergson,
welche Ingarden in seiner Doktordissertation einer eingehenden
kritischen Untersuchung unterzogen hat.

Von besonderem Interesse ist hier ein Einwand, der von Ingarden Husserl zugeschrieben wird[41]. Dieser Einwand zieht aus
der wesentlichen Inadäquatheit der äußeren Wahrnehmung den
Schluß, daß der Begriff einer seinsautonomen Welt im realistischen Sinne widersinnig sei, da er die Annahme eines Seienden bein-
halte, welches prinzipiell nicht vollständig erkennbar wäre und
welches somit eine gewisse Irrationalität aufweisen würde. Das
heißt, dieser Einwand schließt aus einer erkenntnistheoretischen
Feststellung auf die ontologische Unmöglichkeit einer realistischen Lösung. Die Verwerfung der metaphysischen Tragweite
der äußeren Wahrnehmung ergibt sich erst in zweiter Linie als
eine Folge dieser Unmöglichkeit einer realistischen Lösung.

Wir sind damit am Ende dieser kurzen Einführung in die Ingardensche Gesamtkonzeption der Philosophie angelangt. Ich

„Husserl on pictures and intentional objects" in: *The Review of Metaphysics* 26, 1973,
S. 670–680.

[39] [1929] S. 187 verweist auf den Begriff des „Offen-seins" von Moritz Geiger.

[40] Vgl. [1964a] S. 52, S. 32; [1965b] S. 391, wo die von diesen Einwänden vertre-
tenen Möglichkeiten noch offen gelassen sind.

[41] [1929] S. 185 f.

hoffe, daß sie dazu beigetragen hat, das Vorurteil zu zerstreuen, wonach die sogenannte ,,ontologische Phänomenologie'' unkritisch und naiv sein müsse. Ingarden hat die erkenntnistheoretischen Schwierigkeiten keineswegs übersehen, sondern hat sich im Gegenteil bemüht, ihnen im System der Philosophie ihre genaue Stelle anzuweisen. Das will nicht heißen, daß er beansprucht, sie damit auch schon gelöst zu haben. Ingarden gehörte nicht zu jenen Philosophen, die sich anmaßen, alle philosophischen Probleme genialisch rasch ,,von oben'' herab lösen zu können. Wie Husserl vertrat er eine ,,Philosophie von unten'', wo ein Problem erst dann als wirklich gelöst angesehen wird, wenn in geduldiger Kleinarbeit jeder Pfennig des ,,Kleingeldes'' bezahlt worden ist[42]. Die ausgedehnten ontologischen Untersuchungen von Ingarden dienen alle diesem Zweck, Bausteine für eine solide zukünftige Philosophie bereit zu stellen. Die Ontologie als solche macht keine metaphysischen Feststellungen und vollzieht keine erkenntnistheoretische Wertungen, aber sie ist die Disziplin der philosophischen Analysen, welche jeder metaphysischen Feststellung und jeder erkenntnistheoretischen Wertung zu Grunde liegen müssen.

Bibliographie

Dieses Verzeichnis berücksichtigt alle Bücher von Roman Ingarden, dagegen sind nur diejenigen Artikel aufgenommen worden, welche im vorliegenden Referat zitiert werden. Alle Ausgaben von

---

[42] ,,Auch der Philosoph darf nicht zu vornehm sein, eine Arbeit vieler Jahre und wenn nötig eine Arbeit seines ganzen Lebens auf ein relativ kleines Gebiet seiner Wissenschaft zu konzentrieren. Aber solche Bescheidung, die in jeder exakten Wissenschaft selbstverständlich ist, ist den Philosophen fremd.... Man will nur in der ,Hauptsache' klar werden, man sucht nur die systematischen Hauptlinien und sieht leider nicht, daß solch ein Philosophieren von oben kein wissenschaftliches Erfahren ist, und daß die Dinge nur von ihnen und vom Fundament aus erfaßt und erledigt werden können. ...'' Husserl, Göttinger Vorlesungen über Urteilstheorie, SS 1905 (Ms. F I 27 Bl. 4, transskribiert durch Frl. Ursula Panzer). Husserls Bitte um ,,Kleingeld'' wird z.B. in [1959] S. 461 und in K. Löwith: ,,Eine Erinnerung an Husserl'', in: *E. Husserl, 1859–1959, Recueil commémoratif*..., Den Haag 1959, S. 48 f. erwähnt. Husserl hat die ,,gediegene Solidität und die ,,Präzision der Unterscheidungen'' von Ingardens Arbeiten hoch eingeschätzt, und dies auch dann noch. als er Ingarden den Vorwurf machte, mit seiner Ontologie an der Oberfläche zu verbleiben, statt in die Tiefe der transzendentalen Phänomenologie vorzustoßen (vgl. [1968b] S. 55, S. 62–64, S. 72–75).

Werken, von denen eine vollständige deutsche Ausgabe besteht, sind nur unter dem Erscheinungsjahr der ersten Auflage dieser deutschen Ausgabe zitiert. Eine vollständige Bibliographie der philosophischen Schriften bis 1971 gibt A. Półtawski „Bibliografia prac filozoficznych Romana Ingardena 1915–1971" in: *Fenomenologia Romana Ingardena* (Studia Filozoficzne), Warszawa 1972, S. 19–54.

1921a „Intuition und Intellekt bei Henri Bergson: Darstellung und Versuch einer Kritik", in: *Jahrbuch für Phil. und phän. Forschung V*, 1922, S. 286–461. Sonderdruck als Dissertation, Halle 1921. Polnische Übersetzung in [1963].

1921b „Über die Gefahr einer Petitio Principii in der Erkenntnistheorie", in: *Jahrbuch... IV*, S. 545–568. Polnische Übersetzung in [1971].

1925a „Essentiale Fragen: Ein Beitrag zum Problem des Wesens", in: *Jahrbuch... VII*, S. 125–301. Habilitationsschrift. Polnische Fassung mit einer 25seitigen Zugabe in [1972].

1925b *Über die Stellung der Erkenntnistheorie im System der Philosophie*, Habilitationsvortrag, Halle, Druck von Karras, Kröber & Nietschmann, 36 S. Polnische Übersetzung in [1971].

1927 „Czy i jak można wykazać obiektywność spostrzeżenia zewnętrznego?" (Läßt sich die Objektivität der äußeren Wahrnehmung aufweisen, und wenn ja, wie?) im: *Przegląd Filozoficzny 30*, S. 303–305.

1929 „Bemerkungen zum Problem Idealismus-Realismus", in: *Jahrbuch...*, Ergänzungsband, Festschrift Edmund Husserl zum 70. Geburtstag gewidmet, S. 159–190.

1930 „Psycho-fizjologiczna teoria poznania i jej krytyka" (Die psychophysiologische Erkenntnistheorie und ihre Kritik), in: *Księga Pamiątkowa Gimnazjum im. K. Szajnochy*, Lwów. Sonderdruck, 41 S.

1931 *Das literarische Kunstwerk: Eine Untersuchung aus dem Grenzgebiet der Ontologie, Logik und Literaturwissenschaft*, Halle, Max Niemeyer. Polnische Ausgabe Warszawa, PWN 1960; zweite erweiterte deutsche Auflage, Tübingen 1960; dritte durchgesehene Auflage, Tübingen 1965. Vierte unveränderte Auflage, Tübingen 1972. Italienische Übersetzung Milano 1968. Englische Übersetzung Evanston Ill. 1973.

1936a „Poznanie" (Erkenntnis), „Racjonalizm" (Rationalismus), „Teoria poznania" (Erkenntnistheorie) in der Enzyklopädie *Swiat i Życie* Bd. 4, Lwów-Warszawa, col. 345–354, 507–515, 1073–1086.

1936b „Czy zadaniem filozofii jest synteza wyników nauk szczegółowych?" (Ist die Synthese der Ergebnisse der Einzelwissenschaften eine Aufgabe der Philosophie?) in: *Kwartalnik Filozoficzny 13*, S. 195–214.

1947a *Szkice z filozofii literatury* (Skizzen aus der Philosophie der Literatur), Łódz, „Polonista". 9 Studien, davon 2 auch in [1957] und 3 andere auch in [1970b]. Russische Übersetzung von 4 dieser Studien in [1962b].

1947b „O poznawaniu cudzych stanów psychicznych" (Über die Erkenntnis fremdpsychischer Zustände), in: *Kwartalnik Psychologiczny 13*, S. 1–28. Auch in [1971].

1948   „Metodologiczny wstęp do teorii poznania" (Methodologische Einleitung in die Erkenntnistheorie), in: *Sprawozdania Wrocławskiego Towarzystwa Naukowego 3*, S. 242–244.

1957   *Studia z estetyki* (Studien zur Ästhetik), Bd. 1, Warszawa, PWN 1957, 2. Auflage Kraków 1966. 5 Studien. [1968a] ist die deutsche Fassung der ersten Studie.

1958   *Studia z estetyki* (Studien zur Ästhetik), Bd 2, Warszawa, PWN 1958, 2. Auflage Kraków 1966. 6 Studien. Deutsche Fassungen von 5 Studien in [1962a] und [1969]. Slowakische Übersetzung der ersten Studie Bratislava 1965.

1959   „Edmund Husserl zum 100. Geburtstag", in: *Zeitschrift für philosophische Forschung 13*, S. 459–463. Polnische Übersetzung in [1963].

1962a   *Untersuchungen zur Ontologie der Kunst: Musikwerk –Bild – Architektur – Film*, Tübingen, Max Niemeyer. Deutsche Fassung der vier ersten Studien von [1958].

1962b   *Issledovanija po estetike* (Untersuchungen zur Ästhetik), Moskva, Izdatelstvo Inostrannoj Literatury. Russische Übersetzung von 10 Studien aus [1947a], [1957] und [1958].

1962c   „Bemerkungen zum Problem der Begründung", in: *Studia Logica 13*. S. 153–176. Polnische Übersetzung in [1971].

1963   *Z badań nad filozofią współczesną* (Untersuchungen zur Philosophie der Gegenwart) Warszawa, PWN. 664 S. Enthält u.a. wichtige Arbeiten über Husserl und die Phänomenologie, von denen erst ein Teil in deutscher Fassung veröffentlicht worden ist.

1964a   *Der Streit um die Existenz der Welt*, Bd. 1, *Existenzialontologie*, Tübingen, Max Niemeyer. Polnische Ausgaben einer früheren Fassung Kraków, PAU 1947, und Warszawa, PWN 1960 (Nachdruck 1962). Unvollständige englische Übersetzung unter dem Titel *Time and Modes of Being*, Springfield, III., Charles C. Thomas 1964.

1964b   „Husserls Betrachtungen zur Konstitution des physikalischen Dinges" in: *Archives de Philosophie 27*, Les Fontaine, Chantilly, S. 356–407.

1965a   *Der Streit um die Existenz der Welt*, Bd. 2, *Formalontologie*, 1. Teil, *Form und Wesen*, Tübingen, Max Niemeyer. Polnische Ausgaben einer früheren Fassung Kraków, PAU 1948, und Warszawa, PWN 1960/61.

1965b   *Der Streit um die Existenz der Welt*, Bd. 2, *Formalontologie*, 2. Teil, *Welt und Bewußtsein*, Tübingen, Max Niemeyer. Polnische Ausgaben einer früheren Fassung Kraków, PAU 1948, und Warszawa, PWN 1961.

1966   *Przeżycie – dzieło – wartość* (Erlebnis, Kunstwerk, Wert) Kraków, Wydawnictwo Literackie. Auch in [1970b] enthalten. Deutsche Fassung von 4 Studien in [1969],

1967   „Betrachtungen zum Problem der Objektivität", in: *Zeitschrift für philosophische Forschung 21*, S. 31–46, 242–260. Auch in [1969]. Polnische Übersetzung in [1971].

1968a   *Vom Erkennen des literarischen Kunstwerks*, Tübingen, Max Niemeyer, und Darmstadt, Wissenschaftliche Buchgesellschaft. Polnische Ausgaben einer früheren Fassung Lwów, Ossolineum 1937, und in [1957]. Tschechische Übersetzung Praha 1967. Englische Übersetzung Evanston Ill. 1973.

1968b Edmund Husserl, *Briefe an Roman Ingarden*, mit Erläuterungen und Erinnerungen an Husserl herausgegeben von Roman Ingarden, Phaenomenologica Bd. 25, Den Haag, Martinus Nijhoff.

1969 *Erlebnis, Kunstwerk und Wert*, Tübingen, Max Niemeyer, und Darmstadt, Wissenschaftliche Buchgesellschaft. Deutsche Fassung von 10 Studien aus [1958], [1966] und [1970b], und Nachdruck von [1967].

1970a *Über die Verantwortung: Ihre ontischen Fundamente*, Universal-Bibliothek Nr. 8363/64, Stuttgart, Reclam. Polnische Fassung in: [1972b].

1970b *Studia z estetyki* (Studien zur Ästhetik), Bd. 3, Warszawa, PWN. 26 Studien. Deutsche Fassung von 10 Studien in [1969].

1970c *Innføring i Edmund Husserls Fenomenologi* (Einführung in die Phänomenologie von Edmund Husserl), Oslo, Johan Grundt Tanum Forlag. Dies ist eine norwegische Übersetzung von zehn Vorlesungen, die Ingarden 1967 an der Universität Oslo in deutscher Sprache gehalten hat. Polnische Übersetzung [1974b].

1971 *U podstaw teorii poznania* (Zu den Grundlagen der Erkenntnistheorie), 1. Teil, Warszawa, PWN. Enthält als Anhang polnische Übersetzungen von [1921b], [1925b], [1962c], [1967], und einen Nachdruck von [1947b].

1972a *Z teorii języka i filozofiznych podstaw logiki* (Zur Sprachtheorie und zu den philosophischen Grundlagen der Logik), Warszawa, PWN. (8 Studien, darunter die polnische Fassung von [1925a]).

1972b *Książeczka o człowieku* (Kleines Buch über den Menschen) Kraków, Wydawnictwo Literackie (6 Studien, darunter eine polnische Übersetzung von [1970a]).

1974a *Der Streit um die Existenz der Welt*, Bd. 3 *Über die kausale Struktur der realen Welt*, Tübingen: Max Niemeyer.

1974b *Wstęp do fenomenologii Husserla* (Einführung in die Phänomenologie von Husserl), Warszawa: PWN. Polnische Übersetzung der Osloer Vorlesungen, vgl. [1970c].

— *Über den Gegenstand und die Aufgaben der Literaturwissenschaft* Tübingen: Max Niemeyer (in Vorbereitung) 6 Studien.

Helmuth Plessner

TRIEB UND LEIDENSCHAFT

Eine Theorie des politischen Handelns – von jeher eine Crux der Ethik – tut sich heute besonders schwer, weil ihre Objekte: Staat und Gesellschaft, in ihren früheren Abgrenzungen undeutlich geworden sind und sich gegenseitig in Frage stellen. Infolgedessen lassen sich die Bemühungen der Theorie verstehen, in einer Zone anzusetzen, die von dieser Problematik nicht berührt wird. Sie geht ein Stockwerk tiefer, unterhalb des sozialen oder des staatlichen Bereichs, und trifft dabei auf die Zone der menschlichen Triebkräfte. Derart in Bodennähe, bieten sich vieldiskutierte psychologische und biologische Erfahrungen an, die zum Bestand der *Verhaltensforschung* und der *Psychoanalyse* zählen. Bei aller Unabhängigkeit voneinander haben sie manches gemeinsam. Den Nachweis angeborener Instinktausstattung als Schlüssel für bestimmte Verhaltensmuster beim Kleinkind wird die psychoanalytische Forschung ohne weiteres gebrauchen können. Freud selbst war ein Anhänger Darwins und hätte die Ergebnisse moderner Ethologie nicht weniger ernst genommen als die Aufschlüsse des Studiums der Primitiven – Aufschlüsse, die durch die Psychoanalyse entscheidend gefördert worden sind.

Der Brückenschlag zwischen Individualgenese und Stammes- bzw. Frühgeschichte dient der Erkenntnis jener lebensdienlichen Sozialregulationen, die beim Tier instinktmäßig gesichert sind, so daß die Kontrolle der Aggressionsimpulse ohne Über-Ich und Verdrängung funktioniert, während sie beim instinkt-entsicherten Menschen offenbar entsprechender Hemmung bedürfen. Das heißt: Biologie und Psychoanalyse lassen eine Gemeinsamkeit in der Deutung menschlichen Verhaltens erkennen, und zwar in der Einsicht in seine Doppelbödigkeit. Es unterliegt in seiner naturgeschichtlichen Prägung sehr alten Triebimpulsen teils arterhaltender, teils artgefährdender Tendenz, muß aber diese Impulse in die soziokulturelle Ebene transponieren, d.h. sublimieren oder symbolisch überformen. Das bringt unsere *natürliche Künstlichkeit* mit sich. Nach diesem Modell ist der triebhafte Unterbau letztlich für das Verhalten des Menschen entscheidend. Er macht sich in Bedürfnissen geltend, die keineswegs konstant sind, sondern soziokulturelle Masken tragen und vom Stande ihrer jeweiligen technischen Möglichkeit abhängen. Das Bedürfnis richtet sich nach seiner zu erwartenden Befriedigung und den Tabus, die ihren Horizont begrenzen. Ob die Tabus nur ökonomische Wurzeln haben, ist zumindest zweifelhaft. *Daß* sie sich im Rahmen der jeweiligen ökonomischen Möglichkeiten halten werden, wird auch ein Nichtmarxist zugeben.

Das Modell Unterbau-Überbau ist individualgenetischer wie sozialgenetischer Auslegung fähig. Im individuellen Bereich erfogt die Befreiung in dem Maße, wie es Arzt und Patient gelingt, die hinterrücks wirksamen Triebe Libido und Aggression und den von ihnen angeheizten Verdrängungsmechanismus ins Bewußtsein zu bekommen. Daß Freud später mehr Nachdruck auf einen Todestrieb legte, ehrt ihn, sprengt aber nicht den ganzen Rahmen der Impulsmechanik. Und im sozialgenetischen Bereich fungieren die jeweiligen ökonomischen Triebkräfte als die Impulse, die für das Bewußtsein einer Gesellschaft von Recht und Sitte verantwortlich gehalten werden, *solange* sie als deren Überbau nicht durchschaut sind.

Hier wie dort: Verhüllungszwang und Reduktion auf Triebimpulse als Substrat der historisch (soziokulterell wandelbaren) Bedürfnisse. Freilich wird man vom persönlichen Abbau aggressiver Impulse in einer auf Leistung angewiesenen Gesellschaft ständig wachsender Industrialisierung keine gesellschaftlichen Veränderungen erwarten dürfen, selbst wenn das ganze Top-Management in West und Ost sich analysieren ließe. Sogar in dieser Extremform bliebe Marcuses „große Weigerung" wirkungslos. Soziale Gefüge, die Interessen an Bedürfnissen erzeugen, können nur von den Interessen her verändert werden, d.h. von der sie erzeugenden Industrie und der von ihr verkörperten *und* verborgenen politischen Macht.

Ihre Reduktion auf Antriebe, die ihre Wurzel in der stammesgeschichtlichen Vergangenheit der Species Homo Sapiens haben und seine Instinktbasis bilden sollen, ist den Lesern der Bücher von Konrad Lorenz selbstverständlich. Die Selbstauffassung des Menschen in der technisierten Gesellschaft als eines von Bedürfnissen beherrschten Triebwesens wehrt sich nicht gegen seine Einreihung unter andere Lebewesen, zumal ihr jeder religiöse Rückhalt fragwürdig geworden ist. Der Mensch hat sich immer gern im Spiegel der Tiere gesehen, und wenn ihm nun die moderne Verhaltensforschung statt Fabeln und Märchen die Mittel zu echtem Vergleich an die Hand gibt, kann man sich nicht darüber wundern, daß mit Liebe und Haß auch Recht und Pflicht biologisch gesehen werden.

Wenn also Arnold Gehlen in seinem neuesten Buch *Moral und Hypermoral. Eine pluralistische Ethik*[1] die Formen, welche Sittlichkeit beim Menschen annimmt, als Sozialregulationen des (wie Nietzsche sagt) „nicht festgestellten Tieres" erklärt, so bleibt er in der Linie der Verhaltensforschung. Seltsam ist nur die Inkonsequenz des Konzepts. Einmal ist der Mensch als nicht von Instinkten behütetes Wesen auf kompensatorische Ausbildung künstlicher Schutzhüllen angewiesen, die ihm zu Institutionen gerinnen. Zum anderen aber sollen die ihm verkümmerten Instinktresiduen doch die Kraft haben, das ethisch-politische Verhalten zu bestimmen. Aus vier voneinander unabhängigen biologischen Wurzeln ergeben sich vier ineinander nicht überführbare Programme: 1. Ein zum *Ethos der Gegenseitigkeit* resultierendes Verhaltensmuster, die vitale Grundfigur des Voneinander-Abstand-Haltens, das sich beim Menschen in Achtung umsetzt. 2. Mehrere instinktive verhaltensphysiologische Regulationen zur Sicherung des Wohlbefindens, die vitale Grundfigur der *eudämonistischen Ethik.* 3. Das familienbestimmte Verhalten, welches dank seiner unbegrenzten Erweiterungsfähigkeit die vitale Grundfigur des von Nietzsche *Humanitarismus* genannten Ethos, die Grundlage universaler Brüderlichkeit bildet. 4. Das – durch den in der Instinktverkümmerung wurzelnden Zwang zur Bildung von Institutionen erzwungene – *Ethos des Staates*, um dessen Recht auf Gewalt es Gehlen vor allem zu tun ist. Der Grundsatz: *summum ius summa iniuria* soll als *ultima ratio regnorum* gegen alle (gewiß oft genug verlogene) Humanitätsduselei der Intellektuellen moralisch gesichert sein.

[1] Frankfurt a.M. 1969.

Wir werden uns bei der Kritik dieser Thesen nicht aufhalten, die Jürgen Habermas bereits geliefert hat[2]: „Das Ethos der Gegenseitigkeit, das in fundamentalen Symmetrien möglicher Redesituationen gleichsam darin steckt, ist, ..., die einzige Wurzel der Ethik überhaupt – und zwar keineswegs eine biologische Wurzel... Nicht in den biologischen Schwächen des Menschen, ..., sondern in dem kompensatorisch aufgebauten kulturellen System selbst ist jene tiefe Verletzbarkeit angelegt, die als Gegenhalt eine ethische Verhaltensregulierung nötig macht"[3]. Das heißt nicht, die nachweislichen Appelle an unsere Neigungen zu leugnen, die uns auch nur sehr partiell angeboren sind – wie etwa das von gewissen Formen ausgelöste „Kindchenschema", das zu zärtlichem Verhalten stimmt. Als Neigungen haben sie mit ethischen Qualitäten nichts zu tun, auch wenn man sie nicht im Kantischen Rigorismus verankert. Habermas schließt, deutlich genug, mit der Warnung: „Ein im Dreieck Carl Schmitt, Konrad Lorenz, Arnold Gehlen entwickelter Institutionalismus könnte leicht das Maß an Breitenglaubwürdigkeit erhalten, das kollektiven Vorurteilen genügt, um virulente Aggressivität zu entbinden und gegen innere Feinde, mangels äußerer, zu richten"[4]. Gerade weil die Generation sehr bald verschwunden sein wird, die Aufstieg und Ende des Nationalsozialismus mitgemacht hat, sollte die Warnung nicht verhallen. Sein Potential ist noch lange nicht erschöpft.

Die ganze sich biologisch gebende und mit vier (es könnten auch mehr sein) Instinktwurzeln arbeitende Argumentation ist brüchig. Schon die Gegenseitigkeit, die für Abstandhalten und Hemmung der Aggressivität unter Artgenossen sorgen soll, sieht beim Menschen anders aus als beim Tier. Der Mensch verfügt über den Sinn für die „Reziprozität der Perspektiven", d.h. im Anderen „sich" zu sehen, den Sinn für Spiegelbildlichkeit, kraft seiner zu sich aufgebrochenen Ichhaftigkeit.

Weiterhin ist die ganze Instinktbasis beim Menschen zu reduziert und zu schwach, um das ethisch-politische Verhalten in seiner Breite und seinem Kräfteverschleiß zu tragen. Seinen An-

---

[2] „Arnold Gehlen, Nachgeahmte Substanzialität", in: J. Habermas, *Philosophisch-politische Profile*, Frankfurt a. M. 1971.
[3] S. 212.
[4] S. 221.

forderungen ist nur *eine* dem Menschen vorbehaltene Antriebsform gewachsen: *die Leidenschaft*, eine ihn bindende *und* entbin-
dende, fesselnde *und* entfesselnde, beglückende *und* gefährdende
Möglichkeit. Biologisch gesehen eine pure Narrheit, weil mit
zerstörerischem Potential geladen, macht sie unsere exzentrische
Position in und zu der Welt manifest. Mehrsinnig wie die Sache
selbst, hat sich das Wort *Passion* für sie erhalten, in dem das Er-
dulden stärker anklingt als in der deutschen Version. Tiere leiden
an dem, was ihnen versagt ist: Hunger und Durst, an mangelnden
Möglichkeiten, ihre Triebe zu befriedigen, an Gefangenschaft. Der
Stau kann wie beim Menschen Aggression auslösen. Doch nur der
Mensch leidet an seiner Leidenschaft *für* einen Menschen oder
eine Sache.

Bei Tieren begegnen uns zwei Arten von Bindung: die durch
Brutpflege und frühkindliche Prägung hervorgerufene Anhäng-
lichkeit einschließlich der sogenannten ,,Heimvalenzen" und die
Sucht, ein vor allem bei domestizierten Tieren auftretendes Verfallensein. Sucht ,,nach" ist hier immer organgebunden. Nicht aber
beim Menschen, der sein Verfallensein selbst mit dem falschen
Prädikat der Leidenschaftlichkeit tarnt. Nur ist der Morphium-,
Heroin-, Opiumsüchtige keiner Leidenschaft verfallen. Daß er Be-
täubung und Entrückung sucht, allein oder in einer Gruppe von
gleich Versklavten, ändert an dem Grundcharakter dieser Art
Verfallenheit nichts – auch wenn sich der Mensch an beidem rui-
nieren kann.

Wenn die These richtig ist, daß das Reservoir des Menschen an
instinktiven Sozialregulationen zu dürftig und zu schwach ist,
das ethisch-politische Leben zu tragen, und das heißt: es zu motivieren, dann reichen Triebe dazu nicht aus. Als libidinöses Heizmaterial auch dem Menschen unentbehrlich, verliert es bei ihm
gleichwohl jene Eindeutigkeit der Richtung, die es für die Tiere
hat. Dieser Mangel an Fixiertheit des Triebes spielt der Leidenschaft in die Hand, denn nur der Mensch kann lieben und hassen.
Beide Formen der Bindung, die erste auf Vereinigung, die zweite
auf Vernichtung gerichtet, können sich zur Leidenschaft steigern,
wenn sie sich fixieren.

Des Liebens und Hassens, des Strebens nach Vereinigung und
Zerstörung ist nur ein Wesen fähig, dem eine Welt sich öffnet,

d.h. das in Nähe und Ferne zu einer Person wie zu einer Sache unmittelbaren Gefühlskontakt herstellt. Dadurch erst, auf der Grundlage solcher Resonanz, kann dem Menschen der Kontakt mit dem anderen gefährlich werden, wenn er sich daran verliert und ihm verfällt.

Eine Passion ist immer eine gesteigerte Form von Hingabe, welche die stärksten Kräfte entfachen und in Atem halten, *auch* in Aggression sich äußern kann – diese ist aber von ganz anderer Art, ohne langen Atem und ohne Opferbereitschaft. Sehr bezeichnend, daß der Terminus *Aggression* den der *Passion* in den Hintergrund gedrängt hat. Der zoologischen Auffassung menschlicher Antriebsformen entsprechend und dem Deutungsmodell psychoanalytischer Triebmechanik eingepaßt, hantiert der Praktiker, dem Wortdruck der technischen Gesellschaft nachgebend, unauffälliger mit ihm als mit der altmodische Assoziationen weckenden Passion. Leidenschaftsfähig indes ist nur der Mensch, weil nur er sich an jemanden, an etwas verlieren kann, d.h. einer Welt geöffnet ist. Passion ist deshalb nur einem Wesen gegeben, das der Spaltung in Subjekt und Objekt fähig ist, sich selbst ebenso als einer Sache gegenübertreten wie sich mit ihr identifizieren kann.

Das sich an einen anderen Menschen Verlieren-Können ist die keineswegs häufigere Gegenmöglichkeit dazu. Denn leidenschaftliche Spieler, Jäger, Alpinisten oder Politiker – wenn man diese nicht zu den Spielern rechnen will – finden sich heute jedenfalls leichter als die vom Stamme jener Asra, welche sterben, wenn sie lieben.

Die Emanzipation von einer instinktmäßig fundierten Triebbasis wirkt ihrer starren Bindung entgegen, lockert sie auf, so daß sie ihre Direktivkraft einbüßt und zum libidinösen Heizmaterial wird. ,,Primär und ausschließlich über die Aggression ist meines Wissens jedenfalls kein Wirbeltier mit seinem Artgenossen verbunden. Auch die individualisierte Beziehung – die Liebe – entwickelte sich primär aus der Brutpflegebeziehung. Der Sexualtrieb ist nur ein recht selten benütztes Mittel der Bindung, spielt aber bei uns Menschen in dieser Hinsicht eine große Rolle. Obgleich er einer der ältesten Antriebe ist, hat er interessanterweise nicht zur Entwicklung dauerhafter individualisierter Bindungen Anstoß gegeben, ... Die Liebe wurzelt nicht in der Sexualität, bedient sich ihrer jedoch zur sekundären Stärkung des Bandes"[5].

Die besagte Emanzipation von der Triebbasis manifestiert sich beim Menschen paradoxerweise in einer Steigerung des Triebes, *in casu* des Geschlechtstriebes. Seine oft bemerkte und beklagte Hypersexualisierung bringt Eibl mit ihrem biologisch offenbar bedingten Wert für die Partnerbindung in Zusammenhang. Daß die gesteigerte Sinnlichkeit des Menschen keineswegs pathologisch ist – immerhin aber werden kann –, ist völlig richtig. Nur schlägt das Faktum selbst der Norm ein Schnippchen. Denn Steigerung der Sinnlichkeit kann genau den unerwünschten Effekt der Lockerung individualisierter Liebesbindung (im Sinne der Ehe) haben und hat ihn. Sich-Verlieben heißt noch lange nicht, mit einem ganz bestimmten Partner auf Dauer – und darum geht es – ein Band zu knüpfen. So ehekonform – einerlei ob mono- oder polygam – läßt sich die Hypersexualisierung des Menschen nicht abfangen, auch nicht unter Zubilligung „flüchtiger Beziehungen mit ständig wechselnden Partnern höchstens in einer vorübergehenden Phase jugendlichen Suchens und Experimentierens..."[6]. Was nicht heißt, daß jeder das Zeug zu einem Don Juan haben muß.

Hypersexualisierung beim Menschen unterliegt gesellschaftlichem Einfluß, der sich nicht nur in Institutionen niederschlägt, sondern, wenn die politischen Machtverhältnisse danach sind, auch der Mode folgt. Nach Stärke und Art der Tabuierung richten sich Verdrängung und Sublimierung. Dank der Fähigkeit, zu sich Abstand zu nehmen, sich einer Welt einzugliedern, die ihn als einen *Jeden* und als einen *Singularen* – und das wieder beides als Subjekt und Objekt – umfaßt, sind dem Menschen Antriebsquellen erschlossen, die über den kümmerlichen Rahmen der instinktbedingten weit hinausgehen. Durch seine exzentrische Position ihrer Bindung enthoben, erschließen sich ihm andersgeartete Antriebsquellen von einer Kraft, die zu dem biologischen Fundament eben nicht mehr paßt und es immer gefährdet. Der entformende, enthemmende Effekt, den die Distanzierungsmöglichkeit beim Menschen hat und der ihn gleicher Weise dazu befähigt, außer sich zu geraten und einer Passion zu verfallen, einem Men-

[5] I. Eibl-Eibesfeldt, *Liebe und Haß*. Zur Naturgeschichte elementarer Verhaltensweisen, München 1970, S. 148.
[6] S. 182.

schen wie einer Sache – dieser Effekt entspringt nicht sogenannten spirituellen Luftwurzeln, sondern er gehört zur spezifischen Vitalform des Menschen, seiner körperlichen Daseinweise. Hypersexualisierung ist ja nur *ein* Aspekt, der mit der grundsätzlichen Leidenschaftsfähigkeit verschmelzen kann, aber nicht muß. Und wenn sie dazu führt, wird das sexuelle Antriebsmoment – ganz im Sinne Eibls – zu einem bloßen Mittel und Material.

Weltoffenheit und Leidensfähigkeit gehören zusammen. Mit der Entdeckung einer weiteren Dimension von Sache und Person ist zugleich die Möglichkeit gegeben, ihr zu verfallen. Passioniertsein schafft neue Antriebsquellen und ist – bei aller Bindung an die Vitalität – der Bindung an Instinkte bis auf wenige Reste entzogen. Deshalb ist es falsch, die ethisch-politischen Wurzeln in einigen Instinkten zu suchen, deren Fixiertsein beim Menschen sowieso nur in Residuen – wenn überhaupt – nachweisbar ist. Eine derartige These zoologisiert genau an dem Punkte das menschliche Verhalten, das dem Menschen spezifisch ist, seine Größe und sein Elend ausmacht. Die Zoologisierung von Moral und Politik bedient sich der Denkinstrumente der Verhaltensforschung und gewinnt damit in vielen Augen an Exaktheit, übersieht dabei aber das dem homo sapiens durch seine exzentrische Position bereits gewährte Surplus an Antriebskräften, die sich um die Leidenschaftsfähigkeit sammeln und in der Passion selber manifest werden.

Nur vor einem Mißverständnis sei zugleich gewarnt: Wenn von dem Effekt der seltsamen Selbstdistanz des Menschen gegenüber instinktverwurzelten Trieben die Rede war, ihrer Fähigkeit, nichttierische Antriebsquellen aus der Leidenschaft zu erschließen, und wenn diese Gabe für das Verständnis politischen Verhaltens eingesetzt wird – so besagt das keine Heroisierung solchen Verhaltens. Das politische Geschäft folgt auf weiten Strecken nüchternen Überlegungen unter Leitung von Machtinteressen. Cosi fan tutte. Staaten und Geschäfte brauchen Manager und Apparatschiks, die auf der Sparflamme der Routine in allen Büros der Welt mit Wasser kochen. Erst wenn die Grundfesten der Geschichte bedroht werden, wenn das Ganze gespielter oder echter Überzeugung in Frage steht, dann wird die Leidenschaft wach. Die seltenen Gründer- und Stifterfiguren, Revolutionäre und Propheten machen da eine Ausnahme. Aber das sind

Visionäre, die ohne Feuer undenkbar sind, wie alle, die für eine große Sache leben und sterben.

Die Berufung auf Leidenschaft als eine, wenn auch seltene, Antriebsquelle politischen Handelns setzt sich aber noch einem anderen – und für die Anthropologie gefährlichen – Mißverständnis aus. Sie scheint nämlich die vitale Struktur des Menschen zu durchbrechen und den für die anthropologische Konzeption so fruchtbaren, ja entscheidenden biologischen Ansatz zu verleugnen. Versteht nämlich dieser Ansatz die ganze Schwere seiner Anmaßung, nicht bloß die körperlichen Eigenschaften, sondern darüber hinaus die geistigen Möglichkeiten menschlichen Wesens zu begreifen, soweit sie soziokulturell manifest werden, so nimmt sich die Berufung auf Leidenschaft in diesem Kontext wie eine Selbstverleugnung des Konzepts aus. Denn Argumente, die sich in dem von der Verhaltensforschung ausgespannten Rahmen nicht halten, gelten von vornherein als unbiologisch, d.h. anthropologisch irrelevant. Die Rückführbarkeit auch des menschlichen Verhaltens in seiner scheinbar größten Naturferne, der moralisch-politischen Dimension, wird deshalb als Konsequenz des anthropologischen Ansatzes gebilligt, einerlei welche politischen Motive dabei eine Rolle spielen. Die mit der Einengung auf die Instinktbasis verbundene Niveausenkung legitimiert sich zwar biologisch, setzt aber damit den Menschen als eine – wenn auch mit besonderen Monopolen begabte Tier-Spezies an. Hier liegt der Denkfehler.

Der anthropologische Ansatz kann sich von vornherein solchem Zoologismus entziehen, wenn er sich die Fassung der Lebenscharaktere nicht von dem methodischen Verifikationsinteresse der Zoologie – in casu der Verhaltensforschung – vorschreiben läßt. Dann gewinnen die den menschlichen Organismus auszeichenden Charaktere der exzentrischen Positionalität mit ihren Implikationen, zu denen eben auch nicht im Instinkt wurzelnde Antriebsmöglichkeiten wie die Fähigkeit zur Leidenschaft gehören, ihren Ort im anthropologischen Konzept. Dann muß man nicht blind sein für die Gespaltenheit des Menschen in ein ichhaftes Selbst, das Dinge ebenso manipulieren kann wie sich selber, sondern kann sie für die spezifisch menschliche Antriebsform, wie etwa die Hypersexualisierung, in Rechnung stellen. Die Reflexivität des

Menschen macht vor seiner Sinnlichkeit *nicht* halt, sondern steigert sie und schwächt sie – und beide Richtungen der Selbstempfindlichkeit können ihr gefährlich werden.

Daß nur der Mensch Politik treibt – und nicht nur, weil es für ihn keine definitive Festlegung der Ranghöhe wie etwa bei den Hühnern gibt – ist auch für die Verhaltensforschung selbstverständlich. Nach Analogien zu suchen und entsprechende aggressionshemmende Mechanismen zu analysieren – das ist ihr Verdienst, mag sie sich selber bisweilen auch zu reflexbesessen interpretieren. Um diese Banalität ging es nicht. Am Beispiel der Leidenschaftsfähigkeit als einer spezifischen menschlichen Antriebsquelle sollte gegen die zoologistische Deutung moralisch-politischen Verhaltens Front gemacht werden. Es ist ein Beispiel, das die seltsame Struktur menschlicher Vitalität besonders sichtbar macht. Sichtbar macht nur in ihren *Daß*, bezeichnenderweise aber nicht in ihrem *Was*. Seine Aufhellung bleibt dem Dichter vorbehalten.

Vielleicht ist diese ausschließlich poetische Zugänglichkeit der Leidenschaft ein Grund dafür, daß dieses Phänomen der im 19. Jahrhundert sich entwickelnden, auf Exaktheit nach dem Vorbild messender Naturwissenschaft bedachten Psychologie aus dem Gesichtskreis geraten ist. Ihr methodisches Ideal galt auch für die Psychoanalyse Freuds, die das Triebleben nach mechanischem Modell in den Griff bekommen wollte und zu diesem Zweck Begriffe wie Aggression, Regression, Verdrängung, Sublimierung zu therapeutischen Zwecken einführte; all diese Begriffe verdeckten die Leidenschaftlichkeit. Und das in einer Zeit, welche im Roman und im Drama an persönlichen Leidenschaften nicht genug haben konnte. Daß das große Thema des 17. und 18. Jahrhundert heute Aktualität wiedererlangt, ist unwahrscheinlich. Sturm und Drang und bürgerliche Emanzipation sind Geschichte geworden. Das erotische Nivellement schreitet mit der Zunahme der Frühehen ständig fort. Der Junggeselle wird in der sich kollektivistisch verstehenden Wohlstandsgesellschaft immer seltener, und damit ist ein erotisches Vagantentum zum Aussterben gebracht. Die Hypersexualisierung wird in den immer häufigeren Frühehen abgefangen und in eheliche Kanäle geleitet. Das allein schon ist der Entfaltung der triebhaften – und wie erst der leidenschaftlichen – Bindung der Geschlechter eher abträglich. Man nimmt seine Gefühle nicht mehr so wichtig wie im 19. Jahrhundert. Da hatte man noch Platz für die Innerlichkeit, schon weil man nicht so dicht aufeinander wohnte. Interiorisierung verlangt mehr Interieur, als man es sich heute durchschnittlich leisten kann. Und der Wohlstandspöbel, der dazu in der Lage wäre, weiß mit sich eh und je nichts anzufangen. Die Steigerung des Gefühls im 19. Jahrhundert wurde überdies durch den noch starken Druck öffentlich geltender Normen begünstigt, dem man sich ins Persönliche entziehen mußte, um frei zu sein – ein Druck, der heute fehlt.

Dafür haben wir die Soziologie bekommen, gegen welche es die Psychologie klassischer Prägung immer schwerer hat. Welche Skrupel waren nicht zu überwinden, bis sie sich von der Fixierung an die Themen der Empfindung und Wahrnehmung löste und *Denken* und *Wollen* in ihren Beobachtungsbereich einbezog. Als letztes in der von der Philosophie etablierten Trias kam das *Fühlen* dran. Ihm mangelte in den Augen der Forscher lange Zeit der sittliche Ernst der anderen Vermögen. Erst die phänomenologische Analyse brach den Bann und die wie selbstverständliche Zuordnung der Gefühle zur ästhetischen Sphäre. Und doch findet man bei einem Autor wie Max Scheler, der mutig die emotionalen Probleme in seinen Arbeiten über Sympathiegefühle, Liebe und Haß, Reue und Scham anpackte, so gut wie keine Erwähnung des Themas Leidenschaft. Vielleicht merkte er, daß nur die dichterische Darstellung diesem Phänomen in seinem *Wie* gewachsen ist.

Nur die Abgrenzung von dem, was nicht zur Leidenschaft zählt, bietet sich der Analyse dar. Aber der Sprachgebrauch schwankt und läßt sich zu Recht von Wertungen beeinflussen. Selbst das Wort Sucht ist nicht auf Organgebundenheit einzuschränken. Trunksucht ja, aber Sehnsucht, Eifersucht, Rachsucht, Ruhmsucht? Die Versklavung soll zum Ausdruck gebracht werden im Unterschied zum Leidenscharakter einer echten Passion, die den ganzen Menschen mitnimmt. So können Spiel und Wette immer noch die menschliche Würde bewahren, wenn sie zu Leidenschaft werden, während Geldgier, Geiz und Habsucht, auch Rachsucht, dafür zu eng dem Trieb verbunden sind, fast so stark wie die Herrschsucht.

Daß dem Menschen in seiner Vitalstruktur eine gesteigerte Antriebsform seines Handelns vorbehalten ist, die zwar seiner moralischen, nicht aber seiner politischen Motivierung *dadurch* gefährlich werden kann, daß sie sich der „ruhigsten Überlegung" anpaßt, wird der Moralist – den wir hier zitieren: Kant – immer verurteilen. Nur nimmt er nicht die Hürde, sich die Unvermeidlichkeit einzugestehen, daß jeder Mensch in die Lage kommt, einen Menschen als Mittel zu gebrauchen und sich seiner Stärken und Schwächen im Interesse irgend eines Ganzen, d.h. politisch zu bedienen. Kant ztiert[7] – natürlich abwertend – ein Wort von Pope, der von dem Verteidiger der Leidenschaft, Shaftesbury, beeinflußt war: „Ist die Vernunft ein Magnet, so sind die Leidenschaften Winde".

[7] *Anthropologie in pragmatischer Hinsicht*, § 81.

Die Gesellschaft für phänomenologische Forschung e.V., München – jetzt Deutsche Gesellschaft für phänomenologische Forschung – veranstaltete vom 13.–18. April 1971 in München ihren ersten Internationalen Kongreß. Mit dem Leitthema ,,Die Münchener Phänomenologie" wurde eine Formulierung Alexander Pfänders aufgenommen, dessen 100. Geburtstag zugleich der äußere Anlaß des Kongresses war. Dem Organisationskomitee gehörten an Helmut Kuhn (München) als Präsident, Reinhold Gladiator (Gröbenzell) als Generalsekretär und als Mitglieder Eberhard Avé-Lallemant (München), Hans Brockard (München), Hans Kunz (Basel), Herbert Spiegelberg (St. Louis/Mo.) und Bernhard Waldenfels (München).

Der vorliegende Band präsentiert die vom 13.–17. April gehaltenen Hauptvorträge. Beiträge aus dem nachfolgenden, unter der Leitung von Herbert Spiegelberg am 17./18. April speziell dem Werk Alexander Pfänders und seiner Bedeutung gewidmeten Teil werden in einem Band ,,Pfänder-Studien" gesondert erscheinen.

Der Hauptteil der Tagung war so angelegt, daß die Diskussionen zu den Vorträgen durch ein kurzes Korreferat des Diskussionsleiters eingeleitet wurden. Korreferate und Aussprache wurden teilweise bei der Überarbeitung der Referate mit berücksichtigt. Zur Orientierung sei hier der Tagungsverlauf – ohne die Rahmenveranstaltungen – wiedergegeben:

Dienstag, 13. April:
10.00 Eröffnung: Helmut Kuhn (München): ,,Phänomenologie und ,wirkliche Wirklichkeit' ". 10.45 Wolfgang Trillhaas (Göttingen): " 'Selbst leibhaftig gegeben' – Reflexionen einer phänomenologischen Formel nach A. Pfänder"; Diskussionsleitung Hermann Krings (München). 14.15 Eberhard Avé-Lallemant (München): ,,Die Antithese Freiburg-München in der

Geschichte der Phänomenologie"; Diskussionsleitung Elmar Holenstein (Zürich). 16.45 Guido Küng (Notre Dame/Ind.): ,,Zum Lebenswerk Roman Ingardens"; Diskussionsleitung Stephan Strasser (Nijmegen).

Mittwoch, 14. April:
9.00 Balduin Schwarz (Salzburg): ,,Dietrich von Hildebrands Wertphilosophie"; Diskussionsleitung Karl Lehmann (Mainz). 10.45 Hans Georg Gadamer (Heidelberg): ,,Der ontologische Status des Wertes"; Diskussionsleitung Ulrich Hommes (Regensburg). 14.15 Bernhard Waldenfels (München): ,,Abgeschlossene Wesenserkenntnis und offene Erfahrung"; Diskussionsleitung Ulrich Claesges (Köln).

Donnerstag, 15. April:
Exkursion nach Seefeld/Tirol. Herbert Spiegelberg (St. Louis/Mo.) und Karl Schuhmann (Leuven): ,,Die Seefelder Begegnung zwischen Husserl und der Münchener Gruppe – Die Seefelder Reflexionen".

Freitag, 16. April:
9.00 Josef Seifert (Salzburg): ,,Über die Möglichkeit einer Metaphysik – Die Antwort der ,Münchener Phänomenologen' auf E. Husserls Transzendentalphilosophie ; Diskussionsleitung Alfred Schöpf (München). 10.45 Wolfgang Behler (Freiburg i. Br.): ,,Über die Bedeutung des Begriffes Realität – Zum Verhältnis der Realontologie von H. Conrad-Martius zur Transzendentalphilosophie"; Diskussionsleitung Franz Georg Schmücker (Weingarten). 14.15 Hans Kunz (Basel): ,,Die Verfehlung der Phänomene in Husserls Phänomenologie"; Diskussionsleitung Ulrich Wienbruch (Köln). 16.45 Helmuth Plessner (Zürich): ,,Einige Thesen zum Phänomen der Leidenschaft"; Diskussionsleitung Herrmann Ulrich Asemissen (Kassel). 19.00 Stephan Strasser (Nijmegen): ,,Phänomenologie heute – Eine Zusammenfassung".

Sonnabend, 17. April:
9.00 Paul Ricoeur (Paris): ,,Phänomenologie des Willens und Ordinary Language Approach"; Diskussionsleitung Gerd Brand (Berlin).

Sonnabend/Sonntag, 17./18. April:
Das Werk Alexander Pfänders und seine Bedeutung. Beiträge von Harald Delius (Mannheim), Peter Schwankl (Bonn), Herbert Spiegelberg (St. Louis/Mo.), Victor Iancu (Timisoara/Rumänien), Roland Kuhn (Münsterlingen/Schweiz), Karl Schuhmann (Löwen) und Alexandre Métraux (Basel).

Der Vortrag Hans Georg Gadamers wurde bereits in dem Sammelband ,,Human Sciences and the Problem of Values", The Hague 1972, veröffentlicht. Wolfgang Behler hat seine Ausführungen nicht schriftlich fixiert. Der Vortrag von Alexandre Métraux war aus technischen Gründen im zweiten Teil des Kongresses gehalten worden.

Aus Anlaß des Kongresses veranstaltete die Bayerische Staatsbibliothek, München, eine Ausstellung ,,Die Münchener Phänomenologie" und brachte dazu einen kleinen Ausstellungsführer

von Eberhard Avé-Lallemant heraus. In der Bayerischen Staats-
bibliothek befinden sich die Nachlässe von Alexander Pfänder,
Max Scheler, Johannes Daubert, Moritz Geiger, Theodor Conrad,
Adolf Reinach, Maximilian Beck, Hedwig Conrad-Martius und
Herbert Leyendecker, ferner eine Mikrofilmkopie des Nach-
lasses von Franz Brentano.

Der Kongreß wurde mit ermöglicht durch finanzielle Unter-
stützung des Bundesministeriums für Bildung und Wissenschaft,
des Bayerischen Staatsministeriums für Unterricht und Kultus
und der Landeshauptstadt München sowie der Frankona Rück-
und Mitversicherung, der Johann Konen KG, der Linde AG, der
Münchener Bankenversicherung und der Siemens AG. Dem Dank
an diese Institutionen und Firmen sei noch beigefügt ein Wort
dankbaren Gedenkens an den inzwischen verstorbenen Professor
H. L. Van Breda, der sich als Vermittler hilfreich erwiesen hat,
ein Dankeswort auch an den verständnisvollen Verlag.